English for Musicians and Vocalists

改装版

レッスン・留学のために／歌唱のテクニック

音楽家の英語入門

— 聞く・話す・読む・書く・歌う —

三ヶ尻　正

Tadashi Mikajiri

ハンナ

はじめに

なぜ英語が必要か

日本の音楽家や音大生には、英語が苦手だったり、あるいは取組む前から敬遠してしまっている人が多いのではないでしょうか。 音大生から「英語なんて受験で使っただけであとは忘れた」とか、「どうせ身につかないのにどうして必修科目にあるの？」などと言われることがあります。音大受験生からは「楽器を弾くのにどうして英語がいるの？」と訊《たず》ねられます。

長々と話すような雰囲気の場は少ないので、著者は大抵「輸入楽譜のまえがきや注が読めないと困りませんか？」と言うことにしています。 声楽の人が相手なら「『メサイア』くらい歌えないといけないんじゃないですか？」とも言っています。 こういった実用面の必要性もさることながら、その一方で、欧米のことばを学ぶことは、西洋音楽に取り組む者にとって欠かすことのできない訓練だ、という思いもあります。(この意味では、英語でなければならないわけではありませんが。) ただ、こういう理屈っぽい話をする機会はなかなかありません。

この国際化の時代、音楽の世界でも日本人が世界と接する機会が増えています。 外国人の指揮者や演奏家、教師が日本に来る場合、あるいは日本人が留学したり、海外で仕事をする場合など、さまざまな形で国際化が進んでいます。 こういう場で使われる言語は、やはり英語が一番多いと言わざるを得ません。 また幸か不幸か日本人のほとんどは、中学・高校の間それなりに英語を勉強してきています。 日本人にとって、最も取っつきやすい外国語も英語だと言えるでしょう。

英語で広がる音楽の世界

英語で歌われる曲は数多くあります。 ハレルヤ・コーラスで知られるヘンデルの「メサイア」はもとより、古くはダウランド、パーセルの作品、新しいところではブリテンの「戦争レクイエム」が代表格です。 あまり知られていませんが、メンデルスゾーンのオラトリオ「エリア」も原曲は英語です。 クラシック以外では、ミュージカルや、ビートルズ、カーペンターズ、ジャズやポップス、ロックなど膨大な数の曲があります。 音楽と英語の接点は意外に少なくありません。

世の中の国際化が進み、音楽を聴く側の人にも英語の分かる人・語感を感じられる人が、ゆっくりではありますが、確実に増えています。 日本で歌われる英語曲のレパートリーも徐々に広がっているのではないでしょうか。

映画の字幕がどうも原語のニュアンスと違う、と感じることはありませんか？ 外国人演奏家のインタビューや講演も、通訳を通して聞くのではなく、自分の耳で生の声を直接聞きたいとは思いませんか？ 映画や芝居も少しでも英語が聞ければ「アマデウス」「シャイン」はじめ、音楽にまつわるさまざまな作品を、原作のまま肌で感じることができます。 字幕スーパーのすりガラスごしの世界でなく、その向こうの生き生きとした原語の世界に触れてみたいとは思いませんか？

音楽家が英語を学ぶ意義

音楽家が英語を学ぶ目的・意義には、3つの側面があると筆者は考えています。

①コミュニケーションのツールとして
②音楽とことばの本質的な関係
③英語で広がる音楽の世界

本書でも、理屈っぽい②の話は少な目に、とにかく実用的(①と③)に英語を身につけることを目指して、英語の世界に触れてみたいと思います。

①としては、まず第1章「英語で何と言いますか?」(10ページ)で、日本で外国で、音楽家が外国人・外国語と接するときに役立つ内容を扱います。また、音楽家が英語に出くわすことが最も多い「読む」場面での英語との付き合い方を第5章「音楽家のための『読む英語』」(123ページ)で取り上げました。英語上達のためのカギである発音についてのアドバイスは、第6章「英語の発音とスペル」(144ページ)にあります。その他英語上達のためのさまざまなヒントを第7章「英語の上達のために」(193ページ)に列挙しておきました。

②としては第2章「音楽とことばの切っても切れない関係」(28ページ)で、音楽家がなぜ外国語を学ぶ必要があるのか、その本質的な問題について簡単に触れます。

③としては第3章「英語の歌とテクニック」(37ページ)で英語の歌詞の扱い方を取り上げ、さらに第4章「英語の歌 コレクション」(61ページ)で歌の実例を集めました。声楽家はもちろん、歌とは直接縁のない器楽の人や愛好家の皆さんにも実際に声に出して歌って頂きたいと考えています。これは著者の経験ですが、歌で覚えた英語はなかなか忘れません。いい歌には「ことば」本来のリズムがあります。歌は実によい「ことば」の教材なのです。

「ディクション」 Diction

声楽の分野には "Diction"「ディクション」という用語があります。 "Diction"とは一般用語では「語法、言い回し、用語選択、言葉づかい」の意味ですが(それをまとめたものが "Dictionary"＝辞書)、声楽では「歌詞をはっきり聞かせるための正しい発音法」のことを指します。

英語の曲を歌うための「ディクション」に関する参考書は、ほとんど出版されていません。 英語の歌に関する本も図書館で見ることはできますが、大半が絶版になっている上に、音楽家よりも英語学習者を対象にしたものが多く、音楽家・声楽家の歌唱技術の上で参考になるものはほとんどありませんでした。

本書は、音楽家のための英語上達の手引き書であると同時に、声楽家のための数少ない「英語ディクション」の参考書でもある、という欲張った企画です。

発音のむずかしさ

音楽家(特に声楽家)から英語を遠ざけている原因は何でしょうか? 最大の原因は「発音の難しさ」であると著者は考えています。「発音の難しさ」には2種類の「難しさ」があります。

第 1 の「難しさ」は、日本語にない音があって、発音自体が難しいことです。 母音[æ][ʌ]やあいまい母音[ə]、th の文字で現れる[θ][ð]の音などがそれです。 しかし、ドイツ語にもウムラウトや巻き舌音があります。 フランス語の鼻母音などはさらに難しい音です。 とすると英語だけが特別に難しい訳ではありません。 これは本質的な難しさとは言えないでしょう。

第 2 の、そして本当の「難しさ」は、「スペルと発音の関係が一定でないこと」です。 ドイツ語やイタリア語、ラテン語、もっと言えばフランス語でも、スペルと発音の間に相当の法則性があります。 極端な話ですが、ドイツ語やイタリア語は、意味は分からなくても、一応音にして歌うことができます。 しかし英語では、知らない単語を一語々々全部調べないと音にさえできません。声の練習に時間を割《さ》きたい声楽家にとって、これは面倒なことで、そのため英語が取っ付きにくいものになっていることは容易に想像できます。

この発音の問題を抜きにして、英語に近づく道はないと考え、本書では発音についての一章を設けました。(第6章「英語の発音とスペル」) 個々の音の発音、スペルと発音の対応関係、アクセントや抑揚の問題などを扱った上で、この「スペルと発音のずれ」の問題を英語の歴史からひもといて行きます。

この本を読んでいただきたい方

本書の対象としては、音大生・音大の卒業生・受験生や音楽愛好家で英語力をつけたい方、声楽・器楽を問わず外国人のレッスンを受けようという方、これから留学を考えている方、あるいは英語の歌を歌う声楽家などを想定しています。 また、クラシック以外のポップスやロックの方にも参考になると思いますし、特に音楽が専門でなくても、海外に住んでいて、お子さんのレッスンや授業で使う楽語が分からず困惑されている方などにも参考にして頂ければ、と考えています。

読み方としては、通読でも、あるいは自分の置かれた状況に応じて、必要な箇所だけ拾い読みして頂いても結構です。 留学のところなど、関係ない人も多いでしょう。 英語の楽語など知らなくてもいい、という人もいると思います。 ただ折角この本を手にされたのなら、第 1 章「英語で何と言いますか？」第4章「英語の歌 コレクション」第5章「音楽家のための『読む英語』」第6章「英語の発音とスペル」の4箇所だけは読んで頂ければと願っています。

言い訳のようになりますが、この本だけで英語が上手くなるというわけには行きません。上達するには、この本以外にも多くの会話や読書、英語の歌を歌うといった実践的な訓練を積むことが必須です。

本書が、音楽家や音楽愛好家の方々が英語に触れるきっかけとなり、あるいは英語作品の普及の一助となれば著者にとって望外の幸せです。

1999 年 12 月

著　者

レッスン・留学のために／歌唱のテクニック

音楽家の英語入門 改装版

― 聞く・話す・読む・書く・歌う ―

◆もくじ◆

********************* **[本書の発音の表記について]** ***********************

発音を文字で表すには、音声学による専門的な発音記号で書くのが本当は正確ですが、本書では音楽家・声楽家が分かりやすいように「カタカナ」と「ひらがな」を利用した特殊な表記を使いました。 あくまで便宜的な表記であり、カタカナ的に歌うこと・話すことをよしとするわけではないので、その点を理解した上で参考にして下さい。 また、発音に関する章ではやや詳しく表記し、それ以外では簡略な書き方を取りました。 いずれにせよ、演奏会の準備などで正確な発音が必要な場合は、辞書で詳しく調べ、できれば専門家の指導も受けて下さい。

（特に[t][d]の音で、後に母音を伴なわない場合、日本語のカナには母音なしを示す文字がないため、やむを得ず[t]＝[ト],[d]＝[ド] または[トゥ][ドゥ]としてあります。 あいまいと思われる場合は辞書を参照して下さい。）

意味やスペルではなく、発音を示しているところは四角いカッコ [ ] で囲いました。 表記法の概要は以下の通りで、アクセントのある音節は太字のゴシック体にしてあります。（ただし“r”の[ri]の音は[li **リ**]と区別するために、ひらがな明朝体の太字[**り**]を使ってありますのでご注意下さい。）

例: “rejoice” [りッ**チョイ**ス]、“conquer” [**コン**カー]、“reason”[**りー**ズン]

なお、個々の音の詳しい発音法については第6章「英語のスペルと発音」を参照して下さい。

本文中の表記	・・・	**発音の詳細**
ひらがな表記の「らりるれろ」 （下線なし）	・・・	[r]の音。現代の英語では特殊な話し手の場合以外巻き舌にしない。
ひらがな表記の「らりるれろ」 （下線つき）	・・・	巻き舌音:crooked [ク**るー**ケッド], reign[**れイ**ン] 古い英語の場合などで使われる巻き舌音。
ひらがな表記 の [さ-すィ-す-せ-そ] （下線つき）	・・・	英語 th の音(無声音) [θ]: think[**すィ**ンク], breath[ブ**れ**す]
[ざ-ずィ-ず-ぜ-ぞ] （下線つき）	・・・	英語 th の音(有声音)[ð]: this [**ずィ**ス], that[**ざ**ット]
[ヅァ-ヅィ-ヅ-ヅェ-ヅォ] ↑ vs ↓ [ザ-ズィ-ズ-ゼ-ゾ]	・・・	破擦音[ts ツ]の有声音[dz ヅ] (舌が上の前歯の後ろの歯グキにつく) heads[**ヘッ**ヅ]、needs[**ニーッ**ヅ] ・・・ 摩擦音[s ス] の有声音[z ズ] (舌は上の前歯の後ろの歯グキにつかない) Sion(Zion) [**ザイ**オン]、knees[**ニー**ズ]
[ヂァ-ヂ-ヂュ-ヂェ-ヂォ] ↑ vs ↓ [ジャ-ジ-ジュ-ジェ-ジョ]	・・・	破擦音 ch[tʃ チュ]の有声音[d_3 ヂュ] (舌が上の前歯の後ろの歯グキにつく) rejoice[りッ**ヂョイ**ス],reject[りッ**ヂェ**クト] ・・・ 摩擦音 sh[ʃ シュ]の有声音[$_3$ ジュ] (舌は上の前歯の後ろの歯グキにつかない) pleasure[プ**レ**ジャー],treasure[ト**れ**ジャー]
ひらがな小文字の[ぁー]	・・・	あいまい母音[ə]を伸ばした音 virtue[**ヴぁー**チュー],urgent[**ぁー**ヂェント], worship[**ワぁー**シップ],earth[**ぁー**す]
ひらがな表記の[-んぐ]	・・・	[ŋ]の音。 鼻音化した音 song[**ソ**んぐ],king[**キ**んぐ],finger[**フィん**・ガー]

第1章 英語で何と言いますか？

1章ー(1) レッスンの場面で

「今日は63小節目から始めましょう。」
「繰返ししたとして、曲の頭から。 2番カッコに入って次のページへ進みなさい。」
「この曲では B(ベー)の音が上ずらないように注意しなさい。」
「裏の拍をそんなに強く弾いてはいけません。」

レッスンやリハーサルの場面でごく当たり前に話される内容ですが、これを英語でどう言えばいいか、案外分からないものです。

1) 「今日は63小節目から始めましょう。」
Let’s start from the 63rd bar today.
2) 「繰返ししたとして、曲の頭から。2番カッコに入って次のページへ進みなさい。」
Play from the beginning a 2nd time. Take the 2nd ending, and go ahead to the next page.
3) 「この曲では B(ベー)の音が上ずらないように注意しなさい。」
Keep your b-flats low throughout this piece.
4) 「裏の拍をそんなに強く弾いてはいけません。」
Don’t put so much stress on the upbeats.

聞いてしまえば何ということはない表現ばかりです。 特に難しい単語を使うわけでもありません。 こうした内容を自分から口に出すのは難しいかもしれませんが、先生から言われる場合には、状況と単語の連想から見当がつきますので、それほど迷うことはありません。 その場面で先生や相手奏者が一体何を言いたいのか、集中して連想を働かせれば大体は分かるはずです。

外人教師のレッスンや外人指揮者のリハーサルの際、英語の楽語を基本的なものだけでも知っていれば、効率のよい練習をすることができます。 楽語のような術語・専門語は、音楽家なら日本人だろうと外人だろうと、内容は元からよく分かっていることが多いので、英語での言い方・用語さえ知っていれば苦もなく通じる簡単なことです。 たとえば、“tie”「タイ」という英語の楽語を知ってさえいれば、「同じ高さの音をつなげて演奏するのが “tie”です」などと、説明して貰う必要はありません。 そんなことの説明に貴重な練習の時間を費やすのは時間の無駄です。

1対1の個人レッスンでも楽語は役に立ちますが、講義や公開レッスンともなると、話す側は待ってくれませんから、楽語の必要性はさらに高くなります。 テレビでの音楽家のインタビューをよりよく生の声で理解するためにも、基本的な用語・楽語は理解しておきたいものです。

この章の冒頭(前ページ)の各例のポイントを見ていくと. . .

1)の表現で押さえておきたい単語は「小節」です。 "bar" と言いますが、 "measure"とも言います。 また、「2小節目」は "Bar 2" とも言えますが、 "2nd(Second) bar", "2nd measure" という風に「序数」を使います。 31小節 とか63小節というときに間違えないようにしましょう。

1小節目	First bar / First measure
2小節目	Second bar / Second measure
3小節目	Third bar / Third measure
4小節目	Fourth bar / Fourth measure
12小節目	Twelfth bar / Twelfth measure
31小節目	Thirty-first bar / Thirty-first measure
52小節目	Fifty-second bar / Fifty-second measure
83小節目	Eighty-third bar / Eighty-third measure

映画「アマデウス」のクライマックスで、モーツァルトがレクイエムの「呪われた者たち」を口ずさみ、サリエリが書き取る場面があります。 病床のモーツァルトが「1小節目の2拍目から. . .」「4小節目の4拍目は. . .」と次々に指示する姿が印象的ですが、ここでは "measure"の方を使っています。

2)の表現では、「1回目」「2回目」というのがポイントです。 "a first time" "a second time" と言います。 イタリア語そのままの "prima volta", "seconda volta" も専門家の間では通用します。 また「1番カッコ」は "1st ending"、「2番カッコ」は "2nd ending"と呼んでいます。

3)の表現では、「上ずる」という単語で悩まないようにしましょう。 "keep", "low"など簡単な単語で表現することがポイントです。 英語ではやさしいことば、特に動詞を上手に使えば、いろいろなことが簡単に言えてしまいます。 たとえば地下鉄の駅で、「電車の近づく音がする」と言う場合、 "That is the sound of an approaching train." と言うよりも、動詞 "hear"を使って "I can hear the train."と言う方がずっとスマートです。

また、イギリス人・アメリカ人はほとんどドイツ音名を使いません。 英語の音名に驚かないようにしましょう。 “B”(ベー)は “B-flat”、“Es”[エス]は “E-flat”、“E”[エー]は “E”[イー]、“A”[アー]は “A”[エイ]、“G”[ゲー]は “G”[ヂー]、“H”[ハー]は “B”[ビー]となります。 中でも「エー」と言われると、ドイツ音名の“E”なのか英語音名の“A”なのか、まぎらわしいことしきりです。 焦って間違えないように注意が必要ですが、逆に間違えたところで大した問題ではないので、気に病むことはありません。 ただ予備知識として知っていれば少しばかり得、というだけです。 もちろん相手がドイツ人であれば、会話の大部分が英語でも、音名はドイツ音名を使った方が簡単です。 この辺は柔軟に考えましょう。

ドイツ音名

C	D	(Es)	E	F	G	(As)	A	(B)	H
[ツェー]	[デー]	[エス]	[エー]	[エフ]	[ゲー]	[アス]	[アー]	[ベー]	[ハー]

英語の音名

C	D	(E-flat)	E	F	G	(A-flat)	A	(B-flat)	B
[スィー]	[ディー]	[ｲｰﾌﾗｯﾄ]	[イー]	[エフ]	[ヂー]	[ｴｲﾌﾗｯﾄ]	[エイ]	[ﾋﾞｰﾌﾗｯﾄ]	[ビー]

4)の表現では「拍」という単語 “beat”がポイントです。 “upbeat”「裏拍」という単語を知らなくても “beat”さえ知っていれば、“Do not put so much stress on 2nd and 4th beats.”「2拍目と4拍目を抑えて」と言うこともできます。 ひとつの言い方だけでなく、色々な言い方で言い換えることができますから、一つの単語でつまずかず、さまざまな言い方に対応できるように、それも簡単な単語を組合わせる方法に慣れましょう。

1章ー(2) 英語の楽語

この章は目で見るだけの資料ではありません。
声に出して読むための実技ドリル(練習)です。

英語の楽語を知っているのといないのとでは、英語でレッスンを受ける場合、講義や公開レッスンを聞く場合、音楽家のインタビューをテレビで見る場合、英語の CD 解説や楽譜の序文を読む場合など様々な場面で大きな差が出てきます。

ここでは英語の楽語を列挙しますが、全部を丸暗記する必要はありません。 この楽語を英語ではこんな言い方をする、というのを感じて貰えればいいのです。 全部読むのが大変であれば、自分に関係ない分野は飛ばしても結構です。

と言ってこれは、ただ見て参考にするための整理表ではありません。 必ず声を出して読んで下さい。 一度でも声に出して読んでおくのと、一度も読んでいないのとでは、あとで必要になって改めて見るときの覚えかた、急に言われたときの思い出しかたが違います。 一度声に出して読んでおけば、はっきり覚えていなくても、いざ出喰わしたときに思い出しやすくなります。 留学する人、外国人のレッスンを受ける人はもちろん、読者皆さんにぜひ一度音読して頂きたいと思います。

＜楽典全般・譜表＞　　　　(※ 発音の表記については8ページを参照して下さい)

tone	[**トウ**ン]	音
note	[**ノウ**ト]	音符
scale	[ス**ケイ**ル]	音階
rhythm	[**り**ずム]	リズム
melody	[**メ**ロディー]	旋律
tune	[**テュー**ン]	旋律、メロディー(名)；調律する(動)
harmony	[**ハー**モニー]	和声
notation	[ノウ**テイ**ション]	記譜法
staff	[ス**タッ**フ]	譜表
great staff	[グ**れイ**ト ス**タッ**フ]	大譜表
clef	[ク**レ**フ]	声部記号； g-clef ト音記号(treble-clef) f-clef ヘ音記号(bass-clef)；c-clef ハ音記号
line	[**ライ**ン]	(五線の) 線
space	[ス**ペイ**ス]	(五線の) 間
leger lines	[**レッ**チャー **ライ**ンズ]	加線
brace	[ブ**れイ**ス]	大カッコ：{ (ピアノ、ハープ等の２段譜を束ねる)
bracket	[ブ**ら**ケット]	ブラケット：[(スコアで木管、金管、弦などを束ねる)
tempo marking	[**テン**ポ **マー**キング]	速度表示
key	[**キー**]	調

key signature	[**キー** **スィ**グニチャー]	調号
pitch	[**ピッ**チ]	音の高さ
interval	[イン**ター**ヴァル]	音程(音と音との間隔)
sight-singing	[**サイ**ト **スィ**ンギんぐ]	視唱； “sing at first sight”「初見で歌う」
rhythm	[**り**ずム]	リズム
beat	[**ビー**ト]	拍
meter / metre(英)	[**ミー**ター]	拍子
time	[**タイ**ム]	拍子
time signature	[**タイ**ム **スィ**グニチャー]	拍子記号
bar	[**バー**]	小節
measure	[**メ**ジャー]	小節
bar line	[**バー** **ライ**ン]	小節線
double bar line	[**ダ**ブル **バー** **ライ**ン]	２重線、２重小節線；終止線

＜音符＞

note	[**ノウ**ト]	音符
note head	[**ノウ**ト **ヘッ**ド]	丸、音符の頭、符頭
stem	[ス**テ**ム]	棒、音符の棒、符幹
flag	[フ**ラッ**グ]	旗、音符の旗、符尾
beam	[**ビー**ム]	旗(２つ以上の音をつないだ場合) beam=梁(柱と柱の間を繋ぐ横木)
full note	[**フ**ル **ノウ**ト]	全音符
whole note	[**ホウ**ル **ノウ**ト]	全音符
half note	[**ハー**フ **ノウ**ト]	２分音符
quarter note	[**クォー**ター **ノウ**ト]	４分音符
eighth note	[**エイ**す **ノウ**ト]	８分音符
sixteenth note	[スィクス**ティー**ンす **ノウ**ト]	１６分音符
thirty-second note	[さぁーティ **セ**カンド **ノウ**ト]	３２分音符
sixty-fourth note	[スィクスティー **フォー**す ノウト]	64分音符
hundred-twenty-eighth note	[ハンドれッド トゥウェンティ **エイ**す]	１２８分音符
one-twenty-eighth note	[ワン トゥウェンティ **エイ**す]	１２８分音符

{音符のイギリス名} ～ 楽譜や音楽書ではよく使われます。

semi breve	[**セ**ミ ブ**りー**ヴ]	全音符 (イギリス名)
minim	[**ミ**ニム]	２分音符 (イギリス名)
crotchet	[ク**ろ**チェット]	４分音符 (イギリス名)
quaver	[ク**ウェイ**ヴァー]	８分音符 (イギリス名)
semiquaver	[**セ**ミ-ク**ウェイ**ヴァー]	１６分音符 (イギリス名)
demisemiquaver	[**デ**ミ-セミ-ク**ウェイ**ヴァー]	３２分音符 (イギリス名)

rest	[**れ**スト]	休符
full rest	[**フ**ル **れ**スト]	全休符
whole rest	[**ホウ**ル **れ**スト]	全休符
half rest	[**ハー**フ **れ**スト]	２分休符
quarter rest	[**クォー**ター **れ**スト]	４分休符
eighth rest	[**エイ**す **れ**スト]	８分休符
sixteenth rest	[スィクス**ティー**ンす **れ**スト]	１６分休符
dotted note	[**ドッ**ティド **ノウ**ト]	付点音符
dotted rest	[**ドッ**ティド **れ**スト]	付点休符

dotted quarter	[**ドッ**ティド　ク**ウォー**ター]	付点４分音符
dotted eighth	[**ドッ**ティド　**エイ**す]	付点８分音符
double dotted note	[**ダ**ブル　**ドッ**ティド　**ノウ**ト]	複付点音符
ternary division	[**ター**ナりー ディ**ヴィ**ジョン]	３連符、３連分割
tuplet	[**テュー**プレット]	連符
duplet	[**デュ**プレット]	２連符
triplet	[ト**り**プレット]	３連符
quadruplet	[クウォド**るー**プレット]	４連符
quintuplet	[クウィン**テュー**プレット]	５連符

＜記譜法･装飾音＞

articulation	[アーティキュ**レイ**ション]	アーティキュレーション
tie	[**タイ**]	タイ、tie=つなぐもの、結ぶもの。(「ネクタイ」､鉄道の「枕木」の意も)
slur	[ス**ラあー**]	スラー
ornament	[**オー**ナメント]	装飾(名)、装飾する(動)
ornamentation	[オーナメン**テイ**ション]	装飾
grace	[グ**れイ**ス]	装飾
trill	[ト**り**ル]	トリル
shake	[**シェイ**ク]	トリル
tremor	[ト**れ**マー]	トレモロ
principal note	[プ**りン**スィパル **ノウ**ト]	装飾音の基点になる音；CのトリルならC
accessory note	[**ア**クセサりー **ノウ**ト]	装飾音の飾る方の音；　CのトリルならD

＜リズム＞

rhythm	[**り**ずム]	リズム
beat	[**ビー**ト]	拍
meter / metre(英)	[**ミー**ター]	拍子
time	[**タイ**ム]	拍子
time signature	[**タイ**ム **スィ**グニチャー]	拍子記号
common time	[**コ**モン **タイ**ム]	４／４拍子の別称
double time	[**ダ**ブル **タイ**ム]	２拍子；　２倍の速さで
duple time	[**デュー**プル **タイ**ム]	２拍子
triple time	[ト**り**プル **タイ**ム]	３拍子
quadruple time	[クウォド**るー**プル **タイ**ム]	４拍子
binary meter	[**バイ**ナりー **ミー**ター]	２拍子
ternary meter	[**ター**ナりー **ミー**ター]	３拍子
quadruple meter	[クウォド**るー**プル **ミー**ター]	４拍子
simple meter	[**スィン**プル **ミー**ター]	単純拍子（2／4、3／4、4／4、3／8など）
compound meter	[コン**パウン**ド **ミー**ター]	複合拍子（6／8、9／8、12／8など）
syncopation	[スィンコ**ペイ**ション]	シンコペーション
downbeat	[**ダウン**ビート]	強拍、下拍
upbeat	[**アッ**プビート]	弱拍、上拍
back beat	[**バッ**ク **ビー**ト]	バックビート(裏拍を強く打つ奏法)

＜音程＞

interval	[イン**ター**ヴァル]	音程(音と音との間隔)
second	[**セ**カンド]	２度
third	[**さあー**ド]	３度
fourth	[**フォー**す]	４度

fifth	[**フィ**フす]	5度
sixth	[**スィ**クスす]	6度
seventh	[**セ**ヴンす]	7度
eighth	[**エイ**す]	8度
octave	[**ア**クティヴ、**ア**クテイヴ]	オクターヴ、8度
ninth	[**ナイ**ンす]	9度
compound intervals	[**コン**パウンド イン**ター**ヴァルズ]	複合音程 (オクターヴより広い音程)
conjunct	[コン**チャン**クト]	連なった音； 2度
disjunct	[ディス**チャン**クト]	跳躍、3度以上離れた音に移ること
leap	[**リー**プ]	跳躍

half step	[**ハー**フ ス**テッ**プ]	半音
half tone	[**ハー**フ **トー**ン]	半音
whole step	[**ホウ**ル ス**テッ**プ]	全音
whole tone	[**ホウ**ル **トウ**ン]	全音
perfect intervals	[**パー**フェクト イン**ター**ヴァルズ]	完全音程
imperfect intervals	[イン**パー**フェクト イン**ター**ヴァルズ]	不完全音程
perfect fourth	[**パー**フェクト **フォー**す]	完全4度
perfect fifth	[**パー**フェクト **フィ**フす]	完全5度
octave	[**ア**クティヴ、**ア**クテイヴ]	オクターヴ
major third	[**メイッ**チャー **さぁー**ド]	長3度
minor third	[**マイ**ナー **さぁー**ド]	短3度
augmented third	[オーグ**メン**ティド **さぁー**ド]	増3度
diminished third	[ディ**ミ**ニッシュト **さぁー**ド]	減3度

＜音階・調性＞

scale	[ス**ケイ**ル]	音階
key	[**キー**]	調性;鍵盤・管楽器のキー
key note	[**キー ノウ**ト]	主音、音階の第1音
diatonic scale	[ダイア**ト**ニック ス**ケイ**ル]	全音階
chromatic scale	[クろ**マ**ティック ス**ケイ**ル]	半音階
major scale	[**メイ**ッチャー ス**ケイ**ル]	長調
minor scale	[**マイ**ナー ス**ケイ**ル]	短調
harmonic minor scale	[ハー**モ**ニック **マイ**ナー ス**ケイ**ル]	和声短音階
melodic minor scale	[メ**ロ**ディック **マイ**ナー ス**ケイ**ル]	旋律短音階
pure temperament	[**ピュ**ア **テン**パらメント]	純正調
just intonation	[**チャ**スト イントウ**ネイ**ション]	純正調
temperament	[**テン**パらメント]	平均律
equal temperament	[**イー**クウォール **テン**パらメント]	等分平均律
dodecaphonic	[ドデカ**フォ**ニック]	12音音楽の(形容詞)
twelve-tone technique	[トゥ**ウェ**ルヴ **トウン** テク**ニー**ク]	12音技法

mode	[**モウ**ド]	旋法
modal music	[**モウ**ダル **ミュー**ズィック]	教会旋法の音楽
dorian mode	[**ドー**りアン **モウ**ド]	ドリア旋法、ドリア調
dorian scale	[**ドー**りアン ス**ケイ**ル]	ドリア音階
phrygian mode	[フ**り**ヂアン **モウ**ド]	フリギア調
lydian mode	[**リ**ディアン **モウ**ド]	リディア調

mixolydian	[ミクソ**リ**ディアン]	ミュクソリディア調
ionian	[アイ**オウ**ニアン]	イオニア調＝長調と同じ
aeolian	[イー**オ**リアン]	エオリア調＝短調と同じ
tonic	[**ト**ニック]	主音　ハ長調ならハ
supertonic	[スーパー**ト**ニック]	上主音　ハ長調ならニ
mediant	[**ミー**ディアント]	上中音　ハ長調ならホ
subdominant	[サブ**ド**ミナント]	下属音　ハ長調ならヘ
dominant	[**ド**ミナント]	属音　ハ長調ならト
submediant	[サブ**ミー**ディアント]	下中音　ハ長調ならイ
subtonic	[サブ**ト**ニック]	属７度　ハ長調なら変ロ
leading-tone	[**リー**ディング **トウ**ン]	導音　ハ長調ならロ

Do Re MI Fa Sol La Ti Do [ドウ れ ミ ファ ソウ ラ ティ ドウ] ドレミファソラシド
Ut Re MI Fa Sol La Si Do [ウット れ ミ ファ ソウ ラ スィ ドウ] ドレミファソラシド

transpose	[トらンス**ポウ**ズ]	移調する
transposition	[トらンスポ**ズィ**ション]	移調
modulate	[**モッ**ヂュレイト]	転調する
modulation	[モッヂュ**レイ**ション]	転調
parallel key	[**パ**らレル **キー**]	同名調 (平行調ではない。 英語楽語の特殊な用語。)
relative key	[**れ**ラティヴ **キー**]	平行調 (近親調や同名調ではない。 英語楽語の特殊な用語。)
circle of fifths	[**サぁー**クル オヴ **フィ**フツ]	五度圏
key signatures	[**キー**　**スィ**グニチャーズ]	調号
accidental	[アクスィ**デン**タル]	1) 変化記号…シャープ、フラット等の総称。 調号・臨時記号どちらも含む。 2) 臨時記号…調号と異なる変化音を示す。
natural	[**ナ**チュらル]	ナチュラル
cancel	[**キャン**セル]	ナチュラルと同じ； 臨時記号を取り消す

＜和声＞

harmony	[**ハー**モニー]	和声
primary chords	[プ**らイ**マりー **コーッ**ヅ]	主要３和音
triad	[ト**らイ**アッド]	三和音
tonic triad	[**ト**ニック ト**らイ**アッド]	主和音
dominant harmony	[**ド**ミナント **ハー**モニー]	属和音
subdominant harmony	[サブ**ド**ミナント **ハー**モニー]	下属和音
major triad	[**メイ**ッヂャー ト**らイ**アッド]	長三和音
minor triad	[**マイ**ナー ト**らイ**アッド]	短三和音
diminished triad	[ディ**ミ**ニッシュト ト**らイ**アッド]	減三和音
augmented triad	[オーグ**メン**ティド ト**らイ**アッド]	増三和音
dominant seventh	[**ド**ミナント **セ**ヴンす]	属７和音
diminished seventh	[ディ**ミ**ニッシュト **セ**ヴンす]	減７和音
tetrachord	[**テ**トらコード]	テトラコード
tritone	[ト**らイ**トウン]	三全音

concord	[コン**コー**ド]	協和音
consonance	[**コン**ソナンス]	協和音
discord	[ディス**コー**ド]	不協和音
dissonance	[**ディ**ソナンス]	不協和音
inversion	[イン**ヴァー**ジョン]	転回形
progression	[プろグ**れッ**ション]	進行、和声進行
resolution	[りゾ**ルー**ション]	解決
suspension	[サス**ペン**ション]	繋留、掛留
preparation	[プれパ**れイ**ション]	繋留、掛留
passing note	[**パッ**スィんぐ **ノウ**ト]	経過音
borrowed chord	[**ボ**ろウド **コー**ド]	借用和音
enharmonic	[エンハー**モ**ニック]	同名異音
escape note	[エス**ケイ**プ **ノウ**ト]	逸音
escape tone	[エス**ケイ**プ **トウ**ン]	逸音
broken chord	[ブ**ろウ**クン **コー**ド]	分散和音
cadence	[**ケイ**デンス]	終止形
close	[ク**ロウ**ズ]	終止形
perfect cadence	[**パー**フェクト **ケイ**デンス]	完全終止 = complete/authentic cadence
imperfect cadence	[イン**パー**フェクト **ケイ**デンス]	不完全終止 = incomplete cadence
complete cadence	[コンプ**リー**ト **ケイ**デンス]	全終止 = perfect/authentic cadence
incomplete cadence	[インコンプ**リー**ト **ケイ**デンス]	不完全終止 = imperfect cadence
authentic cadence	[オー**セン**ティック **ケイ**デンス]	正格終止 = complete cadence
plagal cadence	[プ**レイ**ガル **ケイ**デンス]	変格終止(=アーメン終止)
half cadence	[**ハー**フ **ケイ**デンス]	半終止
deceptive cadence	[ディ**セ**プティヴ **ケイ**デンス]	偽終止 = false cadence
false cadence	[**フォー**ルス **ケイ**デンス]	偽終止 = deceptive cadence
suspended cadence	[サス**ペン**ディド **ケイ**デンス]	偽終止

＜楽式＞

form	[**フォー**ム]	形式
sonata form	[ソ**ナー**タ **フォー**ム]	ソナタ形式
rondo form	[**ろン**ドウ **フォー**ム]	ロンド形式
binary form	[**バイ**ナりー **フォー**ム]	二部形式
ternary form	[**ター**ナりー **フォー**ム]	三部形式
variation	[ヴァり**エイ**ション]	変奏曲
capriccio	[カプ**りッ**チオウ]	奇想曲
fantasy	[**ファン**タズィー]	幻想曲
suite	[ス**ウィー**ト]	組曲
overture	[**オウ**ヴァチュア]	序曲
prelude	[プ**れ**リュード]	前奏曲
interlude	[**イン**タルード]	間奏曲

exposition	[エクスポ**ズィ**ション]	提示部
development	[ディ**ヴェ**ロプメント]	展開部
recapitulation	[りキャピチュ**レイ**ション]	再現部
theme	[**す**ィーム]	テーマ、主題
subject	[**サ**ブヂェクト]	主題
ritornello	[りとる**ネッ**ロ]	リトルネロ(アリアや独奏曲の前奏、間奏、後奏)
fugue	[**フュー**グ]	フーガ
counterpoint	[**カウン**ターポイント]	対位法; 対位旋律
contrapuntal	[コントら**パン**タル]	対位法の(形容詞)
absolute music	[**ア**ブソルート **ミュー**ズィック]	絶対音楽
program music	[プ**ろ**グらム **ミュー**ズィック]	標題音楽
incidental music	[インスィ**デン**タル **ミュー**ズィック]	付随音楽
church music	[**チぁー**チ **ミュー**ズィック]	教会音楽
secular music	[**セ**キュラー **ミュー**ズィック]	世俗音楽
mass	[**マ**ス]	ミサ
anthem	[**アン**せム]	アンセム
magnificat	[マグ**ニ**フィカット]	マニフィカト
te deum	[ティー **ディー**アム]	テ・デウム
jubilate	[ヂュービ**ラー**テイ]	ユビラーテ;[ユービ**ラー**テイ]とも
vesper	[**ヴェ**スパー]	晩課、晩祷
ode	[**オウ**ド]	オード
opera	[**オ**ぺら]	オペラ
oratorio	[オら**トー**りオウ]	オラトリオ
masque	[**マ**スク]	マスク(仮面劇)
troll	[トゥ**ろー**ル]	輪唱
round	[**らウン**ド]	輪唱
catch	[**キャッ**チ]	キャッチ（輪唱の一種）
glee	[グ**リー**]	グリー (英国 18 世紀に流行した男声無伴奏の合唱)
gospel	[**ゴ**スペル]	ゴスペル； 教会・典礼外で歌うポピュラーの宗教曲
Gregorian chant	[グれ**ゴー**りアン **チャン**ト]	グレゴリオ聖歌

＜楽器＞

violin	[ヴァイオ**リン**]	ヴァイオリン
viola	[ヴィ**オウ**ラ]	ヴィオラ
cello	[**チェ**ロウ]	チェロ
double bass	[**ダ**ブル **ベイ**ス]	コントラバス
flute	[フ**ルー**ト]	フルート
piccolo	[**ピッ**コロ]	ピッコロ
oboe	[**オウ**ボー]	オーボエ
bassoon	[バ**スー**ン]	ファゴット
horn	[**ホー**ン]	ホルン
trumpet	[ト**らン**ピット]	トランペット
trombone	[トろン**ボウ**ン]or[ト**ろン**ボウン]	トロンボーン
tuba	[**テュー**バ]	チューバ

harp	[**ハー**プ]	ハープ
fiddle	[**フィ**ドル]	フィドル(ヴァイオリンに似た古い楽器)
treble	[ト**れ**ブル]	ボーイ・ソプラノ、最高声部、トレブル(弦楽器)
lute	[**ルー**ト]	リュート
guitar	[ギ**ター**]	ギター
organ	[**オー**ガン]	オルガン
harpsichord	[**ハー**プスィコード]	ハープシコード、チェンバロ
celesta	[チェ**レ**スタ]	チェレスタ
snare drum	[ス**ネ**ア ド**ら**ム]	スネアドラム、小太鼓
tympani	[**ティン**パニ]	ティンパニ
cymbal	[**スィン**バル]	シンバル
vibraphone	[**ヴァイ**ブらフォウン]	ヴィブラフォーン
xylophone	[**ザイ**ロフォウン]	シロホン、木琴

＜演奏·練習一般＞

rehearse	[り**ハー**ス]	練習する(動)
rehearsal	[り**ハー**サル]	練習(名)
breath	[ブ**れ**す]	呼吸、ブレス
deep breath	[**ディー**プ ブ**れ**す]	深い呼吸
breathe	[ブ**りー**ず]	呼吸する
inhale	[イン**ヘイル**]	息を吸う
exhale	[エクス**ヘイル**]	息を吐く
vibration	[ヴァイブ**れイ**ション]	振動
frequency	[フ**りー**クウェンスィー]	振動数、周波数
amplitude	[**アン**プリテュード]	振幅
tention	[**テン**ション]	張力
resonance	[**れ**ゾナンス]	共鳴
harmonic overtone	[ハー**モ**ニック **オウ**ヴァートウン]	倍音
register	[れッ**ヂ**スター]	音域、声域
range	[**れイ**ンヂ]	音域、声域
fixed do	[**フィ**クスト **ドウ**]	固定ド
stationary do	[ス**テイ**ショナりー **ドウ**]	固定ド
movable do	[**ムー**ヴァブル **ドウ**]	移動ド
absolute pitch	[**ア**ブソルート **ピッ**チ]	絶対音感
perfect pitch	[**パー**フェクト **ピッ**チ]	絶対音感
relative pitch	[**れ**ラティヴ **ピッ**チ]	相対音感

＜器楽＞

fingering	[**フィん**ガりング]	指使い、フィンガリング
alternative fingering	[オル**ター**ナティヴ **フィん**ガりング]	替え指
cross fingering	[ク**ろ**ス **フィん**ガりング]	クロス・フィンガリング
mute	[**ミュー**ト]	弱音器
keyboard	[**キー**ボード]	鍵盤、鍵盤楽器
key	[**キー**]	鍵盤楽器のキー(鍵);木管楽器のキー;調
tune	[**テュー**ン]	調律する(動); 旋律、メロディー(名)；
tuning	[**テュー**ニング]	調律、チューニング
tuning fork	[**テュー**ニング **フォー**ク]	音叉
transposing instrument	[トらンス**ポウ**ズィング **イン**ストゥるメント]	移調楽器

＜鍵盤楽器＞

white key	[(ホ)**ワイ**ト **キー**]	白鍵
black key	[ブ**ラッ**ク **キー**]	黒鍵
hammer	[**ハ**マー]	ハンマー
damper	[**ダン**パー]	ダンパー
action	[**ア**クション]	打弦機構
sound board	[**サウン**ド **ボー**ド]	響板
belly	[**ベ**リー]	響板
voicing	[**ヴォイ**スィんぐ]	音色調整
plectrum	[プ**レ**クトらム]	義甲(「人工の爪」の意); ピアノの
		プレクトラム、ギターのピック など。

＜管楽器＞

winds	[**ウィン**ヅ]	木管楽器、木管楽器群
		(吹奏楽を意味することも)
woodwinds	[**ウッ**ドウィンヅ]	木管楽器
brass	[ブ**らー**ス]	金管楽器
embouchure	[アーンブ**シュ**ア]	アンブシュア（フランス語）
tongue	[**タン**グ]	タンギングする
tonguing	[**タン**ぎんぐ]	タンギング
double tonguing	[**ダ**ブル **タン**ぎんぐ]	ダブル・タンギング
flutter tonguing	[フ**ラッ**ター **タン**ぎんぐ]	フラッター・タンギング
mouth piece	[**マウ**す **ピー**ス]	マウスピース
side hole	[**サイ**ド **ホウ**ル]	管側孔
bell	[**ベ**ル]	朝顔（管）
parabora	[パ**ら**ボら]	放物線
piston	[**ピ**ストン]	ピストン（英）
valve	[**ヴァ**ルヴ]	ピストン（米）
crook	[ク**るー**ク]	(管楽器の)替え管
head joint	[**ヘッ**ド **チョイ**ント]	頭部管
middle joint	[**ミ**ドル **チョイ**ント]	中部管
foot joint	[**フッ**ト **チョイ**ント]	足部管
reed	[**りー**ド]	木管楽器やオルガンのリード
single reed	[**スィン**グル **りー**ド]	シングルリード
double reed	[**ダ**ブル **りー**ド]	ダブルリード
idiophonic reed	[イディオ**フォ**ニック **りー**ド]	オルガンやハーモニカなどのリード
		(単一の高さの音を出す)
heterophonec reed	[ヘテろ**フォ**ニック **りー**ド]	木管楽器のリード
		(いろいろな高さの音を出す)

＜弦楽器＞

string	[スト**りン**グ]	弦
strings	[スト**りン**グズ]	弦楽器、弦楽器群
bow	[**ボウ**]	弓
bowing	[**ボウ**イング]	ボーイング、弓使い
up-bow	[**アッ**プ **ボウ**]	上げ弓
down-bow	[**ダウ**ン **ボウ**]	下げ弓
scroll	[スク**ろウ**ル]	渦巻き
peg	[**ペ**グ]	糸巻き
peg box	[**ペ**グ **ボッ**クス]	糸倉

neck	[**ネッ**ク]	棹（さお）
finger board	[**フィ**んガー **ボー**ド]	指板
bridge	[ブ**りッ**ヂ]	こま
tail piece	[**テイ**ル **ピー**ス]	緒止板
adjuster	[アッ**チャ**スター]	アジャスター、調整器
tail pin	[**テイ**ル **ピン**]	脚棒
end pin	[**エン**ド **ピン**]	脚棒
body	[**ボ**ディ]	(弦楽器の)胴
back	[**バッ**ク]	(弦楽器の)裏板
table	[**テイ**ブル]	(弦楽器の)表板
belly	[**ベ**リー]	(弦楽器の)表板； (ピアノの)響板・サウンドボード
rib	[**り**ブ]	(弦楽器の)側板
f - hole	[**エ**フ **ホウ**ル]	ｆ字孔
bass bar	[**ベイ**ス **バー**]	力木
sound post	[**サウン**ド **ポウ**スト]	魂柱
chin rest	[**チン** **れ**スト]	あごあて
rosin	[**ろウ**ズィン]	松やに
colophony	[コ**ロ**フォニー]	松やに
nut	[**ナッ**ト]	1)上駒； 2)弓の調整ネジ
talon	[**タ**ロン]	弓の調整ネジ部分
frog	[フ**ろッ**グ]	弓の持ち手の部分
fretboard	[フ**れッ**トボード]	(フレットのある弦楽器の)指板
open string	[**オウ**プン ストり**ん**ぐ]	開放弦
plectrum	[プ**レ**クトらム]	義甲(「人工の爪」の意)； ピアノ プレクトラム、ギターのピックなど。

＜打楽器＞

percussion	[パー**カッ**ション]	打楽器
idiophone	[**イ**ディオフォウン]	体鳴楽器
membraphone	[**メン**ブらフォウン]	膜鳴楽器
membrane	[**メン**ブれイン]	膜
snare	[ス**ネ**ア]	スネア・ドラム(小太鼓)のスネア(響線)
drum stick／stick	[ド**ら**ムス**ティッ**ク／ス**ティッ**ク]	ばち
mallet	[**マ**レット]	(ティンパニ、マリンバ等の)ばち； マレット； 木槌

＜声楽＞

voice production	[**ヴォイ**ス プろ**ダ**クション]	発声
vocal register	[**ヴォウ**カル れッ**ヂ**スター]	声区
head voice	[**ヘッ**ド **ヴォイ**ス]	頭声
chest voice	[**チェ**スト **ヴォイ**ス]	胸声
falsetto	[**ファ**ルセット]	ファルセット
diction	[**ディ**クション]	言葉づかい、用語法、歌詞の発音法
pronunciation	[プろナンスィ**エイ**ション]	発音
pronounce	[プろ**ナウン**ス]	発音する
voiced	[**ヴォイ**スト]	有声の
unvoiced	[アン**ヴォイ**スト]	無声の
nasal	[**ネイ**ザル]	鼻の、鼻音の
aspirated	[**ア**スピれイティド]	有気音の、帯気音の

lip	[**リッ**プ]	くちびる
labial	[**レイ**ビアル]	くちびるの(形容詞)
tooth／teeth	[**トゥー**す／**ティー**す]	歯(単数、複数)
dental	[**デン**タル]	歯の(形容詞)
palate	[**パ**レット]	口蓋
palatal	[**パ**ラタル]	口蓋の(形容詞)
throat	[す**ろウ**ト]	のど
pharynx	[**ファ**りンクス]	咽頭（のどの上の方）
pahryngeal	[ファ**りン**ヂアル]	咽頭の(形容詞)
larynx	[**ラ**りンクス]	喉頭（のどの奥の方）
laryngeal	[ラ**りン**ヂアル]	喉頭の(形容詞)
glottis	[グ**ロッ**ティス]	声門
glottal	[グ**ロッ**タル]	声門の(形容詞)
vocal chord	[**ヴォウ**カル **コー**ド]	声帯
trachea	[ト**れイ**キア]	気管
windpipe	[**ウィン**ド **パイ**プ]	気管
lung	[**ラ**んぐ]	肺
esophagus	[イ**ソ**ファガス]	食道
diaphragm	[**ダイ**アフらム]	横隔膜
tonsil	[**トン**スル]	扁桃腺
resonance cavity	[**れ**ゾナンス **キャ**ヴィティ]	共鳴腔
nasal cavity	[**ネイ**ザル **キャ**ヴィティ]	鼻腔
sinus	[**サイ**ナス]	副鼻腔
oral cavity	[**オウ**らル **キャ**ヴィティ]	口腔
choir	[ク**ワイ**ア]	合唱団、合唱隊
chorus	[**コー**らス]	合唱団
chorister	[コ**り**スター]	合唱団員
choral	[**コー**らル]	合唱の(形容詞)
chorale	[コ**ラー**ル]	コラール(ドイツ･プロテスタントの讃美歌)、 合唱団(アメリカでの用法)
recitative	[り**サイ**タティヴ]	レチタティーヴォ
air	[**エ**ア]	アリア

1章ー(3) レッスン・留学・共演と英語

日本の音楽大学にも外国人の教官が増えています。 海外でのセミナーや留学に出かける日本人の音大生・卒業生も増えてきました。 こういう場面のコミュニケーションで使うことばは英語が最もポピュラーです。 特に器楽の世界では英語が使われますが、声楽の場合でも違う国の音楽家同士が話すときのことばは英語が多いようです。

① 日本で … 外人の指導／外人と共演

外国人の先生や指揮者・奏者が相手といっても、彼らが日本に来ている場合には、日本人の生徒や奏者の語学力にあまり期待しないものです。 まず頭の中で、英語もドイツ語もイタリア語も大してできない、という気持ちがあります。 実技の世界である音楽には「やって見せる」という奥の手がありますから、「ことばが通じない」という前提があれば、お互い何とかなるものです。 相手が外人でも恐れることは何もありません。 音楽家に限らず専門家なら、その道の者同士、ことばにしなくても通じます。 技術者なら図面と数字だけでなんとか話ができるのと同じです。

しかし、基本的な楽語や表情を示す単語に慣れておけば、レッスンや練習の効率が上がることも確かです。 前節「英語の楽語」で挙げたような楽語に一通り目を通しておくことで、少なくとも相手の言うことは分かりやすくなるでしょう。

会話の能力とコツについては第7章「英語の上達のために」(193ページ～)でも述べますので参考にして下さい。

では海外の講習会や留学で外国人のレッスンを受ける場合はどうでしょうか？ 今度は日本人であることを意識してくれない場合が多いですから、ことばが通じると通じないとでは少なからず差が出てきます。

② 留学と英語

留学といっても英語圏と非英語圏では事情が大きく異なります。

非英語国のイタリアやドイツに留学するにしても、大抵の場合最初は生き延びるために英語が必要になります。 着いたばかりでまだイタリア語・ドイツ語に慣れないうちは、カタコトでも意思疎通のできる英語に頼るしかありません。 英語国ではないので、相手も英語の得意な人は少ないでしょうから、日本人留学生のタドタドしい英語でも何とかなります。 その後は早くイタリア語、ドイツ語など現地のことばを身につけましょう。 それでも卒業後、国際的な仕事をするなら、きっと英語を使う機会が出てきます。

イギリスやアメリカなど英語圏への留学になると話はまったく違ってきます。 レッスンや授業だけでなく、生活のあらゆる場面が英語で進みますし、外国人だからといってゆっくり話してくれることはまずありません。リスニング力(＝聞く力)がないと、話の輪にも入れません。テキストを読む授業があるなら、リーディング力(＝読む力)も要求されます。これら語学力を高めるために、先人はさまざまな努力をしてきました。全体を聞いて読んで大意を掴むのと、詳細に聞く・読むのと、両面が要求されますが、これについてのさまざまなノウハウは第7章「英語の上達のために」(193ページ～)でもいくつか取り上げ、著者なりの考えを示しておきました。

ここで言っておきたいのは、音楽の留学生にとって、本当に学ばなければならないのは、楽器や歌や指揮やアンサンブルの上達であって、英語の上達ではない、ということです。話し相手の友達も増えないよりは増えた方がいいでしょうが、それよりも音楽そのものの修練に力を注いでいただきたい。著者の経験から見ても、海外の 1 年や2年はすぐ過ぎてしまいます。英語も、レッスンや生活に支障があるほど下手なら問題でしょうが、そのレベルを脱出したら、本来の仕事である音楽に専念して下さい。

③ 留学の手続 … 留学先の選定からビザまで

留学に関する情報は、大学や留学経験者、雑誌などさまざまな経路で入手できます。自分の師事した先生に相談するのもいいでしょう。留学を専門に扱った本も出ています。どこの国のどの学校に行けばいいのか、最初は分からないかもしれませんが、留学して何を学ぶのか、ただ行くだけでなく問題意識のある探し方をすれば、あまり迷わずに決めることができるでしょう。

奨学金制度も使えるなら使いたいところです。各国政府給費留学生、日本の各種支援団体、文化庁派遣の在外研修などがあります。

申込手続きや、審査・試験は学校によってさまざまです。ただし事務上重要なことは、「書類による入学許可」がないと、ビザ(入国査証)や滞在許可が取れないということです。自分の取った書類で、入国許可・滞在許可のために有効なものが揃っているかどうか、よく確認しましょう。

※ 音楽辞典は必需品？

英語国でも、それ以外でも、自分の国のことばで書かれた音楽辞典にはすぐれたものがあります。英語で言えば、オックスフォード大学出版局刊行の “Oxford Concise Dictionary of Music” などはコンパクトながら要点を押えた良い辞書で、英米のちょっとした書店ならどこでも手に入ります。問題は日本語の用語と結び付くかどうかです。バイリンガルの人・原語に何の支障もない人は心配要りませんが、普通の人は、小さくても内容のある、中辞典クラス以上の音楽辞典一冊はあった方がいいでしょう。楽典の本も役に立ちます。外国語の音楽用語を意識した音楽辞典や用語集もありますが、それよりも、内容の充実した日本語の辞書の方が結局役に立つのではないでしょうか。

④ 外国での仕事 ～契約社会のあり方

海外で仕事の声がかかる人は、既に海外での留学や演奏の経験か、少なくとも来日演奏家と共演経験のある人がほとんどなので、英語に関して著者がとやかく言うことはありません。事務的なことを言えば、契約内容に問題がないか、必要なビザがきちんと取れているかどうかだけは確認しておきましょう。

ほかのビジネスや学問の場合、日本的な考え方・ものごとの進め方と、西洋のそれとの違いを大きく感じることがありますが、音楽の世界は日本でも西洋型の契約社会に近いと言えます。「生き馬の目を抜く」と言いますが、競争の厳しい音楽の世界の人はこの辺の感覚は研ぎ澄まされていると思いますので、どうぞ同じように気を抜かず仕事に当たって下さい。

西洋の人は日本人に比べると時間的にゆとりがあるせいか、プライベートになるととても親切ですが、いざ仕事になると "Business is business."「仕事は仕事」と割り切って容赦なく難しい要求をしたり、気に入らなければ解雇したりします。 音楽監督や指揮者も日本より強権発動することが多いですから、甘く見ず、集中して仕事に取り組みましょう。

また、アメリカで特に顕著な傾向ですが、多くの演奏会や演奏団体が寄付で成り立っていることも記憶しておきましょう。 小さな演奏会でも、演奏後こうした個人・会社などスポンサーが集まるレセプションがしばしば開かれます。 その会場では、音楽会は好きでも、音楽については素人のおじいちゃん、おばあちゃんたちが話しかけてくることもあります。 演奏家が媚びを売る必要はないでしょうが、主催者がスポンサーに気をつかっているなら、振舞いには気をつけましょう。

1章ー(4) 音楽家の海外旅行と英語

音楽家も、ほかの分野の人たちと同じように、どんどん海外旅行に出かけています。 旅行先として人気のある英語国には、イギリス、アメリカ、カナダ、オーストラリア、ニュージーランド、アイルランド、非英語国として音楽家が行く機会の多いのはドイツ、オーストリア、イタリア、フランス、オランダ、スイス、東欧などヨーロッパの国々でしょう。 以前フランスやイタリアでは、英語はあまり通じなかったものですが、最近はこれらの国でも英語がよく通じるようになりました。

音楽家が他の分野の人と違うのは、コンサートやオペラに出かけたり、作曲家ゆかりの地を訪れたり、楽器店、楽譜店やCD屋に立ち寄ることです。 ここでは、コンサートホールやオペラハウスに関する用語を集めました。（旅行で使う一般的な英語や英会話は、旅行ガイドにお任せすることにします。）

◇ コンサートホール・オペラハウス・劇場の用語集

box office	[**ボ**ックス **オ**フィス] コンサートホールやオペラ・ハウス、劇場に付属の切符売場。町によっては チケットぴあや チケット・セゾンに相当する “Ticket Master”などのサービスや、手数料を払う市内のチケット販売店もある。
admission	[アド**ミッ**ション] 入場すること。 また入場料のこと。 “Admission Free”と言えば、「入場無料」の意。
balcony	[**バ**ルコニー] 2階席、3階席など上の階の席。
dress circle	[ド**れ**ス **サぁー**クル] ドレス・サークル。 本来は2階正面の特別桟敷席。 あまりいい席ではない筈の2階3階など上の階の席を、聞こえを良くするために劇場側がこう呼ぶこともある。
box seat	[**ボッ**クス **スィー**ト]桟敷席(数席ずつのboxに仕切られている)。
mezzanine	[メザ**ニー**ン] 中二階。 中二階を「貴賓席」として別扱いしている劇場もある。
main floor / parterre	[**メイ**ン フ**ロ**ア / パル**テ**ア] 1階メインフロア。 “parterre”はもとフランス語。 “orchestra” [**オー**ケストら], “stall”[ス**トー**ル]と呼ぶ場合も。
foyer	[**フォイ**エイ / **フォイ**ア] ホワイエ。メインロビーのこと。 もとフランス語。 フランス語風に[フワイエ]と発音する人も多い。
usher	[**アッ**シャー] 来場者・お客様を席に案内する係。

第2章　音楽とことばの切っても切れない関係

西洋音楽に取り組む者にとって、欧米のことばを学ぶことは欠かすことのできない訓練だ、と「はじめに」で述べました。それは西洋の音楽が西洋のことばと深く結びついているからです。

「音楽」と「ことば」の切っても切れない関係については、多くの学者や音楽家・識者が力説しています。しかし残念ながら発展性のある議論にはなかなかめぐり合いません。それは音楽では、歌が現実の音になってはじめて、ことばとの「生きた」関係が感じられるのであって、文字の上の議論だけでは語り尽くせないからでしょう。著者もここで数ページを割きましたが、詩歌と音楽の共通語法、韻律と音楽の関係、音楽とドラマ、アクセント・抑揚と音程の関係、など具体的なテーマをいくつか挙げるにとどめました。この「ことばと音楽」の関係については、読者・音楽家の皆さんには実際の曲・演奏に即して体感し、考えていただきたいのですが、本書がそのきっかけの一つになれば、と思います。

●「ことば」と音楽

「音楽の起源はどこにあるか？」のような大それた議論を展開する気はありませんが、著者はその大きな源泉のひとつに「歌」がある、と考えています。(ほかには踊りなども挙げられるでしょう。) ことばが詩になり、詩の朗詠が感極まって旋律となり、歌になったのだと思います。

こどもの囃《はや》し声・掛け声、あそび、などの中にも音楽の原形をみることができます。

ちょっとしたフレーズの中にも、音楽につながる可能性を感じさせるものがあります。

「あーした天気になーあれ。」
「いーけないんだ、いけないんだ。」
「いちぬけた」「にぬけた」…

このように定型化したフレーズは、それを話している子どもがひとりひとり、その場で新たに考えて口にする論理的な発話ではありません。すでにほかの子どもや兄弟が使ったフレーズを再利用して語るものです。前にも聞いたフレーズを唱えることで、その場に特有な雰囲気(からかい、非難、賛同、祈願など)を出しているのです。類似の状況に、同じフレーズをあてはめることで、2つの場面に生ずる共鳴を楽しむ。これは詩でいうところの「韻を踏む」と同じ効果です。興味深いことに、これらのフレーズは旋律やリズムのパターンを伴なっています。

さらに類型化が進んでパターンとなった「あそび」は、他愛ないようでいて何度やっても面白い、という詩歌や音楽の特徴を備えています。しかも大概は既に旋律を持っています。「手まり歌」のような「うたあそび」または「あそびうた」になれば、もうそれは完全な音楽です。

「せっせっせのよいよいよい」
「勝って嬉しい花いちもんめ」 ―「負けて悔しい花いちもんめ」
「あんたがたどこさ」「肥後さ」「肥後どこさ」「熊本さ」

スポーツや祭りの「掛け声」や「エール」も、その場で新たに考えたセリフではなく、前から既にあるパターンを繰り返すことで、その場の効果を高める種類の発話です。「掛け声／エール」も「演説」も人前で発するものですが、比べると「演説」は新しい考えを伝えることが目的なので、普通の会話や文章と同じように新たに作った文が語られます。 これに対し、野球の試合や祭りの行列で、その場にふさわしい感興と興奮を呼びたいときには、定型化した「掛け声」や「エール」の方が効果的です。 去年も、おととしも、5年前にもあったあの「盛り上がり」をまた再現するには、かつて皆が叫んだフレーズを再現するのが手っ取り早いのです。

＜「掛け声」の 例＞

「かっとばせ、かっとばせ」
「わっしょい、わっしょい」

ことばの様式化・定型化による詩歌・音楽は、こうした群集や子どもの例だけではありません。琵琶を弾きながら物語りする琵琶法師、三味線を鳴らしながら語る浄瑠璃、西洋では竪琴を弾いて歌い語る吟遊詩人など、詩歌と音楽が不可分の世界がそこにあります。 かれらは物語が山場を迎えると、決まって楽器で合いの手を入れ、効果を高めます。

これら様式化・定型化した芸ごとに共通する特徴は、

① 定型化したフレーズ
② 反復に耐えうるすぐれた素材（せりふ・旋律・動機）
③ 定型化したフレーズの反復とバリエーション
④ 違う場面でありながら、同じ素材・形式を持ってくることによって、
以前と同一の、あるいは類似の感興を呼び起こす。

といった点です。 これは詩歌にも、音楽にも通じる特徴です。

●詩歌と音楽の語法

・「韻を踏む」ことは、詩の最も基本的な要素の一つです。 ある行の末尾と別の行の末尾の音を揃える「脚韻」が代表的です。 行の先頭の音を別の行の先頭と揃える「頭韻」もあります。韻を踏むことによって、意味上関連のない2つの詩行の間に、音を介して共鳴関係が生まれます。 これは音楽では前に現れたのと同じ旋律の上に、2度目には別の歌詞が乗ることと共通します。

＜脚韻の例＞

Row, row, row your boat
Gently down the str<u>eam</u>
Merrily, merrily, merrily, merrily
Life is but a dr<u>eam</u>.

漕げ漕げ，ボートをもっと漕いで、
川を下ろう。
楽しく、楽しくやろうじゃないか、
人生はどうせ夢に過ぎないんだから。

ナーサリー・ライム(イギリス童謡) 「ボート漕ぎ」から

＜頭韻の例＞

<u>S</u>oftly sweet in Lydian measures
<u>S</u>oon he soothed the soul to pleasures.

彼(ティーモテウス)は、やわらかなリディア調の調べで王(アレクサンダー大王)の(悲痛な)心を慰め、心地よくさせた。

ヘンデル：オラトリオ「アレクサンダーの饗宴」から

・相手の言ったことばと呼応して、同じ語調を使いながら話を発展させる語法は、音楽の Antiphon(交唱)と共通します。

●「あんたがたどこさ」　→　「肥後さ」
「肥後どこさ」　→　「熊本さ」
(熊本県民謡『手まり歌』から)

- -

●「あの子が欲しい」　「あの子じゃ分からん」
「この子が欲しい」　「この子じゃ分からん」
「相談しよう」　→　「そうしよう」
(わらべうた『花いちもんめ』から)

- - - (※ 次の例はドイツ語です。) -

● "Seht!"　「見なさい」　"Was?"「何を？」
"Den Bräutigam"「花婿(イエス)を」

"Seht!"　「見なさい」　"Wie?"「どんな様子の？」
"Als wie ein Lamm."「まるで子羊のような。」
(J.S. バッハ『マタイ受難曲』から)

「ことば」の芸術である詩歌・小説と、音楽の語法には共通するところが少なくありません。反復、パロディ、シャレ、模倣、変奏、韻律の破格(≒シンコペーション)、全休止など、類似・共通する点が数多くあります。

●文学と音楽の構成

シャレや反復といった個々のアイテムとしての共通点だけでなく、音楽と文学はその構成の上でも多くの共通点を持っています。 それは主に一編の作品・ドラマとしての構成の問題です。 小説は、まず読者を引き付け、読み進ませ、そしてクライマックスを見せます。 音楽も同じです。 文学の中でも特に演劇は、上演する場が劇場であるという点、限られた時間の中でドラマを完結させるという点、観客の息づかいを感じつつ、演者同士のかけひきも交えながら話を進めて行く点、など音楽と共通する要素を多く持っています。

音楽と文学は分野の違う芸術でありながら、音楽家と文学者、音楽と文学は実に多くの共通の世界を持ち、交流してきました。 シューマンは文芸評論も書きましたし、ショパンとジョルジュ・サンドとの関係も有名です。 作曲家と詩人・小説家はその空想とイメージの世界で共感を持つこともあるでしょう。 もっと直接的には、演奏家が文学の構成感から学べることも多いのです。 実際、音楽のさまざまな形式は文学の形式と多くの共通点があります。

① 3部形式・ソナタ形式

江碧鳥逾白		江《こう》碧《みどり》にして鳥《とり》逾《いよいよ》白《しろ》く	起（A）
山青花欲然	┐	山《やま》青《あお》くして花然《も》えんと欲《ほっ》す	承（A’）
今春看又過	↓	今春《こんしゅん》看《み》すみす又《また》過《す》ぐ	転（B）
何日是帰年	┘	何《いず》れの日《ひ》にか是《これ》帰年《きねん》ならん	結（C or A”）

これは、春に望郷の念を歌った杜甫《とほ》の有名な漢詩です。 日本語の読みも定着しており、日本人にも親しみのあるものです。 きれいな起承転結の構成は、歌の複合3部形式と同じ形式です。（2行目と4行目は脚韻も踏んでいます。）日本の唱歌での A-A’-B-A”形式の例と比べて下さい。

春の小川はさらさら流る	A	（「さらさら行くよ」の版あり）
岸のすみれやれんげの花に	A’	
においめでたく 色美しく	B	
咲けよ、咲けよとささやくごとく	A”＝A’	（「ささやきながら」の版あり）

② 有節歌曲

同じ長さ・同じ形の節を続けていく形式は、有節歌曲の形式です。 1 番から始まって同じ旋律で何番までも続けていきますが、その中で時間や季節、あるいは物語の進行は規則的なリズムで進みます。(多くの場合韻も踏みます。) そこに歌われる事柄は、メロディーの反復のたびに前の節を想起させ、あたかもスパイラル(螺旋)のように展開して行きます。 旋律は同じでも内容はバリエーションとして進展し、クライマックスでは 1 番の歌い始めとは違った感興を呼び起こします。 これも日本の唱歌「ふるさと」の例を見てみましょう。 童謡「サッちゃん」、シューベルトの歌曲集「美しい水車小屋の娘」の第1曲「さすらい」などもその好例です。

1　うさぎ追いし かの山
小ぶな釣りし かの川
夢は今もめぐりて
忘れ難きふるさと

2　いかにいます父母
つつがなしや友がき
雨に風につけても
思い出づるふるさと

3　こころざしを果たして
いつの日にか帰らん
山は青きふるさと
水は清きふるさと

このような例は始源的なものですが、ソナタや協奏曲、交響曲のように高度なものでも、原形はこうした形式にあると考えられないでしょうか。

●語感と歌

こどもは、歌を聞きながら、歌いながら育ちます。 われわれ日本人の耳には日本人独特の童謡や、あそび歌、掛け声などが染み付いているのです。 大人になって歌を聞くとき歌うとき、こうして育まれた語感と無縁ではいられません。 日本歌曲でも、歌謡曲でも、演歌でも、童謡でも、すぐれたものはこうした日本語の語感によく当てはまるものですし、逆に日本人の語感にそぐわないものはやがて消えていきます。

日本語の抑揚について考えてみましょう。

「たなか」(田中)と「たから」(宝)は似た抑揚を持っています。

た な か　＝　た か ら

ところが、主語を示す助詞「が」がつくと、抑揚に違いが出てきます。

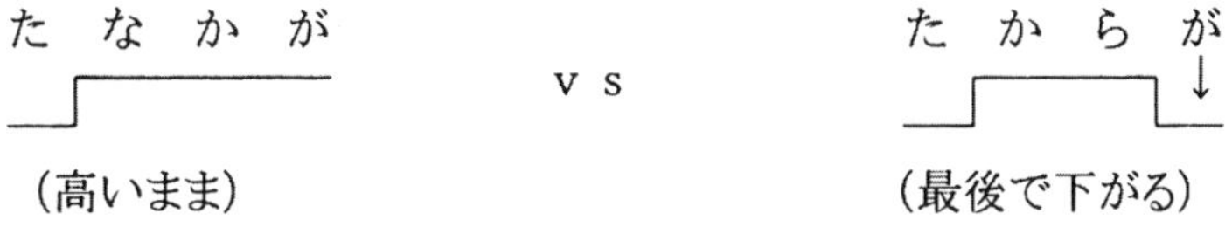

このあとに別の単語がつながって文になると、その違いがより鮮明になります。

このようにアクセントの音節前後の「上がる・下がる」のパターンは日本語にとって重要で、歌においても、このパターンから外れると不自然な響きがします。 ことばで「上がる」箇所の音が歌で「下がって」いたり、ことばで「下がる」ところが歌で「上がる」と違和感があります。(逆にこの違和感を利用して効果を出す場合もあります。)

高田三郎作曲の有名な合唱組曲「心の四季」の第一曲「風が」では、春夏秋冬を順番に歌って行きますが、各節の冒頭の音型は日本語の抑揚にならっています。

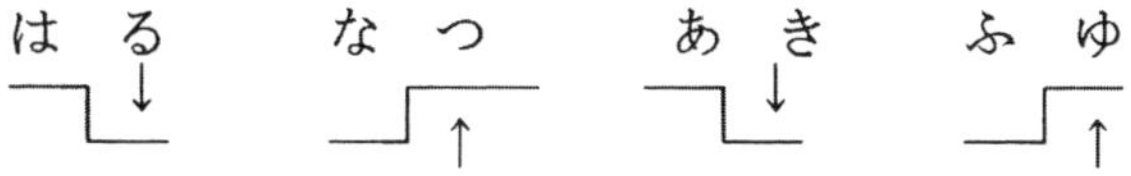

ここでは、音程の「上がる・下がる」のパターンだけを簡単に見ました。 このほか、何度上がるのか・下がるのか については、日常会話では完全4度、完全5度が中心です。(6章-(3)「アクセント・抑揚・リズム」、159ページ参照) 実際の歌では、4度と5度ばかりでは音楽になりませんから、当然ほかの音程も使われますが、その音程がことばの情感に合うかどうかがことばの割付けの良し悪しを左右します。 音の長さやリズムについても日本語の歌には日本語の特徴が色濃く反映しています。 外国人が日本語の歌を歌ったとき、節まわしが変に聞こえることがありますが、それはこうした日本語の特徴から外れていることが多いのです。

西洋の音楽とて同じこと、西洋音楽の旋律・節回しは西洋のことばの特徴を持っています。

バッハのレチタティーヴォは大変難しい音程とリズムですが、ドイツ語の語感をよく反映していると言われます。 実際のドイツ人の会話で「マタイ受難曲」のように大袈裟な話し方をする人はいませんが、バッハを聞けば聞くほど、歌えば歌うほど、ドイツ語のもつ語感との緊密な共鳴が感じられます。 バッハの天才の感性がそうさせたとも言えますが、著者は、才能だけでなく、バッハの綿密な研究と考察の成果であると考えています。 バッハは「マタイ」や「ヨハネ」を書く前に、テレマン、伝ヘンデル(別人の作との説が有力)やシュッツの「マタイ」や「ヨハネ」を研究しています。 先人の歌詞の割付けを見ながら、その長所短所をよく知り尽くした上で、あの鬼気迫る「語り」を作り上げた、と著者は考えています。

さまざまな作曲家の「ヨハネ受難曲」を見てみましょう。 場面は、総督ピラトがイエスを群集の前に引き出し、その無実を訴えようとするところです。民衆はしかし、逆に「イエスを処刑せよ」と絶叫します。

ピラト:　　　　　「見よ、この男だ。」
福音史家:　　　　祭司長たちとその下役たちはイエスを見ると叫んで言った、
ユダヤ人たち:　　「十字架にかけろ！」

下線を付けた部分「祭司長たちとその下役たちはイエスを見ると叫んで言った」の部分のドイツ語とそのアクセントは、

Da　ihn die Hohenpriester und die Diener sahen, schrieen sie und sprachen

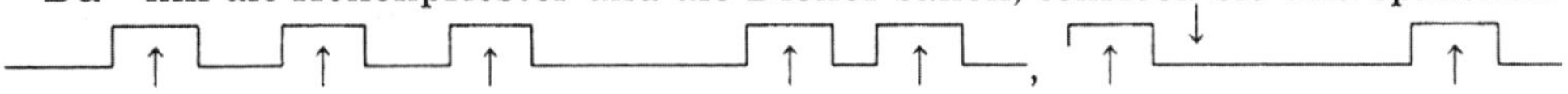

となっていますが、これをシュッツ、伝ヘンデルとバッハの３つの「ヨハネ受難曲」で見てみましょう。（いずれも語るのはテノール独唱の “Evangelist”「福音史家」です。）

シュッツ「ヨハネ受難曲」

伝ヘンデル「ヨハネ受難曲」

バッハ「ヨハネ受難曲」

シュッツの「ヨハネ受難曲」には教会音楽らしい格調高さがあり、伝ヘンデルの方も趣きのある音楽ですが、よりことばにふさわしい音づかい、生々しい音形という点ではバッハのつけた音楽が抜きん出ていることは楽譜だけからも明らかでしょう。

イエスを赦免しようとする総督ピラトに、民衆が反発する場面はさらに強烈です。

ピラト:　　　　　　　　「罪人を一人赦免するしきたりがあるが、このユダヤの王という男(＝イエス)を釈放してやってはどうか？」

福音史家:　　　　　　　すると彼らは叫んで言った、

ユダヤ人たち:　　　　　「この男ではなく、バラバを！」

この「すると彼らは叫んで言った」の歌詞とそのアクセントは

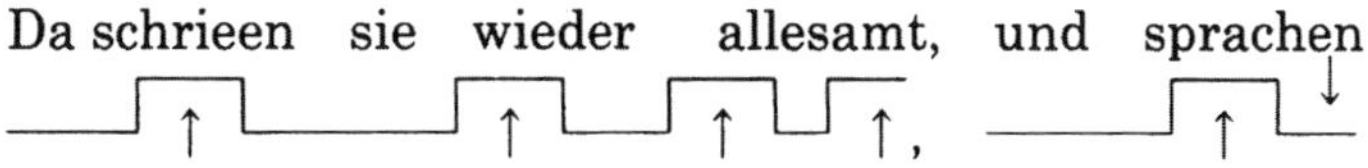

となっていますが、これをシュッツとバッハで比較してみます。(伝ヘンデルの「ヨハネ」はこの部分を含んでいません。)

シュッツ「ヨハネ受難曲」

バッハ「ヨハネ受難曲」

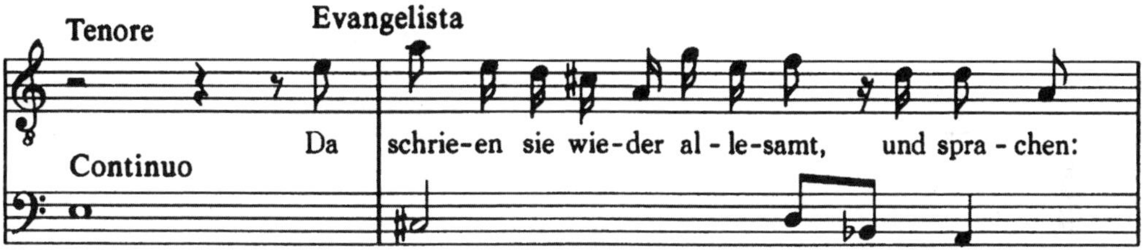

ここでもシュッツの静謐《せいひつ》と、バッハのドラマが好対照をなしています。劇的なバッハの「ヨハネ」は、教会の聖なる世界をはみ出て卑俗だ、という批判が来てもおかしくないほどです。

●欧米語を学ぶ必要性

西洋の音楽は、西洋のことばの世界を色濃く反映しています。 ですから、西洋音楽を専門にする者は、西洋の言語のうち、少なくとも一つくらいは語感が分かる程度まで修練するべきだ、と著者は考えています。 この意味では英語である必然性はなく、ドイツ語でもフランス語でもイタリア語でもいいのですが、英語はせっかく中学高校で習ってきていますし、個人差はあるとは言っても、大抵の人にとって一番分かる欧米語は、やはり英語だと思います。

器楽はこうした「ことば」との関係はないと言えるでしょうか？ 器楽の作曲家もまた童話や昔話に触れ、自分の国の歌を聞きながら、歌いながら育ったのです。 その地の語感から自由であろう筈がありません。 リズム・フレーズの細部、音程の跳躍、あらゆるところに作曲家の母国語の特徴が顔を出します。

合唱付きオーケストラ作品のオーケストラ・パート譜でも、最近出版されたものでは、歌と同じ音形の箇所に歌詞が振ってあるものをよく見掛けます。歌のフレージングやアーティキュレーションが分かれば、器楽の奏法上もここから得られるヒントが多いのです。

歌は音楽の基本、と考えた先人も少なくありません。 作曲家パウル・ヒンデミットは作曲の授業に先立って、毎回必ずグレゴリオ聖歌の一曲を学生に歌わせたそうです。 バルトークのピアノのレッスンは、まず歌を歌わせることから始めたといいます。 歌は音楽語法の宝庫であり、そして音楽をしたいという欲求がもっとも始源的に、そしてストレートに現れた音楽の形でもあります。 そして歌とことばの間には切っても切れない縁があるのです。

第3章　英語の歌とテクニック

●英語の歌を歌おう　～ 英語で広がる音楽の世界 ～

英語の曲と言うと、クラシックでもクラシック以外でも膨大な数の作品があります。 クラシックではヘンデルのオラトリオ「メサイア」、ブリテンの「戦争レクイエム」などが代表格ですが、ほかにも古くはパーセルやダウランドに多数の英語作品があり、新しいところではエルガーやティペットなどにも大作があります。 あまり知られていませんが、ドイツ人のメンデルスゾーンが作曲したオラトリオ「エリア」も、イギリス・バーミンガム音楽祭のために作られた英語の作品です。

ミュージカルは英語で生まれ育ったジャンルですから、枚挙にいとまがありません。「サウンド・オブ・ミュージック」「マイ・フェアレディ」「ウェストサイド物語」「キャッツ」「オペラ座の怪人」「レ・ミゼラブル」などは、ミュージカル・ファンだけでなく、一般の人にとっても、クラシックの人にとっても魅力的な作品です。 さらにビートルズやジャズ、ポップス、ロックには、実に無数の英語の曲があります。

自分のレパートリーとして取り入れるかどうかは別として、英語の歌が分かれば、より多くの音楽を肌で感じられるようになるでしょう。

「はじめに」でも述べましたが、英語の歌を歌うことは英語の上達のためにも大いに役立つ訓練です。 音楽家、声楽家はもちろん、音楽家以外でも英語の歌で語学力が向上した例は少なくありません。 歌で覚えた英語は忘れない上に、英語の語感をよく映している名曲を覚えることは、語学のカンを養うのにも役立ちます。

この章では英語の歌の歌い方について、舞台で歌う人のための細かい注意点を述べていきます。 詳しく見る必要のない方は、どうぞ次の第4章「英語の歌コレクション」(61ページ)にすぐ飛んで下さい。 声楽家や、英語の歌に興味のある方はこのまま続けて読んで下さい。

●「話せなくても歌えれば」 vs. 「語って伝わらないのに歌っても」

どちらが正しいでしょうか？

「いくら話せても歌えなければ．．．」これは真理です。 歌がよくなければ、いくら正確に発音できても音楽として意味がありません。

「ことばの意味はわからなくても、舞台で歌えてしまえば．．．」これも真理のように聞こえます。しかしことばの理解なしにこれができるかどうかが問題です。

大事なことは「語感が伝わるかどうか」です。 日本語がペラペラに話せて、単語をよく知っていても、抑揚のおかしな外人を見掛けます。 これは日本語の語感がないからです。　声楽家はことばのプロではありません。 話して聞かせるのではなく、歌って感動させることが仕事ですから、英語を学ぶにしても、文法を覚えること、単語を増やすことを最終目的にするのではなく、英語の語感を鍛えることを主眼にして勉強しましょう。

どの国の人も自分の母国語にはうるさいものです。 イギリス人は「この人は英語が分かってない」と言い、ドイツ人には「この歌手はドイツ語がなってない」などとすぐ言われます。 歌の英語で語感を出せるようになるのは容易なことではありません。「全体の雰囲気だけで情感が出せる」などと安易に考えると、すぐ手厳しくやられてしまいます。 人前で歌うなら、一語一句まで理解はできなくても、原語と和訳を見比べて自分なりに解釈を考えるくらいの努力を怠ってはなりません。

歌謡曲やポップスの世界には外国人で日本語の歌を歌う人が何人もいます。 舞台以外で話すのを聞くと「外国人だな」と分かる人でも、舞台で日本語の歌を歌うときには違和感を感じさせません。 それは普通の「ことばが分かる」とは別の世界、「語感が伝わる」境地に達しているからです。“Diction”(ディクション、歌詞をはっきり聞かせるための発音法)の重要性はここにあります。

語感を磨くには、まず「声を出して読む／音読」が大切ですが、この「音読」を中心に自分なりに工夫し、よくこなれた状態まで歌詞を読み込んで歌うように心掛けましょう。 (47～48ページ参照)

※ 舞台に立つなら発音の指導も

この本では、著者の指導の経験から、どんなレベルの人にも当てはまる最大公約数的な指導内容を盛り込みました。 しかし、実際に歌手に向き合って指導すると、人によって大きくレベルが違うだけではなく、クセの方向にも大きな個人差があります。 ドイツ語なまりの人、イタリア語なまりの人、アメリカンな人、こもる人、カタカナ読みになる人、語尾の子音のあとに母音がついてしまう人、逆に語尾の子音が消えてしまう人など、さまざまです。 個人差が大きいので、誰にでも当てはまる指導というのはありえません。 たとえば子音が強すぎる人に、「もっと子音は抑えて」と言ったとします。子音の弱い人が、この「もっと子音は抑えて」を小耳にはさんで子音を小さくしたら、目指すところとは逆の方向に行ってしまいます。

辞書を引いて完璧に調べてあっても、歌手の役柄や作品の作曲年代から見ると適切でない場合も出てきます。 たとえばスパニッシュ系のなまりが必要なときに、きれいなクイーンズ・イングリッシュの発音はチグハグですし、17世紀イギリスの作品を歌うのに現代アメリカの発音は相応しいとは言えません。

こうした個人差や作品上の差異を考えると、歌い手も舞台に上がる前に、ぜひ歌唱英語の指導を受けることをお勧めします。 客観的・総合的にその人、その作品に相応しい指導を受ければ、安心して表現に専念できるようになるでしょう。

3章-(1) 英語の歌とことばのテクニック、ディクション(歌詞の発音法)

●英語の歌と発音・ディクション

後述の第6章「英語の発音とスペル」では、意味の違いを生まない程度ならそれ以上発音にこだわらなくてもよい、と書いてあります。しかし、それは日常会話の話であって、歌を歌うときにはより正確な発音を目指します。これは歌のよりよい表現につながるだけでなく、歌の正確な発音が日常会話での発音のレベルアップ、ひいては英語そのものの上達にもつながるからです。

歌手・声楽家にとっては、より良い発音を目指すことは使命です。外国人がカタコトの日本語で演歌を歌うのは、カラオケでの芸なら「ご愛敬《あいきょう》」ですが、プロの歌手はそれでは済まされません。英語とて同じこと。ネイティブ・スピーカーとまったく同じに、というのは無理でしょうが、ことばに真摯《しんし》な演奏は好感が持たれますし、もっと言えば、ことばの適確なリアリゼーション(音としての実現)なしに、歌の表現などありえない、とも言えます。

「ディクション」"Diction" とは、一般用語では「語法、言い回し、用語選択、ことばづかい」といった意味ですが(それをまとめたものが "Dictionary"＝辞書)、音楽・声楽の分野では「歌詞をはっきり聞かせるための正しい発音法」のことを指します。英語の歌では、一般の英会話とは多少違った特有のディクション＝発音上の処理技法が必要となります。また当然ながら、これはドイツ語やイタリア語の歌のディクションとも違った技法です。

●「子音を立てること」の重要性

母音の発音ももちろん大切ですが、音楽や演劇の舞台では子音を明確に聞かせることがきわめて重要です。舞台から客席に意味を伝え、せりふの表情をつけるためには、言葉をはっきり聞かせなくてはなりませんが、その際、ある単語を他のことばから際立たせて聞かすことができるのは、母音よりも子音の役割です。子音はハッキリと立たせましょう。母音は表情の上では重要ですが、単語を際立たせるのにはそれほど有効ではありません。

※ 母音がどうでもいいと言っているわけではありません。声楽本来の声の美しさを聞かせるのは母音でしかできません。声楽家はこの母音での発声の訓練に怠りはないものですから、ここではあえて論じませんでした。歌詞の内容や劇を聞かせるセリフとなると、日本の声楽家は子音のリアリゼーションが苦手のようです。

個々の子音については「摩擦音を大袈裟にする」「破裂音は気息音をつけるくらい強調する」「ボリュームを上げるのではなくアクセントを置く」などのポイントを第6章「英語の発音とスペル」で述べてあります。144～164ページを参照して下さい。

●「子音を立てる」技法

破裂音[t,p,k,d,b,g]では破裂を鋭くします。破裂音では、破裂の前に一旦息が止まりますが、この止まっている間の緊張を高め、母音に移るとき高い圧力で息を流します。破裂の後に気音・気息音[h]を加えるとさらに効果的です。"two"なら[トゥー]よりも[ッドゥフー]、"key"なら[キー]ではなく[ッキヒー]くらいにします。息の量を増やすというより、破裂のスピードを速くするつもりで発音します。

鼻音[n,m,ŋ]や流音[r,l]、半母音[w,y]でも、子音を発している間の緊張を高めて時間を長くし、子音から母音に移る瞬間には息の圧力を高めます。"notice"なら[**ノウ**ティス]ではなく[**ンノウ**ティス]、"London"なら[**ロン**ドン]ではなく"L"を延ばして[**L-ロン**ドン]、"window"なら[**ウィン**ドウ]ではなく[**ゥウィン**ドウ]とするといいでしょう。

摩擦音[f,th,s,sh,h,v,z]の場合は、狭くなった部分に息を通すわけですが、その息の流量を多くするか、息の通り道を狭くして息の音を大きくします。摩擦音は長く延ばすことも容易ですから、拍に入る前に長く伸ばすと、子音を明瞭に聞かせる上で効果的です。"food"なら[**フー**ド]よりも[**ff フー**ド]、"sea"なら[**スィー**]よりも[**ss スィー**]の方がより鮮明に聞こえます。

子音を立てる処理を正しく行なうと、それが同時に発声上の「支え」にもつながります。やりすぎは禁物ですが、子音の適切な強調は発声上もプラスです。

●「子音を前に出す」処理

子音を拍の前で鳴り終わらせて、音符の頭で楽音が鳴り出すときに母音に移るようにすることを「子音を前に出す」と言います。子音には拍の入りと同時に音を出す方法と、この「前に出す」方法がありますが、英語の歌では「前に出す」方が、より適確な表現につながる場合が多いと言えます。

※ 子音を「前に出す」か、「拍の頭で出す」かについては、曲により、また奏者によって解釈が分かれます。ヘルムート・ドイチュ氏はその著書「伴奏の芸術」の中で、「響く子音は前に、そうでない子音は頭で」というガイドラインを示しています。

破裂音・破擦音 …「子音を前に出す」ために、破裂音や破擦音(151ページ参照)では、破裂するのと音符のはじめとが一致するようにします。たとえば[p]の子音は、まず ①上下の唇を合わせ、②息の流れを一瞬止め、そして ③破裂させて音にしますが、音符が始まる前に①、②の過程は完了させ、あとはいざ破裂すればよいという状態にしておいて、拍の入りに合わせて③[p]の破裂を行ないます。

※ さらに強調が必要なときは、破裂を拍の前に行なってしまい、その後の気息音を鳴らしておいて、拍の頭で母音に移る、という技法もあります。(次ページ参照)

摩擦音・流音 … 摩擦音や流音では子音をアウフタクトで鳴らせておいて、音符の開始に合わせて母音に移行する要領で発音すれば、「子音の立った」効果を出すことができます。

複合子音([st-] [sp-] [str-] [kl-] [bl-] [br-] [gl-] [gr-]など)も同じ方法、すなわちすべての子音をアウフタクトで作ったあと、音符の入りに合わせて母音に移行します。

◆**破裂音の場合**: “peace”

拍
音符
印刷してある歌詞
歌うリズム
語頭の子音の処理

◆**破裂音の強調 ＝ 気息音も交えて子音を強調**: “team”

拍
音符
印刷してある歌詞
歌うリズム
語頭の子音の処理

◆**摩擦音・流音の場合**: “fantasy”

拍
音符
印刷してある歌詞
歌うリズム
語頭の子音の処理

◆**複合子音の場合**: “street”

拍
音符
歌詞印刷
歌うリズム
語末の子音の処理

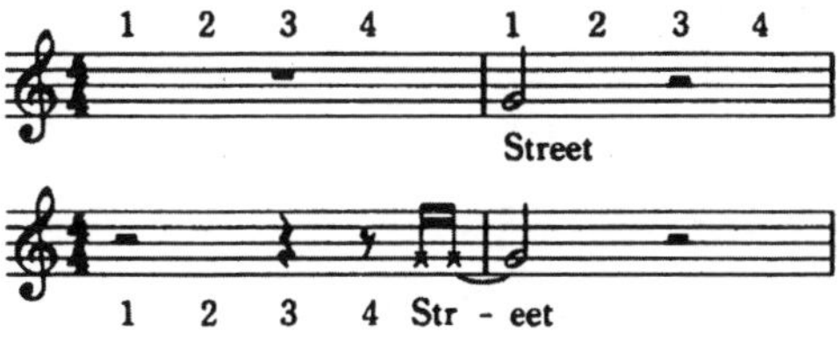

●「語尾の子音を中に収める」処理

イタリア語や日本語の音節や単語の多くは母音で終わりますが(「開音節」)、英語は子音で終わる音節(「閉音節」)の多い言語です。 “stay”, “draw”, “bar”など音は母音で終わる単語なのに、文字では子音の文字が付くくらいですから、本当に子音で終わる単語の語尾は大切です。 特に「語尾の子音を中に収める」処理が重要です。

「語尾の子音は音符の外に出す」、つまり音符の長さの間は母音で音をのばし、音符が終わったあと、次の休符の頭で締めくくりの子音を言う、という習慣が他国語の歌では広く行き渡っているようです。 英語の場合、曲の終りやフレーズの切れ目ではこの方法でも処理できますが、次に別のことばが続くときに「子音を外に」出そうとすると、語尾の子音が言えなくなってしまいます。

たとえばフレーズの切れ目の例として、ヘンデル「メサイア」第17曲 “Glory to God in the Highest”の一節 “and peace on earth”での最後の“th”はフレーズの終わりなので「外に出す処理」「中に収める処理」どちらも可能です。どちらを取るかは、指揮者の解釈次第です。

＞楽譜上の歌詞の割付け

＞外に出す処理

＞中に収める処理

しかし、すぐ後に次の音符・言葉が続いているときにはどうでしょうか？ これも「メサイア」から第 12 曲 “For unto us a child is a born” の一節です。

＞歌詞の割付け and the go - vern ment shall be u-pon his shoul - - - - der

＞外に出す処理での聞こえ方

an- the go - vernmen- sha- be u- po- hi- shoul - - - - der

これでは歌詞を聞き取ることはできません。

音符が終わる前に最後の子音を言ってしまう、「中に収める」処理をした方がはっきりと、きれいに聞こえる場合が多いのです。 子音に、はっきりと後打音のような音符が充てられていると考えた方がいい場合すらあります。

実際の曲を例にとって、さらに詳しく見てみましょう。 ヘンデルのオラトリオ「ユダス・マカベウス」の『見よ、勇者は還る』の第2節です。(曲全体は93ページ参照)

See the godlike youth advance,
Breathe the flutes and lead the dance.
Myrtle wreaths and roses twine
To deck the hero’s brow divine

見ましょう、神のような若者たちが
歩んでゆくのを。
横笛を吹き鳴らし、先頭に立って踊りましょう。
ミルテ(天人花)の花輪にバラも入れて
勇者の神々しい頭を飾りましょう。

ヘンデル： オラトリオ「ユダス・マカベウス」から

1行目のgod-likeでは、それぞれの音節に2分音符が充てられていますが、音節末尾の [d] と [k] は音符の中に収めるようにします。さらに youth では、最後の -th[θ]に8分音符が一つ充てられているように歌わないと、次の "advance"「歩み行く」がハッキリと立上れません。後半の wreaths, roses, deck, hero's などいずれも「中に収める」処理が必須です。

また語頭の子音(breathe, flutes, twine など)では、子音を「外に出す」処理が大切です。

●語尾の有声子音は 添える程度

英語には子音で終わる「閉音節」が多いと書きましたが、その最後の子音が有声音のときは処理に困ります。 with, have, of, give, save, God, is, red, Bob などです。 注意したいのは、有声音だからといって、母音が付くわけではない、ということです。

たとえば4分音符にこうした単語が割り付けられているときに、8分音符2つに分けてしまっては子音を強調しすぎた感じになりますし、語尾に母音まで聞こえて来そうです。 付点8分音符＋16分音符くらいにするときれいに収まります。 2分音符ではさらに、複付点4分音符＋16分音符くらいで丁度いいでしょう。 くれぐれも語尾の子音で無用な強調をしないことです。

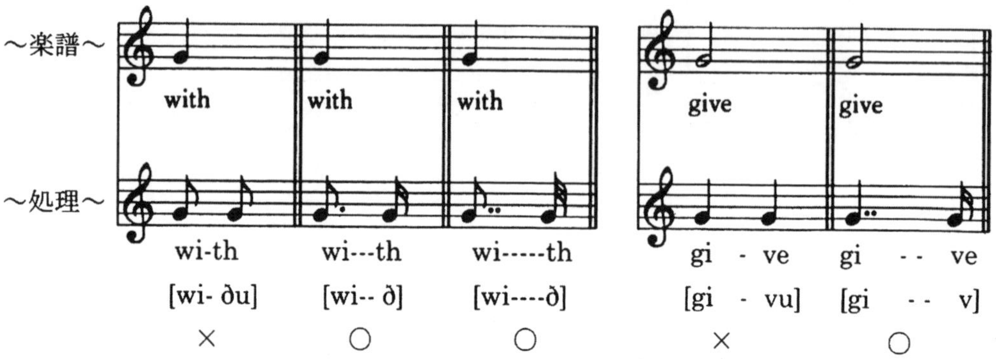

“year”[イ**アー**], “or”[**オ**ア], “hear”[**ヒ**ア]なども、はっきり2つの8分音符に分けるより、付点8分音符＋16 分音符にした方が成功します。 “year” [**イー**ァ]、“or” [**オー**ァ]、“hear”[**ヒー**ァ]くらいのつもりです。

“fire”[**ファイ**ァ], “our”[**アウ**ァ], “hour[**アウ**ァ]”, “power[**パウ**ァ]”, “flower”[フ**ラウ**ゥ], “player”[プ**レイ**ャ] など三重母音の最後の音も、軽く添える程度の方がうまく処理できます。

●英語に内在する付点リズム

「子音を中に収める」、「語尾の有声子音は添える程度に」で述べたように、英語のバックグラウンドには、付点のリズムが支配的です。 これはイタリア語や日本語では母音で終わる「開音節」が多いのに対し、英語では子音で終わる「閉音節」が多いこととも関係があります。 いつもこの付点のリズムを意識することが、英語の歌で歌詞をスムーズに処理するためのポイントになります。

●母音の強形と弱形

英語の母音は、アクセントのある場合とない場合で、音が変わることがあります。

単語だけで見ればアクセントがあっても、文脈のなかに埋もれると弱まってあいまい母音化する場合、逆に普段アクセントがないのに、強調したいがためにアクセントが付く場合、あいまい母音なのに歌の中で音符が付けられるとハッキリとした音になる場合などがあります。 辞書だけで解決しきれない問題のようですが、歌のパッセージの中で歌いやすいかどうかが案外目安になります。

and [ænd] (強形) →　　pen and ink [ペン ァン インク] (弱形)

… 決まりきった組合せの語

for [fə] (弱形)　　→　　Are you for my opinion, or not? [fɔ:](強形)

…「私の意見に賛成なの？ ちがうの？」

「賛成」という強い意味を持っている場合

nation [neiʃən] (弱形)　→ nation [neiʃɔn] (強形)

…歌で音符がついた場合

●安易なリエゾンはしない ／ 安易なアメリカ式のマネをしない

前に、音節の末尾や単語の終わりの子音を「中に収める」と語尾がハッキリ聞こえると述べましたが、それと同じように、リエゾンについても、安易に何もかもリエゾンして単語を続けてしまうと、語尾が立って聞こえなくなる恐れがあります。 下の○の例程度にとどめておくのが賢明です。

I want to take a picture of your red dress.

△　[アイウォナテイカピクチャーろヴュアれッドれス]

○　[アイ-ウォントゥー-テイク-ア-ピクチャーろヴ-ユアれッド-ドれス]

「あなたが赤いドレスを着た写真を撮りたい。」

また、アメリカ生活が長く、アメリカ式が身についていると言う人はともかく、そうでない人が安易にアメリカ口語風を真似るのもお勧めできません。 God [**ガーッ**ド]、box [**バーッ**クス]、water[**ワ**らー]、getting[**ゲ**リング]、I want to[**アイ ワ**ナ]などはあまり使わない方がよいでしょう。 その箇所だけアメリカ風にできても、ほかのところすべてがカタカナ英語だとするといかにもアンバランスになってしまいます。

●抑揚とフレーズ感

英語の抑揚については6章-(3)「アクセント・抑揚・リズム」で詳しく述べますが、一本調子ではなく、「アクセントのある音節」と「アクセントのない音節」の差を明瞭につけ、リズミカルな語り口を心掛けて下さい。

英語の詩歌では「弱強調」(“iambus”[アイ**アン**バス])「強弱調」(“trochee”[ト**ろウ**キー])を中心とした、強弱のパターン(“meter/metre(英)”[**ミー**ター]「韻律」)があります。(3章-(3)「韻律法」、49ページ参照) このリズム・韻律を意識すると、歌詞の上での強弱と、歌での強拍・弱拍との関係が明らかになり、表現の助けになります。

フレーズ感を出すことも重要です。 単語の途中でフレーズが切れたり、句や節の途中でブレスが入っては意味が伝わりません。 コンマがあれば切るところが分かりやすいのですが、コンマがなくても副詞句、動詞句、名詞句などはひとつのフレーズとしてまとめるよう、注意して下さい。

冠詞や前置詞は、その後の名詞と組になって名詞句や副詞句などの句を作ります。 歌になったとき、これら冠詞や前置詞は、名詞のアウフタクトとして扱われます。 この処理は英語の歌を英語らしく聞かせる上で大切なポイントです。

＜フレーズの切りどころ＞

・and, but など接続詞があるときは、その前で切れます。
・that 節は、that の前で切れます。
・to 不定詞は、to の前で切れます。

＜例＞

I know / that my redeemer liveth, /
/ and that He shall stand / at the latter day / upon the earth.

これは、ヘンデル「メサイア」第3部冒頭の有名なソプラノのアリアですが、この原則通りのフレーズ感で区切ります。 切り方は、大きく切るか、ほとんど切れ目がない程度か、ブレスをするのかしないのか、様々なリアリゼーションが考えられますが、上記以外の場所で切れることはありません。(曲全体と訳は86～92ページ参照)

3章-(2) 語感・表現・ニュアンス

本章『英語の歌とテクニック』のはじめで「話せなくても歌えれば」vs.「語って伝わらないのに歌っても」の議論をしました。 極論すれば、ことばの意味が細かく分かっていなくても、舞台で歌えて表現さえできれば勝ち、とも言えます。 深い意味まで分かっている学者がいい表現ができるわけではなく、むしろ歌唱の力で聴衆に伝えられる内容の方が多いかもしれません。 それを実現するには、「語感を出すこと」が必須です。

●語感を磨く練習

語感を養うための語学練習についてはいろいろな方法があります。

(a) 声を出して読む。音読。
(b) 辞書で知らない単語をすべて調べる。
(c) 自分なりに解釈を試みる。
(d) 対訳を読んで大意を把握する。
(e) 歌詞を自分で書き写してみる。
(f) リズム読み。

どれも役に立ちますが、最も重要でしかも有効な訓練は **(a) 声を出して読む ～ 音読**です。 歌手は、歌って、実際に音にしてはじめて仕事になります。 学校の英語の授業とは違い、いくら文法や解釈が分かっていても、音の表現につながらなければ意味がありません。 上記はいずれも有用な勉強法ですが、そのどれを行なうにしても、声を出して読む訓練だけはやめるわけには行きません。

著者が勧めているのは、「(a)音読する→(b)辞書を引く→(a)音読する→(c)自分なりに解釈する→(a)音読する→(d)対訳を読んで大意をつかむ→(a)音読する」、というやり方です。

時間に余裕がないなら、「(c)自分なりの解釈」は省略して、「(a)音読→(b)辞書(発音の確認)→(a)音読→(d)対訳を読む→(a)音読」程度に短縮することもできます。

時間に余裕があるなら、「(e)自分で書き出す」、もぜひ行なってほしいものです。 書き写せば、歌詞が自分の体に染み付きます。 人前でソロを歌うなら、自分で書き写すくらいのことはした方がいい、と著者は考えています。

声を出して読むことを、著者はしつこいほどに勧めています。 声を出して読むことで、一語たりともおろそかにはできなくなります。 発音があやふやな単語は自分でも怪しいのが分かります。 ひとつひとつの単語が立って見えるようになり、句や節の区切りが感じられるようになってきます。 どこが強調すべき部分で、どれが肝腎な単語なのかも繰り返し音読すれば分かるようになります。

辞書を引く前に音読するのは、引くべき単語がどれかをはっきり認識するためで、ぜひ必要な作業です。 辞書で音が分かったらまた音読する。 詩や劇の複雑な言い回しで、辞書を引いても分からないような難しい表現も、こうすれば語感が分かってきます。 自分なりに解釈したり、対訳を読んだりした後にまた音読する。 こうした努力が、やがて多彩な表現につながって行きます。

●歌詞を自分のものにする

歌手にとって、歌詞はこなれていなければなりません。 ことばで語っても伝わるほどまでこなれていなければ、歌って聴衆を感動させることはできません。 歌が器楽と決定的に違うのは、歌詞がついていることです。 器楽ならテクニックだけで拍手喝采を受けられるかもしれませんが、歌ではことばが聞こえてしまいます。 意味も聞こえてしまうのです。 歌手の語感と表現が、歌詞の意味とかけ離れてしまってはよい演奏はできません。

音読の際には、セリフのように語る抑揚で読むことが大切です。 実際に英語で話して相手に伝えるくらいのつもりになりましょう。 また歌う前に、音程をつけずに楽譜のリズムだけで読む「リズム読み」も語感を歌に生かす上で有効です。

●ニュアンス

歌では場合により、同じ言葉でもニュアンスの違いを歌い分ける必要が出てきます。 たとえば “What are you doing?”という簡単な質問でも場合によって色々なニュアンスを持ちます。

“What are you doing?”

「汝ら、何するや？」	文語調、聖書など
「何をなさってますか？」	丁寧
「なにしてるの？」	親しい間柄
「なんしてんねん？」	関西の言い回し

声楽作品では、歌詞に必ず何らかのニュアンスがついてきます。 歌い手はこのニュアンスを歌の上で表現しなければなりません。 オペラやオラトリオのような劇作品はその代表格です。これは英語が母国語でないわれわれ日本人にとって容易なことではありませんが、対訳を調べたり、音読することで、ある程度補っていくことができます。 演奏にあたっては、その役の役回りと場面を熟考し、試行錯誤を繰り返してよりよい表現を模索して下さい。

3章-(3) 韻 律 法

●英語の語感と韻律法

英語の詩歌では韻律法が非常に重要です。劇作品のセリフも、厳格な韻律ではなくとも、やはり弱強・強弱など一定のアクセントとリズムのパターンを持っていることがほとんどです。

英語の韻律法は歌詞の理解と表現に役立ちますので、ここでその基本的な知識に触れておきましょう。この韻律法は、実は古代ギリシアから連綿と続く伝統のあるもので、各国で多少のバリエーションはありますが、ヨーロッパ全体で通用するものです。音楽の語法とも深い関係があります。

①「弱強調」と「強弱調」

弱強調 “iambus” [アイ**アン**バス] … 英語の作品で最も多いのは「弱強、弱強」のパターンです。これを “iambus”(名詞・「弱**強**調」「弱**強**脚」、[アイ**アン**バス]と発音)、“iambic”(形容詞・「弱**強**調の」 [アイ**アン**ビック])と言っています。

(英語の詩では、文字の上に記号をつけて強弱を表わします。“—” “∪” 「**強**」と「弱」です。)

∪ — ∪ — ∪ — ∪ —
O Father, whose almighty pow’r,
∪ — ∪ — ∪ — ∪ —
The heav’ns and earth and seas adore.
∪ — ∪ — ∪ — ∪ —
The hearts of Judah, thy delight,
∪ — ∪ — ∪ — ∪ —
In one defensive band unite.

おお父よ、天と地と海が
その力を崇(あが)める父よ。
あなたの喜びのもとである
ユダヤの民の心を
ひとつの防衛の部隊として
結束させて下さい。

ヘンデル: オラトリオ「ユダス・マカベウス」から

強弱調 “trochee” [ト**ろウ**キー] … この逆のパターンが「**強**弱、**強**弱」のパターンです。これも頻繁に使われ、“trochee” (名詞・「**強**弱調」「**強**弱脚」 [ト**ろウ**キー]と発音) “trochaic”(形容詞・「**強**弱調の」 発音は[トろ**ケイ**イック])と呼んでいます。

— ∪ — ∪ — ∪ — ∪
War, he sang, is toil and trouble,
— ∪ — ∪ — ∪ — ∪
Honour, but an empty bubble.

「戦《いく》さは」と彼は歌った、「労苦と難儀の連続だ。
栄光が得られるかもしれないが、
それも虚しい泡沫のようなもの。」

ヘンデル： オラトリオ「アレクサンダーの饗宴」から

このほかに、「弱弱**強**　調」「**強**弱弱　調」「**強**弱**強**　調」などもありますが、二大勢力は「弱**強**調」と「**強**弱調」です。

※「弱**強**調」では弱**強**・弱**強**のパターンが、「**強**弱調」なら**強**弱・**強**弱のパターンが繰り返されますが、その一つ一つのユニット「**強**弱」「弱**強**」を "foot"[**フット**]「脚」と呼んでいます。

②脚韻、頭韻

上の例にもすでに出ていますが、行の末尾の音を揃える手法を「脚韻」"rhyme"[**ライ**ム]と言います。(「韻を踏む」、「押韻《おういん》(＝韻を踏むこと)」という言い方をします。)「脚韻」は踏み方によって aa bb とペアで進めるものもあれば、abab のように交互のもの、 abba のように外側同士・内側同士などもあります。

Total eclipse!　No sun, no moon,	a
All dark amidst the blaze of noon!	a
O glorious light! No cheering ray,	b
To glad my eyes with welcome day!	b
Why thus depriv'd Thy prime decree?	c
Sun, moon, and stars are dark to me!	c

皆既日食だ。太陽もない、月もない。
まばゆいはずの正午の光のなかで、すべてが闇だ。
おお輝かしい光よ！　こころよい日のおとずれとともに
人を力づけてくれる、あの光の筋も私には届かない。
神よ、あなたの最も大切な使命を、なぜ私から奪ってしまわれたのか？
太陽も、月も、星も、私にはただの闇だ。

ヘンデル：オラトリオ「サムソン」から、失明を嘆くサムソンのアリア

Weep you no more, sad fountains;	a
What need you flow so fast?	b
Look how the snowy mountain	a
Heav'n's sun doth gently waste.	b

もう泣くのはおやめなさい、悲しみの泉よ、
どうしてそんな速さで湧かなくてはならないのですか？
見なさい、天の太陽はあの雪の山を
やさしく少しずつ、とかしているではありませんか。

ダウランド：歌曲「もう泣くのはおやめなさい」

With ravish'd ears the monarch hears, a
Assumes the God, b
Affects the Nod, b
And seems to shake the spheres. a

この音楽を聴いて、王の耳は魅せられ、
ジュピター神(ゼウス)が乗り移り、
その神と同じ面持ちでうなづき、
満天を揺り動かすかに見えるほどであった。

ヘンデル： オラトリオ「アレクサンダーの饗宴」から

「脚韻」とは逆に、行の最初の音を揃えるのを「頭韻」“alliteration”[アリタ**れイ**ション]と言います。

＜頭韻の例＞

Oft on a plat of rising ground,
I hear the far-off curfew sound,
Over some wide-water'd shore,
Swinging slow, with sullen roar;
Or if the air will not permit,
Some still removed place will fit,
Where glowing embers
through the room
Teach light to counterfeit a gloom.

しばしば私は高台に上り、広い岸辺のかなたから聞こえる晩鐘に耳を傾ける。
ゆっくりと揺れる波の不機嫌な
どよめきの向こうから届く鐘の音に。
あるいは、風向きが許さないなら、
残り火が、ほのかな光で闇を照らし、
光でも陰鬱を描くことが出来ると教えているような、
ひと気のないところへ行こう。

ヘンデル： オラトリオ「快活の人、沈思の人、温和の人」から「沈思の人」のアリア

行の頭だけでなく、同じ音で始まる単語をたたみかけるように使い、音の効果を活かすこともよくありますが、これも頭韻の一種で同様の効果を生みます。

He trusted in God that He would deliver him
Let Him deliver him if He delight in him.

彼が神の信を得ていると言うなら、神が助ければいい。
本当に神のお気に入りなら、神は助けてくれる筈ではないか。

ヘンデル： オラトリオ「メサイア」から

「脚韻」“rhyme”や「頭韻」“alliteration”においては、意味の上で直接関係のない単語同士が、音が似ているために詩の中で結び付けられます。 音が似ている単語を並べるだけでも一種の「ことば遊び」的な面白味はありますが、さらに一歩進んで、一見関係なさそうな単語が、詩の中で結び付けられることによって意味の共鳴を生み、音を通じて新しいイメージが作り出されるところに詩的・文学的な妙味があります。

これは有節歌曲の特徴(同じ旋律で次々に新しい内容が歌われつつ、段と段の間に意味の共鳴がある)と共通することであり、脚韻の詩が歌曲に頻繁に使われることと密接なつながりがあります。 この点については第2章「音楽とことばの切っても切れない関係」(32ページ)を思い出して下さい。

●英語の詩と韻律法の用語

meter	[**ミー**ター]	『韻律』:「弱**強**調」「**強**弱調」などの強弱パターン、調子。 metre というスペル(英)もある。
foot	[**フッ**ト]	『韻脚』:「弱**強**」「**強**弱」などと繰り返されるパターンの1単位。
iambus	[アイ**アン**バス]	『弱**強** 調、弱**強** 脚』
trochee	[ト**ろウ**キー]	『**強**弱 調、**強**弱 脚』
anapest	[**ア**ナペスト]	『弱弱**強** 調、弱弱**強** 脚』
dactyl	[**ダ**クティル]	『**強**弱弱 調、**強**弱弱 脚』
spondee	[ス**ポン**ディー]	『**強強** 調、**強強** 脚』
pyrrhic	[**ピ**りック]	『弱弱 調、弱弱 脚』
amphimacer	[アン**フィ**メサー]	『**強**弱**強** 調、**強**弱**強** 脚』
amphibrach	[**アン**フィブらック]	『弱**強**弱 調、弱**強**弱 脚』
tribrach	[ト**らイ**ブらック]	『弱弱弱 調、弱弱弱 脚』
foot	[**フッ**ト]	『韻脚』「**強**弱」「弱**強**」など繰り返される1単位。
verse	[**ヴぁー**ス]	『詩行』
stanza	[ス**タン**ザ]	『詩節』4行、6行などひとかたまりの段落。
strophe	[スト**ろウ**フィ]	『詩節』
rhyme	[**らイ**ム]	『脚韻』行末の韻
alliteration	[アリタ**れイ**ション]	『頭韻』行頭の韻
pun	[**パン**]	『地口(じぐち)、だじゃれ』
scansion	[ス**キャン**ション]	『スキャンション』強弱を強調して読むこと。

※ 韻律 “meter” は、一行に何個の「脚」“foot”があるかを数字を示す接頭辞を付けて表わします。

monometer [モ**ノ**ミター]	1行に1脚の韻律:	∪ — Away
dimeter [**ディ**ミター]	1行に2脚の韻律:	— ∪ — ∪ Hallelujah !
trimeter [ト**り**ミター]	1行に3脚の韻律	
tetrameter [テト**ら**ミター]	1行に4脚の韻律	
pentameter [ペン**タ**ミター]	1行に5脚の韻律	
hexameter [ヘク**サ**ミター]	1行に6脚の韻律	

さらに、その韻律が「弱**強**調」 “iambic”なのか、「**強**弱調」 “trochaic”なのかを付けて分類しています。 たとえば以下のような呼び方になります。

“iambic pentameter” [アイ**アン**ビック ペン**タ**ミター]　「弱強調5脚の韻律」

∪ —　∪ —　∪ —　∪ —　∪ —
To see, to hear, to touch, to kiss, to die

ダウランド:歌曲・マドリガル「帰っておいで」(68ページ参照)から

“trochaic tetrameter” [トろ**ケイ**イック テト**ら**ミター]　「強弱調4脚の韻律」
“dactylic trimeter” [ダク**ティ**リック ト**らイ**ミター]　「強弱弱調3脚の韻律」

— ∪∪　—　∪ ∪　— ∪　(∪)
Glory to God in the Highest

ヘンデル: オラトリオ「メサイア」から

※ “Alexandrine” [アレグ**ザン**ドりン] 「アレクサンダー格詩行」＝iambic hexameter 「弱**強**調6脚の韻律」と同じことですが、これだけ特別の名前がついています。

●「詩的破格」(「詩的許容」) Poetic License

文法上普通の英語では許されなくても、文学作品では許される文法上・語法上の変動を“Poetic License”[ポエティック **ライ**センス]＝「詩的破格」(または「詩的許容」)と呼んでいます。語順の変動や、形容詞を副詞として使う、といったまさに文法的なものから、単語のスペル自体を変えるものや造語・新語、さらに「西から上った太陽が東に沈む」といった意味的な非日常性まで幅広く“Poetic License”と呼んでいます。

初歩的で、歌でもよく現れる「詩的破格」が、語順の変化で、特に動詞の位置です。 普通の英語では動詞の位置は原則として通常文で前から2番目、命令文では文の先頭です。

┌1 主語=名詞句┐ ┌2 動詞┐
Modern painting started from the impressionism.
「近代絵画は印象派から始まった。」

┌1 動詞┐
Judge the value of works by your own instinct.
「作品の価値は自分の直観で判断しなさい。」

ところが詩では韻の都合や強調のために、動詞がしばしば文の末尾に持って行かれます。

＜例 1＞

Flow my tears, fall from your springs,	流れよ、わが涙。 湧き出る泉からこぼれるがよい。
Exil'd for ever: let me mourn	私は捨てられたのだ。 夜、黒い鳥が悲しい歌で
Where night's black bird her sad infamy sings,	恥を暴露している。私など そこで嘆いていればよいのだ。
There let me live forlorn.	そこでみじめに 暮らしていればよいのだ。

ダウランド: 歌曲「涙のパヴァーヌ」から(全曲は66ページ参照)

→ 3 行目の普通の語順は

Where night's black bird sings her sad infamy. ですが、これを1行目の“springs”と韻を踏ませるために “sings” を行末に持って来ています。

＜例2＞

Those are Grecian ghosts	見えているのは、ギリシャの亡霊たち、
That in battle were slain,	戦(いくさ)で倒れ、
And unburied remain.	葬られることもなく
Inglorious on the plain.	惨めな姿のまま平原をさまよう亡霊たちだ。

ヘンデル: オラトリオ「アレクサンダーの饗宴」から

→ 1行目、3行目を現代の普通の語順にすると

Those are Grecian ghosts
that were slain in battle,
and remain unburied
inglorious on the plain. と なります。

これも“slain”, “remain”, “plain”で韻を踏ませるための処理です。

3章-(4) 古い英語について

英語の歌のレパートリーと言えば、まずヘンデルのオラトリオ「メサイア」が上がってきます。ほかにも英語の曲といえばパーセルやダウランドなどの古いものが多くあります。 英語の解説書としては、この時代の古い英語に触れない訳には行きません。

第6章『英語の発音とスペル』でも、英語の発音の難しさ、スペルと音の間柄について詳しく書きますが、古い英語となると現代語とのズレがあるために、さらに扱いが難しくなります。(「メサイア」の英語や各曲の詳細な解釈、文法事項については拙著「演奏者・鑑賞者のための『メサイア』ハンドブック」 ― 1998年 (株)ショパン刊 ― をご覧下さい。)

現代の作品でも聖書など古い英語をテキストに使ったものがありますので、ここでその概略を見ておきましょう。

●古い英語の歌

(1)古い英語

「古い英語」と言っても、ここで扱うのは16世紀中頃に成立した「現代英語」(Modern English, Mod.E.)の早い時期、16-17世紀頃の英語ですから、現代語と全くの別物ではありません。 この時代の英語を理解すれば、英語の曲のレパートリーはほとんどカバーされます。

※ 「現代英語」以前の英語は「中英語」(～西暦1500年頃)、さらに古くのものは「古英語」(～1100年頃)と呼んでいます。(191ページ参照) 楽譜が残っている最古の英語の歌は「夏は来たりぬ」というカノンで(62ページ参照)、これは中英語です。 中英語は今の英語との差が大きく、この書物で扱い切れるものではないので、あえて詳しく触れていません。

この16-17世紀には、膨大な数の声楽作品がタリス(Thomas Talis, 1505 頃-1585)、ダウランド(John Dowland, 1563-1626)、モーリー(Thomas Morley, 1577-1602)、ギボンズ(Orlando Gibbons, 1583-1615)、パーセル(Henry Purcell, 1659 頃-1695)などによって作られています。 宗教曲、世俗曲ともに無数の作品があり、イギリス音楽の一つの黄金時代ですが、この時期の英語を知る上で特に重要なのは「欽定訳聖書」と「英国教会祈祷書」、それにシェイクスピアの諸作品です。

「欽定訳聖書」(“The Authorized Version” または “King James Version”) は、17世紀の1611年にイギリス王ジェームズ1世のもとで翻訳編集され、第2次大戦後まで日常的に使われていた標準的な聖書です。「英国教会祈祷書」(“The book of common prayer”)の方は、16世紀前半～中頃に作られ、これも英国教会で日常的に祈祷に使われていたものです。 この2つはそのままアンセムやテ・デウムなどの教会音楽、ヘンデルの「メサイア」や「エジプトのイスラエル人」など劇場作品のテキストになっただけでなく、広くイギリスやアメリカほか英語圏に広まって、聖書にまつわる物語(たとえば「サムソン」や「エリア」、「失楽園」など)の題材を提供しました。

この「欽定訳聖書」と「英国教会祈祷書」の英語を概観すれば、古い英語の作品ほとんどに対応することができます。

(2) 古い英語の文法

16-7世紀の英語も現代の英語も基本的な構造・文法は同じですが、細部に多少の違いがあります。 以下その代表的な違いを説明します。 題材は大半をヘンデルの「メサイア」から取りました。 (第__曲)とした場合は、「メサイア」の曲番です。

① 3人称単数現在の -th (-eth): 現代では -s (-es)

<当　時>		<現　代>
I know that my redeemer liveth.	(第 45 曲)	I know that my redeemer lives.
He that dwelleth in heaven....	(第 42 曲)	He who dwells in heaven....
Lamb of God, that taketh away...	(第 22 曲)	Lamb of God, that takes away....
Thus saith the Lord....	(第 5 曲)	Thus says the Lord....
He hath borne our griefs....	(第 24 曲)	He has borne our griefs....

② 「あなた」(単数) thou(発音は[ざウ][ðau]) ／ 「あなた方」(複数) ye(発音は[イー]): 現代では単数・複数どちらも you

	<当　時>				<現　代>			
単数	I	my	me	mine	I	my	me	mine
	thou	thy	thee	thine	you	your	you	yours

O, thou that tellest good tidings to Zion, get thee up... (第 9 曲)
lift up thy voice with strength. (第 9 曲)
Behold, thy King cometh unto thee. (第 18 曲)
even for thine enemies (第 36 曲)
(注: 母音で始まる単語の前では thy→thine, my→mine となる。)

複数	we	our	us	ours	we	our	us	ours
	ye	your	you	yours	you	your	you	yours

Come unto Him, all ye that labour. (第 20 曲)
Ye shall find rest unto your souls. (第 20 曲)
Lift up your heads, o ye gates. (第 33 曲)

③ "thou" (「あなた」2人称単数) が主語のときの動詞の語尾変化

・普通の動詞は -st (-est)

<当　時>		<現　代>
O, thou that tellest good tidings....	(第 9 曲)	Oh, you that tell good tidings....

・特殊なもの

<当　時>		<現　代>
Thou art my son.(be 動詞)	(第 34 曲)	You are my son.
Thou hast led captivity captive.	(第 36 曲)	You have led captivity captive.
But Thou didst not leave...	(第 32 曲)	But You did not leave...
Thou shalt break them...	(第 43 曲)	You shall(will) break them...

④ 命令法

・動詞のあとに ye「あなた方が」を入れることがあります。
・否定形では、“ Do not / Don’t ＋ 動詞 ”ではなく、“動詞 ＋ not ”となります。

＜当　時＞		＜現　代＞
Comfort ye my people.	(第 2 曲)	Comfort my people.
Prepare ye the way of the Lord.	(第 2 曲)	Prepare the way of the Lord.
Be not afraid.	(第 9 曲)	Do not be afraid.
Fear not.	(第 15 曲)	Do not fear. ／ Don’t fear.

⑤ 完了形

・普通は “have + 過去分詞” ですが、位置・状態の変化を意味する come, go, become などは “be + 過去分詞” になります。（ドイツ語と似ています。）
(現代でも “gone” には “be + gone” の形がありますが、この場合は完了形の古い形が残ったと考えることも、“gone” が形容詞になっていると考えることもできます。)

＜当　時＞		＜現　代＞
Their sound is gone out.	(第 39 曲)	Their sound has gone out.
The Kingdom of this world is become the Kingdom of our Lord and...	(第 44 曲)	The Kingdom of this world has become the Kingdom of our Lord and...

⑥「聖書ならでは」の取り決め

・God, Lord, King, Christ など神を意味する単語は文の中でも大文字で始めることがあります。 また、he や thou でも神のことを指しているときは同じく、He, Thou となることがあります。(楽譜の版によって大文字になっているものと小文字のものがあります。)

Glory to God in the Highest. (第 17 曲)
Behold the Lamb of God. (第 22 曲)
The Kingdom of the Lord, and of His Christ. (第 44 曲)

・預言の “shall”: 「～であろう」、「～になるに違いない」
「預言」とは神のことばを預かって語る預言者のことば。
「予言」(＝未来のことを当てる)とは違う。

Every valley shall be exalted. (第 3 曲)
And the glory of the Lord shall be revealed. (第 4 曲)
Behold, a virgin shall conceive. (第 8 曲)

⑦ 省略形

・現代では It is → It’s ですが、古い省略形では It is → ’Tis になります。

＜当 時＞ ’Tis well, my friends, with transport I behold the Spirit….
(ヘンデル: オラトリオ「ユダス・マカベウス」 Judas Maccabaeus 第 12 曲から)
’Tis Time that must befriend me, ….
(ダウランド:「時よ、しばし飛ばずに待て」 Stay, Time, awhile thy flying から)

＜現 代＞ It’s well, my friends, with transport I behold the Spirit….
It’s Time that must befriend me, ….

・韻律と音の都合から “even” “ever” “of” “over” “never”などの[v]の音が省略されることがあります。（これは現代の歌でも時々見受けます。）

even [イーヴン] → e’en [イーン]
ever [エヴァー] → e’er [エーア、エア]
of [オヴ] → o’ [オ]（後に来る単語につけて発音します。）
例： o’ glory [オ・グローりー]

over [**オウ**ヴァー]→ o'er [**オー**ア]
never [**ネ**ヴァー] → ne'er [**ネー**ア]

・ “e”の文字が省略されて、アポストロフィーが付けられていることがよくあります。現代では発音されないサイレントの“e”だったり、あるいは発音されても曖昧母音化して[ə]になっている箇所がほとんどです。これはその時代以前には“e”がはっきりと発音されていたけれども(おそらく[ε　エ]の音で)、その頃になると省略しても意味が通じるようになったものと推測されます。

ev'ry [**エ**ヴり]　←　every　おそらく[**エ**ヴェり]と発音していた
fall'n [**フォー**ルン]　←　fallen　おそらく[**フォー**レン]と発音していた
chang'd [**チェイン**ヂド]　←　changedおそらく[**チェイン**ヂェド]と発音

(3)古い英語の発音

i) 発音一般について

古い時代の英語の発音は、録音もなく、発音記号での記録もなく、会話や演奏を「生」で聞いた人がいる訳でもないので、確信を持ってどんな音だったかを突きとめることはできません。しかし、現代英語ではまったく別の音を持つ単語が韻を踏んでいたり、今と違うスペルが混じったり、あるいはスペルミスに一定のパターンがあれば、その時代の音をある程度類推することができ、そうした研究も進んでいます。

シェイクスピアの時代の英語は、文法や単語の上では現代の英語とほぼ同じと言えますが、発音はまだ古い時代の発音が混じっていたとも言われています。（参考文献に挙げた、荒木一雄・中尾祐治 共著「シェイクスピアの発音と文法」など に詳しい。）

18世紀、つまりヘンデルの時代になると、ほとんど現代の発音に近くなったと言われていますが、それでも今から300年近く昔のことですから、その後音は少しずつ変化しています。個々の曲を見て行くと、現代の発音ではどうしても音符に合わないところが数多く出てきます。

これら古い時代の曲をどんな発音で歌うのかは、いつも問題になるところです。アメリカなどでは時々、どんな時代の歌でも、演奏する土地の発音で歌っているのを耳にします。「自分達の分かることば・共感できることばで歌う」という趣旨なら、これも一理あります。しかし英語が母国語でない日本人が、どこか特定の地域の、それも現代の発音を真似することは決して望ましいとは言えません。まずは「英語らしい発音で歌う」のを第一の目標とし、もしすでにある程度のレベルに達しているなら、今度はできればイギリス英語風にするのが適当でしょう。

くわしくは専門家の指導を仰ぐべきでしょうが、ここでは一般的に日本人の歌手が歌うことを念頭に、古いイギリスの英語の発音について簡単に触れます。

※ イギリス人・アメリカ人(もしくはオーストラリア、ニュージーランド、カナダ等)の発音のアドバイスは貴重ですが、ともするとその出身地の現代の発音に偏りがちです。ここでは、研究上・推測上の古い発音は不自然としても、ある程度「時代考証」のフィルターをかけた上で、一般的な日本人の指標となるような、実用的な発音のガイドを目指しています。

次に、個々の発音上の問題について、2～3の注意点を記します。

ii) 古い英語の発音の原則

① ”r” の発音

・音節の主母音の後に来る “r“ は「巻き舌」ではありません。

comfort[カムフォート], her[ハー], warfare[ウォーフェア], desert[ディザート(名) / ディザート(動)], Lord[ロード], together[トゥギャざー], for[フォー], fire[ファイア], borne[ボーン], bear[ベア], wonderful[ワンダフル], your[ユア], fear[フィア]

・それ以外はドイツ語と同じ「巻き舌」音。

cry[クらイ], ev'ry[エヴり], crooked[クるーケッド], straight[ストれイト], rough[らフ], glory[グローりー], dry[ドらイ], purify[ピューりファイ], Jerusalem[チェるーサレム], Christ[クらイスト], appeareth[アピアれす], righteousness[らイチャスネス]

(注: 子音の後・語頭・アクセントのある音節の頭 だけを巻き舌にして、それ以外は巻かない という例もあります。 この方式で統一するなら glory[グローりー], purify[ピューりファイ], sorrow[ソろウ] など、母音の後でアクセントのない音節の“r”は巻きません。)

② 語尾の中の “e”

・三単現の -eth, 二単現の -est での “e” ／ 過去形・過去分詞 -ed での “e”

→ はっきり [エ] と発音します。

過去形・過去分詞でも [イド] ではなく [エド] と発音します。

exalted[エグゾールテッド] , shined[シャイネッド], spoken[スポウケン], appeareth[アピアれす], risen[りーゼン]

(注: 現代の発音では t・d で終わる動詞は[-ィド]です。(wanted[ウォンティド],needed [ニーディド]など) 過去分詞が形容詞化しているものも[-ィド]です。(learned[ラぁーニッド], wicked[ウィッキッド]など) 古い曲でも場合によっては、こうした語尾を[-ィド]で発音した方が自然な場合もあります。アリアのように「歌う」箇所よりも、レチタティーヴォなど「語る」場合がそうです。解釈やスタイル、ほかの箇所とのバランスにもよりますので、舞台で歌うときには専門家に相談するのがベターです。)

③ 曖昧《あいまい》母音の長母音[ə:][ぁー]について

・ earth, virgin, world , words, worship など、現代(特にアメリカ)では舌を巻き上げるようにして発音する習慣の人もいますが、この時期の英語ではこのように歌う必然性はありません。

・ あいまい母音[ə]の音を伸ばすだけにします。

④ 母音[æ]の発音

・基本は[ア]と[エ]の間の音ですが、日本人が意識的に出すと、かなり[エ]寄りになります。イギリスの英語では現代でもあまり[エ]に近い発音は耳にしません。逆に曖昧母音[ə][ぁ]に近いくらいです。 古いイギリスの歌ではなおさら[エ]にならないよう、注意します。

・極端に言えば “can”, “tackle”は “can”[キィヤン] “tackle”[ティヤックル]では[エ]に近すぎます。“can”[クハン] “tackle”[トゥハックル]くらいに暗い音でもいいほどです。 (イギリス英語では子音が強いことも考慮して気息音[h]の音もカタカナで書いておきました。)

⑷ 古い英語の語彙・文字

近代英語に入ってからの単語は、基本的には現代の辞書でカバーされますが、ことばは生きものですから、単語でも、時代とともに使われなくなったり、意味が変わったり、変化形や省略法が変わったりしたものが多数あります。 ここではその全容を明らかにすることはできませんが、代表的なものを列挙しました。

・古い単語

behold	[ビ**ホウ**ルド]	「見る」（動詞）、「見よ」（動詞命令形、間投詞）
hark	[**ハー**ク]	「聞く」（動詞）、「聞け」（その命令形）
lo	[**ロウ**]	「見よ」（間投詞）
ere	[**イー**ァ]	「～の前に」(接続詞) “before”と同じ意味・用法
eke	[**イー**ク]	「～もまた」（副詞） “also”と同じ意味・用法

・現在－過去－過去分詞 の変化が今と違うもの

	<古い変化>	<現代の変化>
speak :	speak – spake – spoken	speak – spoke – spoken
strike :	strike – stroke – stricken	strike – struck – struck
work :	work – wrought – wrought	work – worked – worked

・古い文字

英語も、大昔の古英語の時代には「ルーン文字」という、くさび型文字のような文字を使っていたこともありましたが、われわれが歌うような、シェイクスピアの時代以降は、現代の26文字のアルファベットとほぼ同じです。 下の2つの文字は、現在は使わない文字ですが、16-18世紀のものなどでは時折見掛けますので一応見ておきましょう。

“ þ ” 現代の “th” と同じですが、無声音[θ]のときだけです。
古英語～中英語期にかけて使われていました。 あとで譜例を出す最古の英語の歌 “Sumer is icumen in”にも頻繁に出ていますが、現代の印刷では “th”に直してしまう例が多いようです。

“ ſ ” 現代の “s” と同じです(baſſoon, muſick など)。 イギリスだけでなく、ほかのヨーロッパ諸国でもこの文字が使われていました。 その名残がドイツ語の “ß” (エスツェット)で “ ſ ”と “z”の文字を組合わせて “ß”の文字になっています。

第4章 英語の歌 コレクション

第3章で英語の歌のテクニックを見ましたので、今度は実際にさまざまな英語の歌を歌ってみましょう。人前で英語の歌を歌う声楽家には、歌における英語の発音や表現を学ぶために、ぜひ一曲ずつ詳細に見て頂きたいのですが、声楽家以外の音楽家や音楽愛好家にも、実際に声を出して歌ってほしいと考えています。それは、「はじめに」でも触れましたが、英語の歌を歌うことが、いろいろな面で英語の学習にとって大きなプラスになるからです。

第1に、歌で覚えた単語やフレーズは忘れにくいというメリットがあります。メロディーと結びついて記憶に残るので、そう簡単には忘れません。

第2に、よい歌は英語の抑揚やフレーズ感を鋭敏に反映しているものです。歌の上達が直接の目的でなくても、歌を覚えることは英語の自然な語感を自然に身に付ける助けになります。

歌は著者の英語指導の上で、声楽以外の音楽家にも、音楽に関係のない人にも強く勧めている手法で、著者の経験でも、英語の上達にかなりいい成果を収めています。楽しくできる勉強法でもあります。だまされたと思って本書の曲を歌ってみて下さい。

なお、本書は演奏のための楽譜ではないことと、紙面の都合もあり、ほとんどの曲に伴奏は付けられませんでした。演奏会や試験等で取り上げる場合には、さまざまな楽譜が出版されていますので、それなりの伴奏譜を選んで使って下さい。また曲によっては、原曲の歌詞と違った意味の日本語の歌詞が流布している場合もありますが、ここでは英語の歌詞の意味を正確に知って貰うために、その日本語訳詞ではなく、あえて原語の歌詞にできるだけ忠実に著者が訳したものを載せることにしました。

※ 現代の曲のレパートリーをカバーするという意味でも、語学の習得という意味でも、本当はミュージカルやポップス、そして現代ものの作品も取り上げたかったのですが、著作権等諸般の事情を考慮して本書では扱わないこととしました。ただし、著者が教材として優れていると考えるものをいくつかリストしておきましたので、機会があればぜひ歌ってみて下さい。(121ページ参照)

◆ 最古の英語の歌: “Sumer is icumen in”「夏は来たりぬ」(カノン) ◆

男声のグラウンド(全曲を通して低音で繰り返す)

[歌詞対訳]

Sumer is icumen in	夏は来たりぬ
Sumer is icumen in;	夏がやってきた。
Lhude sing cuccu.	大きな声で「クックー」と歌おう。
Groweth sed and bloweth med,	種は芽を出し、草原には花が咲き、
And springth the wde nu;	木々は若枝を伸ばす。
Sing Cuccu;	「クックー」と歌おう。
Awe bleteth after lomb,	母親の羊はメエメエ鳴いて子羊を追い、
Lhouth after calve cu;	母親の牛もモウモウ鳴いて子牛を追う。
Bulluc sterteth, bucke verteth;	動物の雄牛たちは跳ねまわり、
Murie sing cuccu.	雄羊たちは草を食べる。
Cuccu, cuccu wel singes thu cuccu,	楽しく「クックー」と歌おう。
Ne swik thu naver nu.	「クックー、クックー」あんた歌うまいね。
	途中でやめたら駄目だよ。

バスのグラウンド(全曲を通して低音で繰返す)

Sing cuccu, nu sing cuccu.	「クックー」と歌おう、さあ「クックー」と。

[解説] "Sumer is icumen in"「夏は来たりぬ」(カノン)

この、現存する最古の英語の歌は、「中英語」(Middle English, M.E.)で書かれています。中英語は今の英語との差が大きく、この本ではとてもその全体像を扱い切れませんので、詳しく触れませんが、世界最古のカノンでもあるこの曲はあまりに重大で記念碑的作品なので、中英語の作品でありながら敢えて取り上げ、現代英語訳と発音(次ページ)だけでも掲載することにしました。

英語はドイツ語に近い「古英語」(Old English)から、フランス語の影響を受けて「中英語」(Middle English)へと変遷しました。冒頭の歌詞 "Sumer is icumen"は、ドイツ語の "Die Sommer is eingekommen" と、現代英語の "Summer has come in"の中間的な形であることが分かるでしょう。「古い英語の文法」(56ページ⑤)で説明したように、古い英語やドイツ語では"come", "go"等の動詞は、現在完了を作るときに"have"ではなく"be"を取ります。また、"icumen"の最初の "i-"はドイツ語の"ge-"と同じく、過去分詞を作る接頭辞です。ドイツ語、中英語、現代英語の親戚関係も感じて下さい。

この曲には「夏は山にも野にも来ぬ…」という日本語の歌詞もつけられていますが、初夏の爽快さを感じさせるのは、やはりオリジナルの英語の歌詞です。ベンジャミン・ブリテンは、合唱・独唱・管弦楽のための作品「春の交響曲」で、この旋律を少年合唱に歌わせています。「青少年の管弦楽入門」でパーセルの旋律をテーマにしたように、イギリスの伝統の上に生きるブリテンならではの演出です。

13 世紀末(または 14 世紀初)の古い歌ですが、その音楽は古さをまったく感じさせません。イギリスの音楽は古くから3度・6度の和声を好み、現代人の嗜好を先取りしているような面がありますが、この曲でも3度・6度が効果的に用いられ、音階も古い教会旋法ではなく現代と同じ長調なので、時代をこえて現代の私たちにも親しみやすい音楽になっています。

[最古の英語の歌 Sumer is icumen in] 原語(中英語)と 現代英語 の 対比
(下段の [ ] は発音)

原語(中英語)とその発音	現代英語訳(逐語訳的に)
Sumer is icumen in; [スメる イス イクメン イン]	Summer has come in;
Lhude sing cuccu. [ルーデ スィんぐ クックー]	Sing cuckoo loudly.
Groweth sed and bloweth med, [グろウェす セド アンド ブロウェす メド]	Seed grows and meadow blooms,
And springth the wde nu; [アンド スプリんぐす せ ウデ ヌー]	And now the trees let the wood(shoots) spring out;
Sing cuccu; [スィんぐ クックー]	Sing cuckoo;
Awe bleteth after lomb, [アーウェ ブレーテす アフテる ロンブ]	The ewe bleats after the lamb,
Lhouth after calve cu; [ロウす アフテる カルヴェ クー]	The cow lows after the calf;
Bulluc sterteth, bucke verteth; [ブルック ステるテす ブッケ ヴェるテす]	The bullock leaps, the buck farts;
Murie sing cuccu. [ムーりー スィんぐ クックー]	Merrily sing cuckoo.
Cuccu, cuccu wel singes thu cuccu, [クックー クックー ウェル スィンゲス すー クックー]	Cuckoo, cuckoo, thou singest cuckoo well, (you sing)
Ne swik thu naver nu. [ネー スウィック すー ナヴェる ヌー]	Never stop(switch) now.

バスのグラウンド

Sing cuccu, nu sing cuccu. [スィんぐ クックー ヌー スィんぐ クックー]	Sing cuckoo, now sing cuckoo.

◆ 古い英語の歌から ◆

(古い英語の文法や発音の解説は 54 ページ参照)

現代では、英語の歌は数限りなく作曲されていますが、16～17 世紀(女王エリザベス一世の時代)もひとつの黄金時代でした。 教会音楽も盛んでしたが、世俗曲でもリュート伴奏の歌曲、シェイクスピア等の芝居に使われる劇中歌、マドリガルなど多くの作品があり、タリス、バード、ダウランド、ギボンズなど多くの作曲家が活躍していました。 古い音楽というと単調なもの、静かなものと思われるかも知れませんが、市民の活力を感じさせるいきいきとした作品、深い感情を伝える作品も少なくありません。

最初にあげた曲「流れよ、わが涙」は、別名「涙のパヴァーヌ」"Pavane Lachryme"の名でも知られていますが、歌よりも前にまずリュート曲としてヒットし、後で歌詞が付けられたものです。リュートやリコーダー用の変奏曲も知られています。 2曲目の "Come again"「帰っておいで」も有名な曲で、リュート伴奏つきのソロのバージョンと4声のマドリガルのバージョンがありますが、ここには4声のマドリガル版を掲載しました。 3曲目のウィールクス作曲のマドリガルは実にいきいきとして、昔にもこんなに躍動的なリズムがあったのだと改めて感嘆させられます。 自由奔放な歌詞の内容にも注目して下さい。

英語の歴史から見ると、この時代の歌は初期の「近代英語」(Modern English, Mod.E.)で書かれています。 もうわれわれの持っている英語の知識と辞書で何とか解決が付けられます。

【古い英語の歌】「流れよ、わが涙」(涙のパヴァーヌ)　～ 楽譜は次ページ ～

[単語集]

tear(s)　[**ティ**アー(ズ)]　「涙」;「切り裂く」"tear"[**テ**ア]との混同に注意

Exil'd　[**エ**グザイルド]　「追い払う」"exile"の過去分詞 "exiled"の e を省略した形

mourn　[**モー**ン]　「弔(とむら)う、悲しむ」

(語順)　Where night's black bird her sad infamy sings,

└→ (現代の語順) Where night's black bird sings her sad infamy

despair　[ディス**ペ**アー]　「絶望」

fortune(s)　[**フォー**チュン(ズ)]「幸運」

deplore　[ディプ**ロ**アー]　「嘆き悲しむ、悼む」

doth　[**ダ**ず]　= "does"; "do"の三人称単数現在形の古い形;

{文法}"doth(does)…disclose" = "discloseth"(discloses)を、強調と韻律のために分けている。

disclose　[ディスク**ロウ**ズ]　「暴く、明らかにする」

woe(s)　[**ウォ**ウ(ズ)]　「悲哀、悲痛、苦悩、災難」"woe"の複数形。

groan(s)　[グ**ろウ**ン(ズ)]　「(悲しみ、苦痛、不満の)うめき声」

deprive ～ of …　[ディプ**らイ**ヴ]　「～から … を奪う」

(語順) And tears, and sighs, and groans my weary days / Of all joys have deprived.

└→ (現代の語順) And tears, and sighs, and groans have deprived my weary days of all joys.

spire　[ス**パイ**ア]　「尖(とが)ったもの、尖塔、頂上、絶頂」

contentment　[コン**テン**トメント]「満足」

desert(s)　[ディ**ザー**ツ]　「砂漠、放棄する、功績、報い」等の意;ここでは「報い」

Hark　[**ハー**ク]　「聞け」(動)命令形

dwell　[ド**ウェ**ル]　「住む、棲む」

contemn　[コン**テ**ム]　「軽蔑する、侮辱する」

despite　[ディス**パイ**ト]　「侮辱、無礼」

【古い英語の歌】“Flow My Tears”「流れよ、わが涙」

（“Pavane Lachryme”「涙のパヴァーヌ」）

[歌詞対訳] “Flow My Tears”「流れよ、わが涙」(「涙のパヴァーヌ」)

Flow, my tears, fall from your springs!
Exil’d for ever: let me mourn
Where night’s black bird her sad
infamy sings,
There let me live forlorn.

流れよ、わが涙。湧き出る泉からこぼれるがよい。
私は捨てられたのだ。
夜、黒い鳥が悲しい歌で恥を暴露している。
私などそこで嘆いていればよいのだ。
そこでみじめに暮らしていればよいのだ。

Down, vain lights shine you no more,
No nights are dark enough for those
That in despair
their last fortunes deplore,
Light doth but shame disclose.

もはや天からの虚しい光が
お前を照らすこともあるまい。
絶望して、過ぎ去った幸運に繰り言を並べる
者にとっては、どんな夜も暗すぎはしない。
光はただ恥をさらけ出すだけだ。

Never may my woes be relieved,
Since pity is fled,
And tears, and sighs, and groans
my weary days
Of all joys have deprived.

私の悲しみはもう癒《いや》されないのかもしれない。
憐れみも私を見放し、
涙と、ため息と、うめき声が、
あらゆる喜びを奪い、
私の日々はただ滅入るばかりだ

From the highest spire of contentment,
My fortune is thrown,
And fear, and grief, and pain
for my deserts
Are my hopes since hope is gone.

喜びのまさに絶頂の高みから
私の幸運は投げ捨てられたのだ。
望みが逃げ去ったいま、私が望みうるとすれば
それは、自分の受けた報いへの
怖れと、嘆きと、苦しみだけしかない。

Hark, you shadows
that in darkness dwell,
Learn to contemn light,
Happy, happy they that in hell
Feel not the world’s despite.

暗闇に棲む影よ、聞け。
光をさげすむようになるがよい。
地獄に追いやられ、
この世で受ける侮辱を感じないようになれば、
それはそれで幸せというものではないか。

[解説]

パヴァーヌとは、16 世紀にヨーロッパで広く流行した舞曲です。 主に2拍子のゆっくりとした曲で、その後に続く速いガイヤルドとペアで演奏されました。 後世ではガブリエル・フォーレ(1845-1924)が作曲したパヴァーヌもよく知られています。

この「涙のパヴァーヌ」はまずリュート曲として広く親しまれ、歌詞は後から付けられたものです。 ダウランドが作曲した当時から広くヨーロッパに知れ渡っていました。 オランダのヴァン・エイク(1590 頃-1657)がリコーダー独奏用に編曲したバージョンが、第2次大戦後フランス・ブリュッヘンの演奏でヒットして、今日の古楽興隆の先駆けとなりました。

【古い英語の歌】“Come again”「帰っておいで」（マドリガル・バージョン）

［歌詞対訳］“Come again”「帰っておいで」

Come again:
Sweet love doth now invite,
Thy graces that refrain,
To do me due delight,
To see, to hear, to touch, to kiss, to die,
With thee again in sweetest sympathy.

帰っておいで。
甘い愛が、今また呼んでいる。
君の愛らしさで
また私にあの喜びを味わわせてくれ。
甘い陶酔のなかで
一緒に見て、聞いて、触れて、キスして、
そして死んでもいいと思うほどだったのに。

Come again
That I may cease to mourn,
Through thy unkind disdain:
For now left and forlorn,
I sit, I sigh, I weep, I faint, I die,
In deadly pain and endless misery.

帰っておいで。
君の残酷な嘲(あざけ)りを嘆かなくても済むように。
なぜなら、私はいま取り残され見捨てられ、
死ぬほどの苦しみと終ることのない悲しみの中で、
ただ座り、ため息し、涙をこぼし、
気を失って、息絶えるほどなのだから。

All the day
The sun that lends me shine,
By frowns do cause me pine,
And feeds me with delay,
Her smiles my springs,
that makes my joys to grow,
Her frowns the Winters of my woe:

一日中、
太陽は私に光を注いでいるけれど、それはまるで
しかつめ顔をして、私を責めているかのようだ。
そして今頃になって
彼女の笑顔や怒った顔を思い出させる。
彼女の笑みは私の喜びを育む泉だった。
そして怒った顔は、私にとっては冬の嘆きの種だ。

All the night
My sleeps are full of dreams,
My eyes are full of streams.
My heart takes no delight,
To see the fruits and joys
that some do find,
And mark the storms are me assign'd.

一晩中、
私は夢にうなされる。
私の目は涙だらけだ。
ほかの人たちが実った果実や喜びを味わい、
私には嵐ばかりが割り当てられているのを見ると
私の心は何ひとつ楽しいと思うことはない。

Out alas,
My faith is ever true,
Yet will she never rue,
Nor yield me any grace:
Her eyes of fire, her heart of flint
is made,
Whom tears, nor truth
may once invade.

だがしかし、
私がいつまでも誠実でいるのに、
彼女がいつまでも悔いることなく、
私に少しも気を向けてくれないなら、
彼女の目は火で、こころは石で
できているに違いない。
だから涙も誠実さも入ることができないのだ。

Gentle Love
Draw forth thy wounding dart,
Thou canst not pierce her heart,
For I that to approve,
By sighs and tears more hot
than are thy shafts,
Did tempt while she
for triumph laughs.

優しい愛の神よ、
お前のその鋭い矢をつがえ、弓を引くがよい。
でも彼女の心を射抜けはしないだろう。
なぜなら、この私がもう
お前の矢よりずっと熱いため息と涙で
射止めようとしたのに、まったく無駄で
あの人と言えば勝ち誇り、
あざ笑うだけだったのだから。

[単語集] “Come Again”「帰っておいで」

doth	[ダす]	＝“does”； “do”の三人称単数現在形の古い形
{文法}強調と韻律のために“doth invite”(does invite)=“inviteth”(invites)を分けている。		
thy	[ざイ]	「あなたの」代名詞、二人称単数の所有格の古い形
grace(s)	[グれイス(ィズ)]	「優雅さ、優しさ」
due	[デュー]	「あってしかるべき」
delight	[ディライト]	「よろこび」
die	[ダイ]	「死ぬ」(動)
sympathy	[スィンパすィー]	「共感、同情」
cease	[スィース]	「やめる」
mourn	[モーン]	「弔(とむら)う、悲しむ」
disdain	[ディスデイン]	「軽蔑する、侮辱する」
forlorn	[フォーローン]	「見捨てられた」
faint	[フェイント]	「気絶する」
frown(s)	[フらウン(ズ)]	「しかめ面」
pine	[パイン]	「慕い焦がれる」
delay	[ディレイ]	「遅れ」、 “with delay”「なかなか ～しない。」
woe	[ウォウ]	「悲哀、悲痛、苦悩、災難」
stream(s)	[ストりーム(ズ)]	「流れ」； ここでは「涙」のこと。
assign'd	[アサインド]	“assigned”の短縮形;「課す、割り当てる」の過去分詞
alas	[アラス]	「ああ」「悲しいかな」 悲嘆、悲痛の間投詞
rue	[るー]	「悲しむ、悔やむ、嘆く」
yield	[ィイールド]	「もたらす」
flint	[フリント]	「火うち石、石」
{語順} Her eyes of fire, her heart of flint is made,		
└→ (現代語順) Her eyes is made of fire, and her heart is made of flint,		
gentle Love	[チェントル ラヴ]	「優しい愛の神よ」： “Love”とは「愛」だが、愛の神「キューピッド」のことも指す。
wounding	[ウーンディング]	「傷つける」(形)；“wound” [ウーンド]「傷つける」(動)
dart	[ダート]	「矢」
Thou canst	[ざう カンスト]	“you can”の古い形； “thou” (二人称単数代名詞「あなた」)動詞語尾は“-st”。“can” は“canst”(P55)。
pierce	[ピアス]	「突き刺す、射抜く」(動)
approve	[アプるーヴ]	「承認する、証明する」
tempt	[テンプト]	「誘惑する、試す」
triumph	[トらイアンフ]	「勝利」
{語順} while she for triumph laughs → {現代語順} while she laughs for triumph		

[解説]

「涙のパヴァーヌ」と同じダウランドの曲ですが、こちらは最初から歌として書かれました。

失恋の曲ですが、第一節の“to see, to hear, to kiss” の箇所では愛の喜びを五感に訴える音型で表わし、過ぎ去った甘い陶酔への憧憬を感覚的に描き出します。恋人が戻ってくるのではないかと、ほのかな希望もまだ感じさせます。しかし、歌が進むにつれ、次第にこれは男の決定的な失恋だと分かり、逃げた恋人への恨みつらみまで出てきます。音楽は前と同じ五感の喜びの音型を重ねながら、次第にひしひしと身につまされる辛い思いに変わって行きます。同じ音楽・パターンを使って、話を展開させつつ、しかも次々に新しい感興を呼び起こす、という有節歌曲の効果が発揮された曲です。(32ページ参照)

【古い英語の歌】"Hark, All Ye Lovely Saints Above"
「聞け、天上のいとしい聖徒たちよ」(マドリガル)

10
wea - pon to re - move. to re - move. Fa la la la la la la
wea - pon to re - move. Fa la la la la la la la la la la la
wea - pon to re - move. Fa la la la la la la
wea - pon to re - move. Fa la la la la la la la la, fa la la la la
wea - pon to re - move. Fa la la la la la la la la,
14
1.
la la la, fa la la la la la la la la la la. Hark,
la la la la la la la la, fa la la la la la la la la. Hark,
la la la la la la, fa la la la la la la la la la. Hark,
la la la, fa la la la la la la la la la la. Hark,
fa la la la la la la la la la la la la la. Hark,

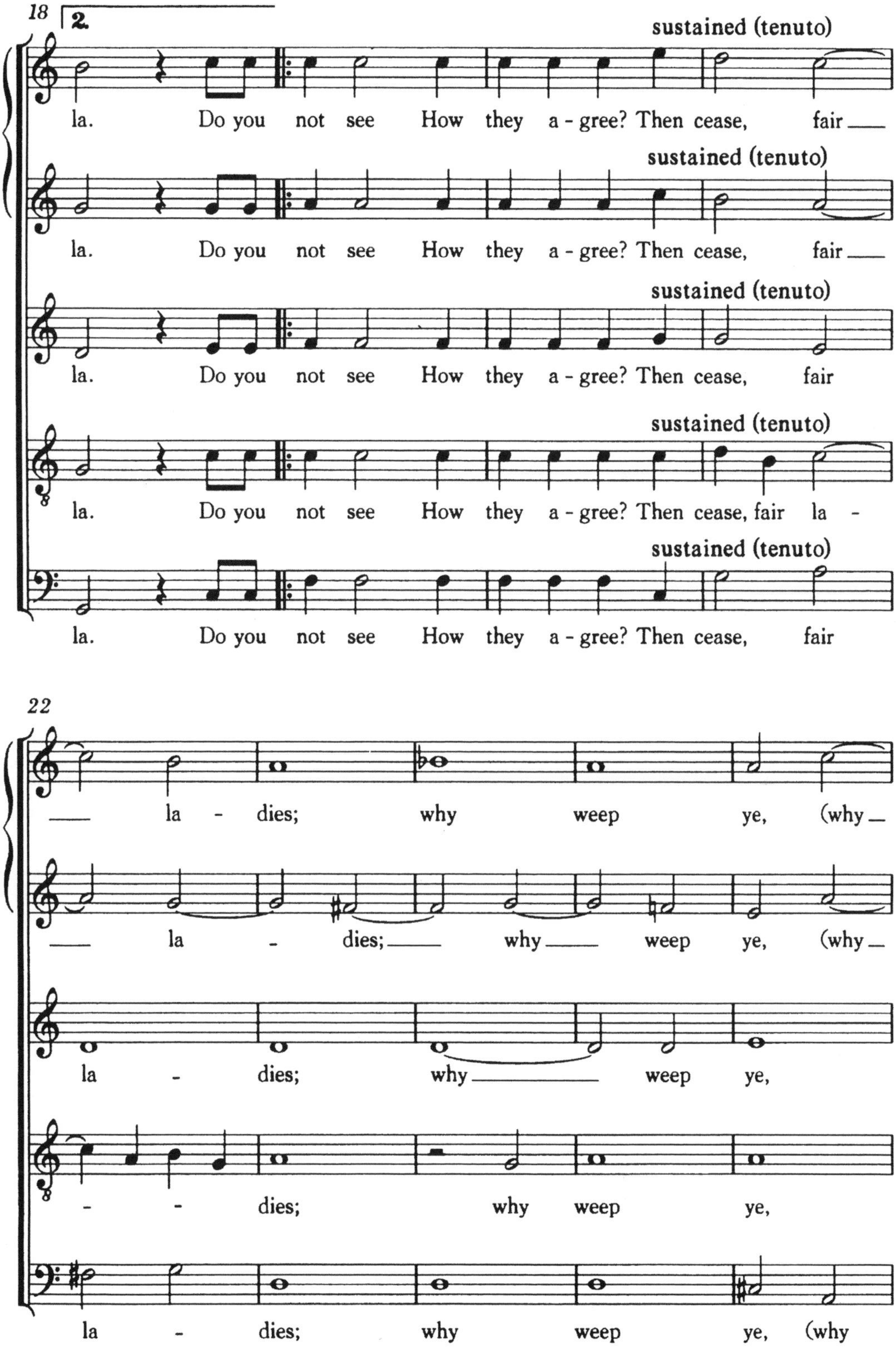
18
2.
sustained (tenuto)
la. Do you not see How they a - gree? Then cease, fair
sustained (tenuto)
la. Do you not see How they a - gree? Then cease, fair
sustained (tenuto)
la. Do you not see How they a - gree? Then cease, fair
sustained (tenuto)
la. Do you not see How they a - gree? Then cease, fair la -
sustained (tenuto)
la. Do you not see How they a - gree? Then cease, fair
22
la - dies; why weep ye, (why
la - dies; why weep ye, (why
la - dies; why weep ye,
- - dies; why weep ye,
la - dies; why weep ye, (why

27
p (staccato)
— weep ye?) Fa la la la la la, fa la la la la la — la la,
p (staccato)
— weep — ye?) Fa la la la la la, fa la la la la la — la la,
p (staccato)
(why weep ye?) Fa la la la la la, fa la la la la la la la la,
p (staccato)
(why weep ye?) Fa la la la la la, fa la la la la la la la la la,
p (staccato)
weep ye?) Fa la la la la la, fa la la la la la la la,
32
1.
2.
f
fa la la la la la, fa la la la la la la la la la. Do you la.
f
fa la la la la la, fa la la la la la la la. Do you la.
f
fa la la la la la, fa la la la la la la la la la. Do you la.
f
fa la la la la la, fa la la la la la — la la la. Do you la.
f
fa la la la la la, fa la la la la la la la. Do you la.

[歌詞対訳] “Hark, All Ye Lovely Saints Above”
「聞け、天上のいとしい聖徒たちよ」(マドリガル)

Hark, all ye lovely saints above:
Diana hath agreed with Love
His fiery weapon to remove.
Fa la la la la la,

聞け、天上のいとしい聖徒たちよ。
あのダイアナ(処女の女神)が、なんと愛の神
キューピッドとねんごろになって、キューピッドも
熱い弓矢でダイアナを脅さないことにしたそうな。
ファラララララ

Do you not see
How they agree?
Then cease, fair ladies,
why weep ye?
Fa la la la la la.

二人が睦(むつ)んでいるのが
見えませんか？
だから美しいご婦人たちよ、
もう泣くことはないでしょう？
ファラララララ. . .

See, see your mistress
bids you cease,
And welcome Love
with Love’s increase.
Diana hath procured your peace.

見なさい、あなたの女主人ダイアナも
泣くのをお止めと言っているではありませんか。
それより愛の神様をお迎えして、
その従者たちにも来てもらいましょう。
ダイアナ様があなた達にも心の平和が得られるように取り計らって下さったのです。

Cupid hath sworn
His bow forlorn
To break and bend,
ere ladies mourn.
Fa la la la la la.

愛の神キューピッドは
ご婦人方が嘆いたりしないように、
(恋人たちに向ける)自分の弓を曲げ折って、
捨てると誓ってくれました。
ファラララララ. . .

[解説]

“saints”「聖徒たちよ」から始まるので、どんな敬虔な歌かと思いきや、女性たちが自由な愛を賛美する明るい歌でした。 人生を謳歌する市民の明るさと、ウィットを感じさせます。 ことばも旋律もいきいきとしています。

解釈のポイントは神々の名前とその持つ意味です。 “Diana”「ダイアナ」は月の女神ですが、処女の女神でもあります。 “Love” というのは抽象名詞の「愛」ではなく、「愛の神 キューピッド」“Cupid”の別名です。 処女の神様までも愛の神と愛し合っているのだから、その家臣である私たち乙女も恋人を持ちましょう、という内容です。 ここでのキューピッドは幼児の姿ではなく、りりしい若者の姿をイメージした方がよさそうです。

「愛の神キューピッド」の矢は、人の心を射抜いて恋に落とすのが普通ですが、この歌では「乙女を傷つけるもの」という兇器の意味で歌われています。

［単語集］ “Hark, All Ye Lovely Saints Above”「聞け、天上のいとしい聖徒たちよ」

Hark	[**ハー**ク]	「聞け」； 動詞“hark”「聞く」の命令形
ye	[ィ**イー**]	「あなた方」； 二人称複数の代名詞； 現代なら “you”
Diana	[ダイ**ア**ナ]	「ダイアナ」； 月の女神であるとともに処女と純潔の女神でもある。
hath	[**ハ**す]	＝ “has”の古い形； “have” の三人称単数現在形
Love	[**ラ**ヴ]	ここでは「愛の神・キューピッド」のこと
fiery	[**ファイ**アりー]	「火のような、燃えるような、熱い」
weapon	[**ウェ**ポン]	「武器」

{語順} Diana hath agreed with Love / His fiery weapon to remove.

└→ {現代語順} Diana hath agreed with Love to remove his fiery weapon.

（「詩的破格」53ページ参照）

Fa la la la la la	[ファラララ]	古い歌に多い陽気なかけ声；日本の「ラララ」に相当
mistress	[**ミス**トれス]	「女主人」； “master”「主人」の女性形
bid	[**ビッ**ド]	「命じる」
increase	[インク**りー**ス]	通常は「増加する」(動)の意だが、ここでは「子孫、従者」(名)の意。
bow	[**ボ**ウ]	弓
sworn	[ス**ウォー**ン]	「誓った」； “swear”「誓う」の過去分詞
forlorn	[フォー**ロー**ン]	「捨てられた」(形)

{語順} Cupid hath sworn / His bow forlorn / to break and bend,

└→ {現代語順} Cupid hath sworn to break and bend his forlorn bow,

ere	[**イー**ァ]	「～の前に」； “before” と同義の詩語・古語
mourn	[**モー**ン]	「弔(とむら)う、悲しむ」

◆ パーセル Henry Purcell(1659 頃～1695) ◆

「イギリスの音楽史上、最も偉大な作曲家は誰か？」と聞かれたら、パーセルの名を挙げるイギリス人も少なくないでしょう。 16～17世紀初頭エリザベス朝の黄金期のあと、イギリスは内乱と清教徒革命(1649)の時期に入り、文化は低迷します。 特にクロムウェル(Oliver Cromwell, 1599-1658)が率いる清教徒の極端なグループは音楽を理解せず、イギリス中の教会のオルガンを次々に破壊して行きました。(イギリスのバロック音楽でオルガン曲が貧弱なのはこのため、と言われています。) クロムウェルの死後、清教徒革命で処刑されたチャールズ一世の子、チャールズ二世が即位して、「王政復古」(“The Restoration”)の時代を迎え、ようやく文化も再興してきました。 文学の世界ではミルトン(John Milton, 1608-1674,『失楽園』『勇士サムソン』の作者)やドライデン(John Dryden, 1631-1700)が活躍した時代です。 パーセルも王政復古期に活躍した音楽家です。

パーセルの幼少年期は謎に包まれています。 記録によれば1673年に声変りのため王室礼拝堂の聖歌隊を退団していますから、子供時代にそこで歌っていたことは分かっています。ウェストミンスター寺院の調律師を経て、1677年には18歳(？)で王室弦楽団の作曲家に就任、続いて1779年にはウェストミンスター寺院のオルガニスト、1882年(23歳？)には定員3名の宮廷作曲家の一人に選ばれ、1885年(26歳？)には王室の専属作曲家へと着実にキャリアを積みました。イギリスが混乱期だったせいもあり、パーセルは生れた年も分からず(年齢に「？」が付いているのはそのためです)、伝記的資料も少なく、ただ様々な職位への就任記録だけがその生涯を伝えています。 1695年、36歳(？)の若さで世を去りました。

作品としては、宮廷弦楽団のためのヴィオール作品、アンセムやオードなどの教会用声楽作品、世俗合唱曲、劇音楽「妖精の女王」「インドの女王」などを残しています。 特に、オペラ「ディドーとアエネアス」(“Dido and Aeneas”, 1689または1690)は、女学校の学芸会のために書かれた、元来アマチュア用の作品でありながら、現代のプロの舞台でもしばしば取り上げられる傑作です。

パーセルの音楽は、声部のバランスのよい調和のとれた美しさも魅力ですが、それよりも形式にとらわれない自由奔放さが特徴です。 パーセルの器楽曲のなかで、おそらく最も演奏される機会の多いトリオソナタ第2巻第9曲(「黄金のソナタ」)も、その自由なリズムとフレーズで聞く人を飽きさせません。 声楽曲では、歴史上英語の最も美しい表現を音楽の上で実現した作曲家の一人と言えるでしょう。 緊張感の高いレチタティーヴォ風の歌や、情感溢れるアリア風の歌など多数の作品があります。

ここで取り上げるのは「夕べの賛歌」“An Evening Hymn”(Z.193)という歌曲です。 低音に同じ音型を繰り返すグラウンド・ベースを置き、その上に旋律を乗せるパーセル得意の様式です。歌詞は近代の宗教詩らしい個人の感情と信仰が絡み合う内容ですが、パーセルはこれを清明で深い、豊かな音楽表現へと昇華させています。

【パーセル】“An Evening Hymn”「夕べの賛歌」(Z.193)

[歌詞対訳]

Now that the sun
　　　　hath veil’d his light,
And bid the world good night,
To the soft bed my body I dispose.
But where shall my soul repose?
Dear God, even in thy Arms,
And can there be
　　　　any so sweet security!
Then to thy rest,
O my soul! And singing praise
The Mercy that prolongs thy days.
Halleluia, Halleluia.

今や太陽も自分の光に蔽いをかけ、
おやすみ、と世界に夜の挨拶を告げました。
私もやわらかなベッドに身を横たえます。
でも、私のこころはどこで休んだらよいのでしょう？
いとしい神さま、あなたの腕の中ですね。
これほど甘く確かなところがほかにあるでしょうか？
そして私の魂よ、やすむ前に
おまえの日々を長らえさせて下さっている
あの神さまの慈しみを讃えて歌いなさい。
ハレルヤ、ハレルヤ。

[単語集]

hath	[**ハ**す]	= “has”の古い形； “have” の三人称単数現在形
veil’d	[**ヴェイ**ルド]	「覆い隠した」； veil「覆い隠す」の過去分詞、短縮形。
bid	[**ビッ**ド]	「命じる、述べる」
dispose.	[ディス**ポウ**ズ]	「処分する、置く」
repose	[り**ポウ**ズ]	「休む」
security	[セ**キュー**りティ]	「安全さ」
thy	[**ざイ**]	「あなたの」; 二人称単数の代名詞、所有格の古い形。
mercy	[**マー**スィー]	「慈悲、恩寵」
prolong(s)	[プろ**ロん**ぐ(ズ)]	「延ばす」
Halleluia	[ハリ**ルー**ヤ]	「ハレルヤ」；ヘブライ語で「神を賛美せよ」の意； “Hallelujah” というスペルが一般的。

【パーセル】歌曲：“An Evening Hymn”「夕べの賛歌」(Z.193)

31
arms, and can there be a - ny so sweet se -
36
- cu - ri - ty! Can there be a - ny so sweet, so
41
sweet se - cu - ri - ty! Then to thy rest,
46
o my soul! Then to thy
51
rest, o my soul! And sing - - - - - -
56
- (ing) praise the mer - cy that pro-longs thy days, and sing - -

61
- (ing) praise the mer - cy that pro - longs thy days.
66
Hal - le - lu - ia, Hal - le-
71
- lu - - - ia, Hal - - - - - le - lu - ia, Hal -
76
- - - - - - - - - le - lu - ia, Hal - le - lu - ia, Hal - le-
81
- lu - - - - ia, Hal - - - - - - le - lu -
85
- ia, Hal - - - - - - - - - le - lu - ia,

90
Hal - le - lu - ia, Hal - le - lu - ia,
95
Hal - - - - - - - - - - - - - - - - le
99
- lu - ia, Hal - le - lu - ia, Hal - le - lu - ia, Hal - le - lu - ia, Hal -
103
- -
107
- - - - - - le - lu - ia, Hal - - - - -
111
- - - - - - - - - - - le - lu - - - ia.

◆ ヘンデル George Frideric Handel(1685-1759) ◆

ヘンデルは、もとはドイツ中部の都市ハレに生れたドイツ人ですが、青年時代からドイツ、イタリア各地を旅行し、音楽家として名を成します。 25歳のときに初めて訪れたロンドンがすっかり気に入り、2度目のイギリス滞在中(27歳)には、ハノーヴァー宮廷楽長の職を放棄してロンドンに居着いてしまいます。 ハノーヴァー時代の主君ゲオルク侯が英国王ジョージ1世としてイギリスに来たのには驚いたでしょうが、すぐに関係を修復し、やがて帰化して国籍上もイギリス人となりました。(※) 作曲家、演奏家として活躍し、晩年は失明しますが、それでも劇場でのオルガンの即興演奏や作曲を続け、1759年74歳で死去。 イギリス人としてロンドンのウェストミンスター寺院に葬られました。

※ 信憑性の薄い伝説ですが、気まずくなった関係を修復するために、王の川遊びのときヘンデルが「水上の音楽」を演奏し、王から許されたという話は有名です。

イギリス人はヘンデルを、パーセルやエルガー、ブリテンなどと同じようにイギリスの作曲家として敬愛しています。ドイツ風の［ヘンデル］という呼び方を使うと、「［ハンデル］(イギリス風)が正しい」と注意されるほどです。 大英博物館・大英図書館に最も重要な二点として保存されているコレクションは、イギリス最古の歌「夏は来たりぬ」(“Sumer is icumen in”, 62ページ参照)とヘンデル作曲のオラトリオ「メサイア」の自筆譜です。

「水上の音楽」、「王宮の花火の音楽」、「調子の良いかじ屋」など器楽作品が有名ですが、「ハレルヤ・コーラス」や「オンブラ・マイ・フ」などの声楽曲もよく知られています。 表彰式で優勝をたたえる音楽「見よ、勇者は帰る」も、オラトリオ「ヨシュア」「ユダス・マカベウス」で歌われた合唱曲です。 実はヘンデルが生涯をかけて取り組んだのは、器楽曲よりも、むしろこうした声楽作品、オペラやオラトリオでした。

若き日のヘンデルは、ロンドンで盛んだったイタリア語のオペラで名を挙げ、以後もオペラで稼ごうと奮闘しますが、イギリスの聴衆がこの外国語の芝居に飽きて来ると、やがて活動の中心を、演技なし・歌詞は英語の音楽劇・オラトリオへと移しました。 作品数ではオペラ約50曲、オラトリオ約30曲ですが、最後のオペラが55歳の作品なのに対し、オラトリオの方は、「メサイア」「サムソン」「エジプトのイスラエル人」等ほとんどが50代半ば以降に書かれています。 この年齢で随分思い切った方向転換をしたものですが、英語のオラトリオは、趣味と教養を求めるロンドンの新興市民層に受け入れられ、ヘンデルの後半生は充実したものとなりました。

こうして出来たオラトリオの作品群は、音楽史に残る不朽の名曲であるばかりでなく、英語で書かれた声楽作品として、なくてはならないレパートリーとなっています。 ヘンデル自身の話す英語は相当ドイツ語なまりだったようですが、いざ作曲された作品になると、その英語の歌詞の語感が見事に音楽の表現に結びついています。

ここでは、そのなかでも特に有名な「メサイア」から2曲、「ユダス・マカベウス」から1曲を取り上げます。 しかしヘンデルの名曲はこれだけではありません。 ぜひ皆さんのレパートリーに加えて頂きたいと願っています。

【ヘンデル】オラトリオ「メサイア」“Messiah”から “Hallelujah”「ハレルヤ」(抜粋)

(譜例１)

(譜例２)

(譜例３)

(譜例４)

(譜例５)

[単語集]

Hallelujah　[ハリ**ルー**ヤ]　「ハレルヤ」;ヘブライ語で「神を賛美せよ」の意。
[ル]は深い音で[ロ]に近く、[ハリ**ロー**ヤ]くらいのつもりで練習するとよい。

omnipotent　[オム**ニ**ポテント]「全能の」(形)

reigneth　[**れイ**ネす]　“reigns”の古い形；
“reign”「統治する」の三人称単数現在

is become　[イズ　ビ**カ**ム]　「～になった」；古い英語では、場所の移動・状態変化の動詞の現在完了は“have”でなく“be”を取る。
(56ページ⑤参照)

He　[**ヒー**]　「彼(＝神)」;神を示すときは大文字。(56ページ⑥)

shall　[**シャ**ル]　「～であろう」; 預言の “shall” (56ページ⑥参照)

［歌詞対訳］ ヘンデル「メサイア」から「ハレルヤ」 “Hallelujah”

Hallelujah! （譜例1）
For the Lord, God omnipotent reigneth. （譜例2）
The kingdom of this world is become （譜例3）
The kingdom of our Lord and of His Christ.
And He shall reign for ever and ever. （譜例4）
King of kings, Lord of lords. （譜例5）
Hallelujah!

ハレルヤ！　われらの主、全能の神は支配者となられた。
この世の国は、われらの主とそのキリストの王国となった。
主は世々限りなく君臨される。
王の中の王、主の中の主。　ハレルヤ！

［解説］

「ハレルヤ・コーラス」としてあまりにも有名な曲。 オラトリオ「メサイア」は、第1部でイエス到来の預言とイエスの教えを語り、第2部はイエスの受難から復活・昇天・永遠の勝利を伝え、第3部では信者の復活と永遠の生命への確信を歌って行きます。「ハレルヤ」は第2部の末尾を華々しく飾る曲です。

「ハレルヤ」とは、ヘブライ語で「神を賛美せよ」の意味。

歌詞は新約聖書「ヨハネの黙示録」からの抜粋です。 伝道への弾圧をしりぞけ、全世界の王座についた 神・イエスの勝利 と その永遠の統治とを高らかに讃えています。「ヨハネの黙示録」は新約聖書の末尾に置かれた難解な書で、最後の審判のときの、天上の神と天使たちのさまが書かれています。 ここ「ハレルヤ・コーラス」では、次々に現われては歓喜の叫びを上げる天使たちの声が、数箇所から抜粋されています。

途中のフーガ “And he shall reign for ever and ever”(譜例4)の旋律は、ドイツ・プロテスタントのコラール「目覚めよと呼ぶ声が聞こえ」(“Wachet auf, ruft uns die Stimme”, バッハのカンタータ140番にもなっている旋律)に由来する、とも言われており、ドイツの伝統とのつながりも示しています。

ロンドンでの「メサイア」上演のとき、臨席していた国王ジョージ二世がこの「ハレルヤ・コーラス」に感激して思わず立ち上がったというエピソードが語り継がれており、現在でも「ハレルヤ」は立って聞くという習慣が一部で残っています。 (この習慣については賛否両論です。)

【ヘンデル】オラトリオ「メサイア」から アリア “I know that my redeemer liveth”

30
lat - - ter day up-on the earth,
37
I know that my re-deem-er liv-eth, and that he shall
45
stand at the lat - ter day up-on the earth,
52
up-on the earth, I know that my re-deem - er liv-eth, and that he shall

59
stand at the lat - - ter day up - on the earth,
65
up-on the earth;
f
72
and though worms de - stroy this
78
bo - dy, yet in my flesh shall I see God, yet
p
p

85
in my flesh shall I see God.
f
92
I know that my re - deem - er liv - eth. And though
p
98
worms de - stroy this bo - dy yet in my flesh shall I see
104
God, yet in my flesh shall I see God, shall I see
p
p

111
God. I know that_ my re - deem - er liv - eth,
118
For now is Christ ris - en from the dead,
125
the first fruits of them that sleep,
131
of them that sleep, the first fruits of_ them that

137
sleep,
for now is Christ ris - en, for
144
now is Christ ris - en from the dead,
the first
151
Adagio
a tempo
fruits of them that sleep.
158

[歌詞対訳] ヘンデル「メサイア」からアリア “I know that my redeemer liveth”

I know that my redeemer liveth,
And that He shall stand at the latter day upon the earth.
And though worms destroy this body,
Yet in my flesh shall I see God,
For now is Christ risen from the dead,
The first fruits of them that sleep.

　私は知っている、私を贖(あがな)って下さる方が
生きておられることを。
来たるべき日に彼は必ず地の上に立たれるだろう。
　たとえ虫けらどもが私の肉体を滅ぼそうとも、
私は、なおこの体で神を見るだろう。
いまやキリストが、眠っている者の初穂として
死者たちの中からよみがえられたのだから。

[単語集]

redeemer	[りディーマー]	「贖(あがな)ってくれる人」; 神・イエスのこと
liveth,	[リヴェす]	“lives”の古い形 ; “live”「生きる」の三人称単数現在。
He	[ヒー]	「彼(＝神)」;神を示すときは大文字(56 ページ⑥参照)
shall	[シャル]	「～であろう」; 預言の “shall” (56 ページ⑥参照)
the latter day	[ざ ラター デイ]	「のちの日」、つまり最後の審判の日のこと
worms	[ワぁームズ]	「虫」(うじ虫、みみず、毛虫のように長いもの)
flesh	[フレッシュ]	「肉、肉体、からだ」; “fresh”「新鮮な」との混同に注意

(語順) Yet in my flesh shall I see God,
└→ (現代語順) Yet I shall see God in my flesh,
日本語訳聖書では「肉を離れて神を見る」となっているが、
英語聖書は「この体で神を見る」となっている。 訳もこれにならった。

(語順) For now is Christ risen from the dead,
└→ (現代語順) For Christ is risen from the dead now,

is risen	[イズ りーゼン]	「立上った」;古い英語で、場所の移動・状態変化の動詞の現在完了は“have”でなく“be”を取る。(56 ページ⑤参照)
fruits	[フるーツ]	「果実、収穫」; ここでは麦の穂のイメージ

[解説]

　ヘンデルのオラトリオ「メサイア」第3部冒頭の有名なアリアです。 第2部終曲の華やかな「ハレルヤ・コーラス」のあと静かに始まるこの曲は、旋律が美しいばかりでなく、ゆるぎない信仰と復活への確信に満ちており、ゆっくりの曲を得意としたヘンデルの作品の中でも特に感動的な曲となっています。 テキストは旧約聖書の「ヨブ記」19章から抜粋したもの。ウェストミンスター寺院のヘンデルの墓所には、この曲の楽譜を手にしたヘンデルの像が立っています。

【ヘンデル】オラトリオ「ユダス・マカベウス」“Judas Maccabaeus”(HWV.63)から

“See the conq'ring hero comes”「見よ、勇者は帰る」(第 58 曲)

17
Sports pre - pare, the lau - - rel bring,
Sports pre - pare, the lau - - rel bring,
Sports pre - pare, the lau - - rel bring,
21
Songs of tri - umph to him sing,
Songs of tri - umph to him sing,
Songs of tri - umph to him sing,
25
Sports pre - pare, the lau - - rel bring,
Sports pre - pare, the lau - - rel bring,
Sports pre - pare, the lau - - - rel bring,
29
Songs of tri - umph to him sing.
Songs of tri - umph to - - him sing.
Songs of tri - umph to him sing.

33
Duet (or Chorus) of Virgins
S.1
S.2
See the god - like youth ad - vance,
See the god - like youth ad - vance,
37
Breathe the flutes and lead the dance:
Breathe the flutes and lead the dance:
41
Myr - - tle wreaths and ro - - ses twine, To
Myr - - tle wreaths and ro - - ses twine, To
45
deck the he - ro's brow di - vine,
deck the he - ro's brow di - vine,
49
Myr - tle wreaths and ro - - - ses twine, To
Myr - tle wreaths and ro - - - ses twine, To
53
deck the he - ro's brow di - vine.
deck the he - ro's brow di - vine.

Chorus
57
S.
A.
T.
B.
f
See, the con - qu'ring he - - ro comes,
61
Sound the trum - pets, beat the drums;
65
Sports pre - pare, the lau - - rel bring,

69
Songs of tri - umph to him sing.
Songs of tri - umph to him sing.
Songs of tri - umph to him sing.
Songs of tri - umph to him sing.
73
See, the con - qu'ring he - - - ro comes,
See, the con - qu'ring he - - - ro comes,
See, the con - qu'ring he - - - ro comes,
See, the con - qu'ring he - - - ro comes,
77
Sound the trum - pets, beat the drums.
Sound the trum - pets, beat the drums.
Sound the trum - pets, beat the drums.
Sound the trum - pets, beat the drums.

[歌詞対訳] ヘンデル「ユダス・マカベウス」から「見よ、勇者は帰る」

“See the conq’ring hero comes”

歌詞・台本： Thomas Morell
作曲： G. F. Handel

CHORUS OF YOUTHS	若者たちの合唱（女声3部合唱）
See, the conqu’ring hero comes.	見よ、勇者が還ってくる。
Sound the trumpets, beat the drums.	ラッパを吹け。 太鼓を鳴らせ。
Sports prepare the laurel bring,	祝勝の競技会の用意を。月桂樹も持ち寄れ。
Songs of triumph to him sing.	勇者にむかって勝利の歌を歌え。

{現代の語順}

See, the conquering hero comes.
Sound the trumpets, beat the drums.
Prepare sports, bring the laurel,
(and) sing songs of triumph to him.

DUET (or CHORUS) OF VIRGINS	おとめたちの二重唱（または 合唱）
See, the godlike youth advance	見ましょう、神のような若者たちが歩んでゆくのを。
Breathe the flutes and lead the dance	横笛を吹きましょう。 先頭に立って踊りましょう。
Myrtle wreaths and roses twine	ミルテ(天人花)の花輪にバラも入れて
To deck the hero’s brow divine	勇者の神々しい頭を飾りましょう。

{現代の語順}

See, the godlike youth advance
Breathe the flutes and lead the dance,
Twine myrtle wreaths and roses
To deck the hero’s divine brow

CHORUS	混声合唱
See, the conqu’ring hero comes.	見よ、勇者が還ってくる。
Sound the trumpets, beat the drums.	ラッパを吹け。 太鼓を鳴らせ。
Sports prepare the laurel bring,	祝勝の競技会の用意を。 月桂樹も持ち寄れ。
Songs of triumph to him sing.	勇者にむかって勝利の歌を歌え。

[解説] ヘンデル:オラトリオ「ユダス・マカベウス」から
「見よ、勇者は帰る」 See the conq'ring hero comes"

スポーツやさまざまなイベントで優勝を称える曲として有名な曲で、日本では「勝利をたたえる歌」「得賞歌」の名でも知られています。 讃美歌にもなっています(130 番)。 ブラスバンドやオーケストラの重厚な響きで演奏されることが多いようですが、原曲は意外に軽快です。 前半が若人の合唱(女声3部)、中間部が乙女たちの二重唱、最後の全奏にはスネア・ドラムまで入ってにぎやかに締めくくられます。

もとは、オラトリオ「ヨシュア」(Joshua, 1747年作曲)の戦勝の場面で歌われましたが、後に「ユダス・マカベウス」でも使うようになりました。「ユダス・マカベウス」はヘンデルのオラトリオの中で、ヘンデルの存命中最も成功したものの一つです。 当時の例に漏れず、度重なる再演のたびに改作されましたが、この曲を移植・挿入したことは大成功だったようです。

本文中の「子音を前に出す処理」(語頭)/「子音を中に収める処理」(語尾)でもこの曲を例に取り上げましたが(40-43 ページ参照)、その他にもフレーズ感、こもらない母音の発音など注意すべき点の多い曲で、英語のディクションの訓練に役立ちます。 文法上は「詩的破格」(語順の変動)を含んでいますから、各段落の下に付けた現代英語の語順を参考にして下さい。音域も広すぎず、親しみやすい旋律ですから、皆さんにぜひ歌って頂きたい曲です。

[単語集]

conqu'ring	[**コン**クりング]	"conquer"「征服する、勝つ」
hero	[**ヒー**ろー]	「英雄、勇者」
prepare	[プ**り**ペァー]	「準備する」(命令形)
laurel	[**ロー**れル]	「月桂樹」 勝者のしるし
triumph	[ト**らイ**アンフ]	「勝利」
advance	[アド**ヴァン**ス]	「前に進む」
breathe	[ブ**りー**ず]	「息をする、吹く」(命令形)
myrtle	[**マぁー**トル]	「ミルテ、天人花」
wreaths	[**り**ーツ]	「花輪、花冠、リース」
roses	[**ろウ**ゼズ]	「バラ」
twine	[トゥ**ワイ**ン]	「編む、花輪を作る」(命令形)
deck	[**デッ**ク]	「着せる、のせる」
brow	[ブ**らウ**]	「額(ひたい)」
divine	[ディ**ヴァイ**ン]	「聖なる」

◆ ナーサリー・ライム と イギリス各地の歌 ◆

ここからは、現代でも歌われている英語の歌です。

「ナーサリー・ライム」“Nursery Rhyme”とは、日本の童謡や遊戯の歌に相当し、イギリスの子供たちが幼稚園や子供同士で遊びながら歌うものです。日本人なら誰でも、「あんたがたどこさ」「せっせっせのよいよいよい」「だるまさんがころんだ」「花いちもんめ」などの曲を、誰から習うともなく知っているのと同じように、イギリス人もこうした曲に親しみながら育っています。いわばイギリス人の歌ごころの原点と言えるでしょう。「マザーグース」のさまざまな歌もこのナーサリー・ライムです。ここでは日本でも知られている“London Bridge is falling down”「ロンドン橋落ちた」を取り上げます。

同じようにイギリス人の耳になじんでいる歌として古謡・民謡があり、世界的に有名なものも少なくありません。“Annie Laurie”「アンニー・ローリー」、“Home, Sweet Home”「埴生の宿」、“Long Long Ago”「久しき昔」、“The Bluebells of Scottland”「スコットランドの釣りがね草」、“Auld Lang Syne”「蛍の光」、“The Last Rose of Summer”「庭の千草」、“Londonderry Air”「ロンドンデリーのうた」などは日本でもよく歌われている曲です。

ここでは “Annie Laurie”「アンニー・ローリー」と、“Home, Sweet Home” 「埴生の宿」の2曲を取り上げました。

【ナーサリー・ライム】“London Bridge is Falling Down”「ロンドン橋落ちた」

[歌詞対訳] London Bridge is Falling Down「ロンドン橋落ちた」

1. London Bridge is falling down,	ロンドン橋が落ちた
Falling down, falling down.	落ちた、落ちた。
London Bridge is falling down,	ロンドン橋がおちた
My fair Lady.	まあ、どうしましょう。
2. Build it up with iron bars,	架け直しましょう、鉄の棒で。
Iron bars, iron bars,	鉄の棒で、鉄の棒で。
Build it up with iron bars,	鉄の棒で架け直しましょう。
My fair lady.	さあさあ。
3. Iron bars will bend and break,	いえいえ、鉄の棒は曲がるし、
My fair lady.	折れるじゃありませんか。
4. Build it up with pins and needles.	それじゃあ、ピンと針で作ったら？
5. Pins and needles rust and bend.	ピンや針は錆びて曲がってしまいます。
6. Build it up with gold and silver.	金と銀で作ってはいかが？
7. Gold and silver I've not got.	金や銀はあいにくございませんよ。
8. Here is the prisoner I have got.	ほらここに囚人がいます。
9. What's the prisoner done to you?	その囚人はあなたに何をしたの？
10. Stole my watch and broke my chain.	鎖を切って懐中時計を盗みました。
11. What'll you take to set him free?	どうすれば釈放できるの？
12. One hundred pounds will set him free.	100 ポンド払ってくれればね。
13. One hundred pounds I have not got.	100 ポンドはありません。
14. Then off to prison he must go.	それじゃ、囚人はやっぱり牢屋行き。
15. London Bridge is falling down,	ロンドン橋落ちた、落ちた、落ちた。
My fair lady.	まあ、どうしましょう！

[解説]

イギリスで遊戯にもなっている代表的な子供の歌です。(子供たちが輪になって回りますが、二人だけは輪から離れて橋の役になり、この二人が両手をつないでいる下を子供たちが通って行きます。 歌が "Here is the prisoner"「囚人がここに」のところに来ると橋役が両手を下ろし、捕まった人が次の橋の係になります。)

実際のロンドン橋は最初13世紀に架けられて以来、何度もテムズ川の氾濫で落ちて流されていることから、この歌が生まれました。 他愛もない歌詞ですが、今度こそ流されないようにするために人柱を埋めたらしいとか、橋のたもとに罪人がさらし首になっていた、などという恐ろしい話もあり、そのあたりが、8番「ここに囚人が」以降に反映しています。

ここに乗せた歌詞はごく一般的なバージョンですが、口承伝承の歌によくありがちの通り、ほかにも色々なバージョンの歌詞があります。 (各節の最後の "My fair Lady"は逐語的には「まあ、お嬢さん」という意味ですが、単なる合いの手と考えた方がいいでしょう。)

【イギリスの歌・スコットランド地方】“Annie Laurie”「アンニー・ローリー」

[単語集]

brae	[ブれイ]	「丘」(スコットランド方言)
bonnie	[ボニー]	「気持ちがいい、美しい、かわいい」(スコットランド方言)
fa's	[ファーズ]	“falls”「落ちる」の省略形(スコットランド方言)
'twas	[トウォズ]	= “it was”の省略形
gi'ed	[ギード]	= “gived” [ギヴド]の省略形; 現代の英語標準語なら “gave”
ne'er	[ネーア]	= “never” [ネヴァー]の省略形
doon	[ドゥーン]	= “down” [ダウン]「下に」のスコットランド方言
dee	[ディー]	= “die” [ダイ]「死ぬ」 のスコットランド方言
e'er	[エーア]	= “ever” [エヴァー]の省略形
e'e	[イー]	= “eye” [アイ]「目」の省略形
gowan	[ガウアン]	= “daisie”[デイズィー]「ひなぎく」のスコットランド方言
brow	[ブらウ]	「額(ひたい)」
snawdrift,	[スナー ドりフト]	= “snowdrift”「積もった雪」のスコットランド方言
throat	[すろウト]	「のど」; ここでは「頚 (くび)」のこと
swan,	[スウォン]	「白鳥」
fa'	[ファー]	= “fall” [フォール]「落下」(名)の省略形
th' fa' o' her fairy feet	[ず ファ オ ハー フェアりー フィート]	= “the fall of her fairy feet” の語尾省略; 妖精のような彼女の足取り

[歌詞対訳] “Annie Laurie”「アンニー・ローリー」

作詞： William Douglas
作曲： Lady John Douglas Scott

1. Maxwelton's braes are bonnie,
Where early fa's the dew,
And ‘twas there that Annie Laurie
Gi'ed me her promise true;
Gi'ed me her promise true,
Which ne'er forgot will be,
And for bonnie Annie Laurie,
I'd lay me doon and dee.

1. マックスウェルトンの丘は気持ちよく
朝露が美しい。
アンニー・ローリーが私に
真実の胸の内をあかしてくれたのも
この丘だった。
その約束を私は忘れはしない。
美しいアンニー・ローリーのためなら
私は倒れ、死んでも構わない。

2. Her brow is like the snaw-drift,
Her throat is like the swan,
Her face it is the fairest
That e'er the sun shone on;
That e'er the sun shone on,
And dark blue is her e'e,
And for bonnie Annie Laurie,
I'd lay me doon and dee.

2. アンニーの額は雪のように白く、
首は白鳥のようだ。
顔はいまだかつて
太陽の日を浴びた者のうちで
誰よりも美しく
濃い紺色の目をしている。
美しいアンニー・ローリーのためなら
私は倒れ、死んでも構わない。

3. Like dews on th' gowan lying
Is th' fa' o' her fairy feet,
And like winds in summer sighing,
Her voice is low and sweet;
Her voice is low and sweet,
And she's a' the world to me,
And for bonnie Annie Laurie,
I'd lay me doon and dee.

3. アンニーの妖精のような足取りは
ひなぎくに載った朝露のように軽い。
アンニーの声は、
夏の風のようにため息をついて
その響きは低く甘い。
アンニーは私にとって世界すべてだ。
美しいアンニー・ローリーのためなら
私は倒れ、死んでも構わない。

[解説]

アンニー・ローリー(またはアニー・ローリー)は女性の名で、実在の人物。 スコットランド、Dumfries ダンフリーズの街はずれの城館 “Maxwelton House”の城主 Sir Robert Laurie の娘、Annie Laurie(1682-1764)に恋した William Douglas なる人物がこの詩を書きました。 曲を付けたのは19世紀の女性 Lady John Douglas Scott(1810-1900)です。 歌詞の中では、アンニーが William に愛を誓ったように書いてありますが、そのアンニーは27歳で他の人と結婚しています。 二人の愛がこの詩の後で壊れたのか、それとも詩そのものが William の希望的空想だったのか、今となっては知るよしもありません。

ところどころスコットランド方言が入っています。 単語自体スコットランド方言のところはそれらしい発音を混ぜて解説しました。 ほかの単語もすべてスコットランド風で歌うのが本格のような気もしますが、普通の英語もままならない日本人が歌うなら、とりあえずはここに示した程度の、並のイギリス風で歌ってはいかがでしょうか？ (スコットランド風の発音は参考文献にある難波 利夫著「イギリス歌曲の研究」に詳しいので、興味ある方は参照して下さい。)

【イギリスの歌・イングランド地方】“Home, Sweet Home”「埴生《はにゅう》の宿」

[単語集]

'Mid　[ミッド]　“amid”「～のさなかに」の省略形
roam,　[ろウム]　「徘徊する」「わたり歩く」
{語順・倒置形} Be it ever so humble,
└→ {通常語順} Although it (may)be ever so humble
skies　[スカイズ]　“sky”「空」の複数形
hallow　[ハロウ]　「神聖にする、聖別する」
thro'　[するー]　“through”「～を通って」の省略形
ne'er　[ネーア]　“never”「決して～ない、一度も～ない」の省略形
exile　[エグザイル]　「亡命者、流人」
{語順} An exile from home, splendor dazzles in vain;
└ {通常語順} Splendor dazzles an exile from home in vain.
lowly　[ロウリー]　「謙遜した、つつましい」
thatched　[さッチド]　「茅葺き屋根の」
gaily　[ゲイリー]　「楽しそうに」

[歌詞対訳] "Home, Sweet Home"「埴生の宿」

作詞: John Howard Payne (1792-1852)
作曲: Henry Rowland Bishop(1786-1855)

1. 'Mid pleasures and palaces though we may roam,
Be it ever so humble, there's no place like home;
A charm from the skies seems to hallow us there,
Which, seek thro' the world, is ne'er met with elsewhere.

Home, home, sweet, sweet home,
There's no place like home,
There's no place like home.

城館を渡り歩き、宴席を重ねても、いつも思う、
いかにつつましくとも、わが家にまさるところはない。
わが家では、天から降る神秘の力が私たちを清める心地がする。
そんな気持ちの起こるところは、世界中どこを探してもなかった。

わが家よ、甘きわが家よ。
わが家ほどのところはどこにもない。
わが家ほどのところはどこにもない。

2. An exile from home, splendor dazzles in vain;
Oh! Give me my lowly thatched cottage again;
The birds singing gaily, that come at my call:
Give me them and that peace of mind, dearer than all.

Home, home, sweet, sweet home,
There's no place like home,
There's no place like home.

故郷を失った者には、どんな豪著も虚しく見えるばかりだ。
過ぎし日の、あの草葺きのあずま屋はもう戻ってこないのか。
私が呼ぶと寄ってくる、あの鳥たちの楽しい歌声。
鳥たちも、そしてあの無上の心の安らぎも戻ってはこないのか。

わが家よ、甘きわが家よ。
わが家ほどのところはどこにもない。
わが家ほどのところはどこにもない。

[解説]

日本でも「埴生(はにゅう)の宿」という名で親しまれているイングランドの歌です。 故郷を思い郷愁を誘う歌詞ですが、明るい旋律で感傷的にならないのが、かえって人気の出た秘密かも知れません。 作詞・作曲ともに19世紀前半のものですが、それはちょうど産業革命が進んでいた頃で、故郷を離れ都市に移り住んだ人が沢山いた年代です。 国・時代を問わず、望郷の想いを持つ人すべてに訴える曲として世界中で親しまれています。

※「埴生(はにゅう)」の「埴(はに)」とは粘土質の赤土のことで、「赤羽(あかばね)」「埴輪(はにわ)」なども同じ語源です。「埴生の宿」とは、赤土の地べたにむしろを敷いて寝るような貧しい家つまり故郷のわが家のことを指します。

◆ 讃 美 歌 ◆

英語の歌で日本に浸透しているものに、讃美歌があります。 英語の讃美歌は英国教会“The Anglican Church”(日本では「聖公会」)の礼拝用の歌がそのもとで、カトリックの聖歌、ドイツ・ルター派のコラールに相当するものだったと言えますが、今ではプロテスタント諸派を中心に広く歌われ、日本でも宗派・宗教を問わず多くの人々に親しまれています。

特にクリスマスの曲「天《あめ》には栄《さか》え」(98番)、「牧人《まきびと》羊を」(103番)、「荒野《あらの》の果てに」(106番)、「きよしこの夜」(109番)、「神の御子《みこ》は」(111番)、「もろびとこぞりて」(112番)や、結婚式用の曲「主よ御手《みて》もて」(285番＝「魔弾の射手」のアリアの旋律)、「妹背《いもせ》をちぎる」(430番)、「父、御子《みこ》、御霊《みたま》の大御神《おおみかみ》に」(541番)などは定番と言ってもいいでしょう。

ここでは “Joy to the World”「もろびとこぞりて」と “Silent Night”「きよしこの夜」を取り上げました。 訳は、日本で歌われている訳詞ではなく、原詞に忠実な訳をつけてあります。

【讃美歌】“Joy to the World”「もろびとこぞりて」

[単語・文法] "Joy to the World"「もろびとこぞりて」

Joy to the world! {文法} 祈願文「～がありますように」; "be" は省略可です。
Joy be to the world!
使役文の省略と考えた方が分かりやすいかも知れません。
Let there be joy to the world.
The Lord is come: {文法} 古い英語で、場所の移動・状態変化の動詞の現在完了は "have" ではなく "be"。(56 ページ⑤参照)

Saviour [**セイ**ヴィアー] 「救い主」「救世主」
reigns: [**れイン**ズ] 「統治する、治める」"reign"の三人称単数現在
employ [エンプ**ロイ**] 「雇う、使う」
{語順} Let men their songs employ → {現代語順} Let men employ their songs,
sin [**スィン**] 「罪」
thorn [**そー**ン] 「いばら」; とげのある植物の総称
infest [イン**フェ**スト] 「荒らす、はびこる」
blessings [ブ**レッ**スィんぐ] 「祝福」
curse [**カぁー**ス] 「呪い、悪口、冒涜」
rules [**るー**ルズ] "rule"「統治する」の三人称単数現在
righteousness, [**らイ**チャスネス] 「義、正義」[**らイ**ティアスネス]とは読まない。

[歌詞対訳]

1. Joy to the world! the Lord is come:
Let earth receive the King;
Let every heart prepare Him room,
And heaven and nature sing,
And heaven and nature sing,
And heaven and nature sing.

1. この世に喜びが来たりますように！
主がおいでになりました。
大地も王なる神を迎えなさい。
誰のこころにも神を迎える準備を整え、
天と自然は歌声を上げなさい、
天と自然は歌声を上げなさい。

2. Joy to the world! The Saviour reigns:
Let men their songs employ,
While fields and floods,
rocks, hills, and plains,
Repeat the sounding joy.

2. この世に喜びが来たりますように！
救い主がこの世を治めて下さいます。
人々は賛美の歌を歌いなさい、
そして野も、川も、岩も、丘も平野も
その喜びの歌のエコーを響かせなさい。

3. No more let sin and sorrow grow,
Nor thorn infest the ground;
He comes to make His blessings flow
Far as the curse is found.

3. 罪や悲しみがもう増えませんように。
いばらも野に はびこりませんように。
主がいらして、呪いのあるところ
どこまでも祝福を流れ広めます。

4. He rules the world with truth and grace,
And makes the nation prove
The glories of His righteousness,
And wonders of His love.

4. 神は まことと恩寵(おんちょう)によって
この世を統べ治めて下さいます。
そしてご自身の正義の栄光と、愛の奇蹟を、
ご自身の王国でお示しになります。

【讃美歌】"Silent Night"「きよしこの夜」

[単語集]

calm	[カーム]	「静かな、平静な」
yon	[ヨン]	「あちらに」; "beyond"「～の向こうに」, "yonder"「あちらの」などと同語源
Virgin Mother	[ヴぁーッヂン マざー]	「処女マリア」; 大文字なのは聖母だから
Infant	[インファント]	「嬰児、みどり子、生まれたばかりの子」
heavenly	[ヘヴンリー]	「天上の」; "heaven"の音節はあいまい母音[ə]で
flies	[フライズ]	"fly"「飛ぶ、逃げる、去る」の三人称単数現在
{文法} …, and is light		「そして光がある」; "be"は自動詞「存在する」の意
shepherds	[シェパーッヅ]	「羊飼い、シェパード犬」;発音[シェファーヅ]ではない
Angels	[エインヂェルズ]	「天使たち」; 二重母音[エイ]と破擦音[ヂェ]に注意
Alleluja	[アリルーヤ]	「ハレルヤ」; ヘブライ語で「神を賛美せよ」の意; Hallelujah のスペルが一般的; Halleluia とも書く
hail	[ヘイル]	「万歳」(間投詞)、「挨拶する、歓呼する」(動)
Saviour	[セイヴィアー]	「救い主、救世主」
Guiding Star	[ガイディんぐ スター]	「導く星」; 日々位置を移す星をたよりに東方の三博士が生れたばかりのイエスを訪ねた、という。
lend	[レンド]	「貸す、(光を)放つ」
thy	[ざイ]	「あなたの」; 二人称単数の代名詞所有格の古い形
eastern wise men	[イースタン ワイズ メン]	「東方の三博士」
homage	[ホミッヂ]	「尊敬、敬意、賞賛」

[歌詞対訳] “Silent Night”「きよしこの夜」

1. Silent night, holy night,
All is calm, all is bright
Round yon Virgin Mother and Child.
Holy infant so tender and mild,
Sleep in heavenly peace.

1. 静かな夜よ、聖なる夜よ。
かなたの聖母と御子のまわりでは
すべては静かで、
すべてが明るく輝いています。
聖なる御子は柔和でやさしく
天上の平安のうちに寝入っています。

2. Silint night, holy night,
Darkness flies, and is light;
Shepherds hear the angels sing,
“Alleluja hail the King!
Jesus the Saviour is here.”

2. 静かな夜よ、聖なる夜よ。
闇は去り、光があります。
羊飼いたちは天使の歌声を聞きます:
「ハレルヤ、王を迎えなさい
救い主イエスがここにいます」と。

3. Silent night, holy night,
Guiding Star, O lend thy light;
See the eastern wise men bring
Gifts and homage to our King;
Jesus the Saviour is here.

3. 静かな夜よ、聖なる夜よ。
導きの星よ、光を放って下さい。
東方の三博士が贈り物と賛辞を
われらの王に持って来ています。
救い主イエスがここに来ているのです。

[解説] “Joy to the World”「もろびとこぞりて」/ “Silent Night”「きよしこの夜」

“Joy to the World”はクリスマスを代表する曲で、日本でも「もろびとこぞりて」の訳詞で知られています。 ヘンデル作曲のオラトリオ「メサイア」の第17曲 “Glory to God in the Highest”, 第33曲 “Lift up your heads”, 第2曲 “Comfort ye”などの旋律・動機を集めて後世の人が作りました。 日本語の天真爛漫な訳詞は曲想にも合っていて、人気の高さもなるほどと思わせますが、原詩は日本語の歌詞よりも宗教的な色合いが濃く、キリストの誕生・来臨から教えの広まり、伝道の奨励まで歌っています。

“Silent Night”も「きよしこの夜」として日本で親しまれています。「もろびとこぞりて」が華やかな方の代表格とすれば、聖夜の静かなパストラル風の情趣を伝える代表が「きよしこの夜」だと言えるでしょう。 ゆっくりで静かな曲なので、発音の上手下手がよく聞こえてしまう上に、破擦音・あいまい母音・二重母音など難しい音の多い曲です。 実際に歌う際には、辞書や[単語集]で発音をよくチェックして下さい。

◆ 黒人霊歌 Negro Spirituals ◆

黒人霊歌は、アメリカの黒人たちが奴隷として働かされていた時代に、信仰の歌 あるいは仕事の歌として歌ったものです。 日本でもロジェ・ワーグナー合唱団やバーバラ・ヘンドリックスの独唱で知られ、近年ではジェシー・ノーマンやキャサリーン・バトルの録音も出ていつも安定した人気を維持しています。 英語の発音は崩れ("the" が "da" になるなど)、語順もバラバラになったりしていますが、力強い息吹と深い精神性で誰の心にも訴えてきます。 後述のフォスターは黒人の歌に影響を受け、直接間接にその要素を自作に取り入れました。 またジャズが生れた背景にはこの黒人霊歌がある、と言われています。

ここでは "Deep River"「深い川」を取り上げました。

【黒人霊歌】"Deep River"「深い川」

[単語集] “Deep River”「深い川」

Jordan	[**チョー**ダン]	「ヨルダン川」; パレスチナの中央を流れる川
campground	[**キャン**プグらウンド]	「キャンプ場、野営地」;ここでは「野外集会場」の意
gospel	[**ゴ**スペル]	「福音、キリスト教の教え、宗教的なフォークソング」
feast	[**フィー**スト]	「祭り」
Promised Land	[プ**ろ**ミスト **ラン**ド]	「約束の地」; 旧約聖書のユダヤ人、イスラエル人にとってはカナンの地(ヨルダン川の西側)。
heav'n	[**へ**ヴン]	「天」; “heaven”を省略した形

[歌詞対訳]

Deep river, my home is over Jordan;
Deep river, Lord,
I want to cross over into campground,

深い川よ、
わが家はヨルダン川の向こうにある。
深い川よ、主よ、
私はあの野営地へ渡って行きたい。

Deep river, my home is over Jordan;
Deep river, Lord,
I want to cross over into campground.

深い川よ、
わが家はヨルダン川の向こうにある。
深い川よ、主よ、
私はあの野営地へ渡って行きたい。

Oh, don't you want to go
to the gospel feast,
That Promised Land where all is peace?
Lord, I want to cross over
into campground.

君は「ゴスペルの祭り」に行きたくないか?
あの「約束の地」、すべてが平和なあの地へ
私はあの野営地へ渡って行きたい。

Deep river, my home is over Jordan;
Deep river, Lord,
I want to cross over into campground.

深い川よ、
わが家はヨルダン川の向こうにある。
深い川よ、主よ、
私はあの野営地へ渡って行きたい。

Oh, when I get to heav'n I will walk about,
There's no one there to put me out,
Lord, I want to cross over
into campground.

天国に行ったら、私は歩いて回ろう。
そこでは私を追い払う者もいない。
主よ、私はあの野営地へ渡って行きたい。

[解説]

代表的な黒人霊歌です。黒人の奴隷たちは、自分たちの身の上を、旧約聖書時代、遠くバビロニアに連れ去られ、はるかヨルダン川西岸の故郷カナンを思うイスラエルの民にたとえました。さらに「約束の地」は、故郷ではなく「死後の楽園」として歌われます。奴隷の身分だった黒人たちは、「死」に憧れを感じ、死が来れば、苦役も虐待もない楽園に行けると考えました。そこでは「野営地」“campground”で、いつも集いが開かれ、神が人々を「福音の宴」“gospel feast”に招きます。しかし、その楽園にたどり着くには、深いヨルダン川を渡らねばなりません。強い信仰がなければ渡れない、死の試練は乗り切れないのです。

楽園に入れば自由と平安が得られる、しかし楽園にたどり着くのは容易なことではない。憧憬と畏怖が混じった黒人奴隷の心が歌われます。深い精神性を感じさせ、日本でも根強い人気のある曲です。

◆ フォスター Stephen Collins Foster（1826～1864）◆

スティーヴン・フォスターは、「アメリカのシューベルト」とも言われるほど、たくさんの英語の歌を残しました。「スワニー川」(邦題「故郷の人々」)など多くの歌を巡業の大衆演劇ミンストレル・ショーに売ってヒットさせましたが、印税としてフォスターの手元に来た額はわずかでした。 生涯幸運には恵まれず、37歳で不遇のうちに世を去りました。 単身でニューヨークに滞在していたフォスターが死んだとき、手元の財布に残っていたのは38セントだけだった、と言います。

しかし、その音楽は今もアメリカ人に親しまれ、日本でも愛唱されています。「金髪のジェニー」「草競馬」「おお、スザンナ」「オールド・ブラック・ジョー」などたくさんの作品があります。 ここでは、“Beautiful Dreamer”「夢路より」を取り上げますが、機会があれば他の歌もぜひ歌ってみて下さい。

【フォスター】“Beautiful Dreamer”「夢路より」(「夢見る人」)

[単語集]　“Beautiful Dreamer”「夢路より」(「夢見る人」)

wake	[ウェイク]	「目覚める、起きる」
Thee	[ずィー]	「あなたを」; 二人称単数代名詞“thou”[ざウ]「あなた」の目的格
Lull’d	[ラルド]	“lull”「寝かしつける」; “lullaby”[ララバイ]は「子もり歌」

{語順} Lull’d by the moonlight have all pass’d away!

└→{通常の語順} All have passed away, (being) lulled by the moonlight.(分詞構文)

woo	[ゥウー]	「(女性を)口説く、求婚する」; [w]音は口をよくすぼめて発音する
throng	[すろんぐ]	「人だかり、雑踏、繁忙」
chanting	[チャンティング]	“chant”「歌う」;「ベル·カント」(伊)や、「カントゥス·フィルムス」(羅)、「シャンソン」(仏)などと同語源。
vapors	[ヴェイパーズ]	「湯気(ゆげ)、霧、蒸気」
borne	[ボーン]	「生まれた」; 通常の綴りは “born”; “bear”「生む」の過去分詞; 変化は bear – bore – born(borne)
beam	[ビーム]	「光を放つ、にっこり笑う」(動)
E’en	[イーン]	“even”[イーヴン]の省略形;「～さえ、～までも」

[歌詞対訳]

1. Beautiful Dreamer, wake unto me	1. 夢見る美しい人よ、私の前で目覚めておくれ。
Star-light and dew-drops are waiting for thee	星の光と夜露が君を待っている。
Sounds of the rude world heard in the day	昼間聞こえたこの世の騒がしい音もすべて
Lull’d by the moonlight have all pass’d away!	月の光で眠らされ、消え去っていった。
Beautiful Dreamer, queen of my song.	美しく夢見る人、私が女王と歌い上げる人よ、
List while I woo thee, with soft melody;	私が愛を求めて優しく歌うのを聞いておくれ、
Gone are the cares of life’s busy throng.	今や日々の繁忙も気遣いも消え去ったのだから。
Beautiful Dreamer awake unto me!	美しく夢見る人よ、私の前で目覚めておくれ。
Beautiful Dreamer awake unto me!	美しく夢見る人よ、私の前で目覚めておくれ。
2. Beautiful Dreamer, out on the sea,	2. 美しく夢見る人よ、眼前の海からは、人魚たちの
Mermaids are chanting the wild lorelei,	自然のローレライの歌が聞こえている。
Over the streamlet vapors are borne,	小川の上には靄(もや)が生まれ、
Waiting to fade at the bright coming moon.	月が現れるのを待って薄れていく。
Beautiful Dreamer beam on my heart,	美しく夢見る人よ、私の心に笑いかけておくれ、
E’en as the moon on the streamlet and sea;	まるで月が小川や海に笑いかけるように。
Then will all clouds of sorrow depart.	そうすれば、悲しみの雲も すべて消えてゆくだろう。
Beautiful Dreamer awake unto me!	美しく夢見る人よ、私の前で目覚めておくれ。
Beautiful Dreamer awake unto me!	美しく夢見る人よ、私の前で目覚めておくれ。

[解説] フォスター: “Beautiful Dreamer”「夢路より」

フォスターの最後の作品です。“dactyl”[**ダ**クティル]「**強**弱弱　調」という韻律の詩で、音楽も詩の韻律そのままに8分の9拍子で作曲されています。日本でも親しまれている曲ですが、英語で歌うのは意外にやさしくありません。メトロノームのように正確に歌おうとすればするほど、音楽としてはぎこちなくなります。たとえば “Beautiful”のところで語感を出すには、最初の音節の8分音符を心もち延ばし、なかば付点8分のようにするか、あるいはテヌートにするなどアゴーギクに工夫するとなめらかに歌えます。ただし、やりすぎは禁物であることは言うまでもありません。

×

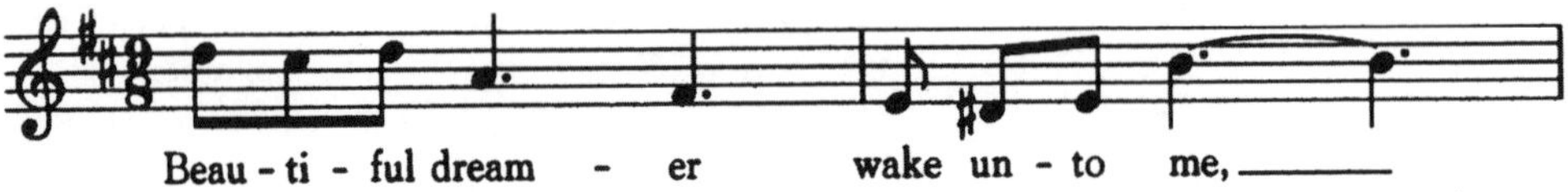

○

◆ イギリス・アメリカの国歌 ◆

歌の章の最後はイギリスとアメリカの国歌です。 著者は国家主義者でも「君が代」支持論者でもありませんが、海外に出ると理屈抜きに、とかく国歌を耳にする機会が多いので、英語圏を代表する二つの国の国歌を取り上げました。どちらも有名な曲ですが、歌詞の詳細を見たことのある人はどれほどいるでしょうか？

【イギリス国歌】“God Save the Queen”「女王に神のご加護を」

[単語・文法]

{文法} God save our gracious Queen. 祈願文；「～して下さいますように」

reign	[**れイン**]	「統治する、君臨する」
realm	[**れ**ルム]	「領域、領土」
Blest	[ブ**レ**スト]	“bless”「祝福する」の過去分詞； blessed とも書く
the brave	[ざ ブ**れイ**ヴ]	「勇気ある者」； the + 形容詞で、「～な人」の意 “the rich”「お金持ち」, “the young”「若者」
nurse	[**ナぁー**ス]	「看護婦、乳母、養育するもの」
chivalry	[**シ**ヴァルりー]	「騎士道」
kinsfolk	[**キン**ズフォウク]	「親族、親類」； “kinfolk” [**キン**フォウク]とも
utmost	[**アッ**トモウスト]	「最大限の、極限の」
strife	[スト**らイ**フ]	「紛争、競争」
hatred	[**ヘイ**トりッド]	「嫌悪、憎悪」
cease	[**スィー**ス]	「やめる、やめさせる」
spread	[スプ**れッ**ド]	「広げる、広める」

[解説]

誰でも知っているメロディーですが、これがイギリス国歌だと知っている人はあまりいないのではないでしょうか。 現在のエリザベス二世は女王なので、歌詞も “Queen”になっていますが、国王が男性のときには “Queen”の箇所が “King”にかわります。

1番は女王の、2番は国土の、そして3番は国民の加護を神に祈る内容となっていて、2番で「四つの民族を一つに」というところでは、イングランド、スコットランド、ウェールズ、北アイルランドと4つの地域からなるイギリスの複雑な国情を感じさせます。

どういう訳か、この曲は国歌なのに2番・3番には別バージョンの歌詞があります。 こちらは「君臨すれども統治せず」という立憲君主制下の国王と国民の関係を歌っています。

[歌詞対訳] “God Save the Queen”「女王に神のご加護を」

1 . God save our gracious Queen,
Long live our noble Queen,
God save the Queen!
Send her victorious,
Happy and glorious,
Long to reign over us,
God save the Queen!

1 . われらの恵み深き女王に神のご加護を。
われらの気高き女王の寿命永からんことを。
女王に神のご加護を！
女王に勝利を、
幸福と栄光を、
長くわれらを統べたまうように。
女王に神のご加護のあらんことを！

2 . One realm of races four,
Blest more and ever more,
God save our land!
Home of the brave and free,
Set in the silver sea,
True nurse of chivalry,
God save our land!

2 . 四つの民族が一つにまとまり、
時を経るごとにさらなる祝福を受けた、
われらが国土に神のご加護のあらんことを!
勇敢で自由な者たちのふるさと、
銀の海に浮かぶ島、
真の騎士道を育(はぐく)む土地、
われらが国土に神のご加護のあらんことを!

3 . Kinsfolk in love and birth,
From utmost ends of earth,
God save us all!
Bid strife and hatred cease,
Bid hope and joy increase,
Spread universal peace,
God save us all!

3. 同じ国に生まれ、愛で結ばれた、われら親族、
大地のもっとも遠い果てから、
私たちすべてをお守り下さい。
争いと憎しみをやめさせ、
希望とよろこびをいや増し、
広く皆に平和を広げて下さいますように。
われらすべてに神のご加護のあらんことを!

[歌詞2･3番別バージョン]

2’. O Lord our God arise,
Scatter her enemies,
And make them fall;
Confound their politics,
Frustrate their knavish tricks,
On thee our hopes we fix,
God save us all!

2’. 主よ、われらの神よ、どうか立上って
女王の敵を蹴散らし
敗走させて下さい。
彼らの政略を混乱させ
やましい計略をくじいて下さい。
神よ、あなたに希望を託します。
われらに神のご加護のあらんことを！

3’. Thy choicest gift in store,
On her be pleased to pour,
Long may she reign;
May she defend our laws,
And ever give us cause,
To sing with heart and voice;
“God save the Queen!”

3’. あなたの持てる恩寵の粋を
女王に注いで下さい。
そして女王が長く君臨されますように！
どうか女王がわれらの法を擁護し
われらが声をあげ、心から
賞賛の歌を歌えるような統治をなさるように
「女王に神のご加護のあらんことを！」と。

【アメリカ国歌】“The Star-Spangled Banner”「星をちりばめた旗」

（別称「星条旗よ永遠なれ」）

［解説］

日本でもすっかりお馴染みの曲です。 英米戦争(1812-1814)末期の1814年、ボルティモアの要塞がイギリス海軍の猛攻撃を受けた翌日、朝日の中で星条旗が翻っているのを見て弁護士 F.S.Key が感激し、この詩を作ったと言います。 聞きなれた曲ですが、歌詞は大変勇敢で壮大な内容です。 難しい単語が目白押しですが、ぜひ読んで歌ってみて下さい。

なお、この曲の曲名を逐語的に日本語に訳すと「星をちりばめた旗」となり、「星条旗よ永遠なれ」は意訳であることが分かります。 スーザ(John Phillip Sousa, 1854-1932)作曲のマーチ “Stars and Stripes Forever”の方が原題も逐語訳も「星条旗よ永遠なれ」なので本家と言えるかも知れません。 こちらも大変ポピュラーな曲です。

［歌詞対訳］“The Star-Spangled Banner”「星をちりばめた旗」

（別称「星条旗よ永遠なれ」）

作詞： Francis Scott Key(1779-1843)

作曲： J. S. Smith

1. Oh! say, can you see, by the dawn's early light,
What so proudly we hailed at the twilight's last gleaming?
Whose broad stripes and bright stars thro' the perilous fight,
O'er the ramparts we watched, were so gallantly streaming?
And the rocket's red glare, the bombs bursting in air,
Gave proof thro' the night that our flag was still there.
Oh, say, does that star-spangled banner yet wave
O'er the land of the free and the home of the brave?

おお、聞かせてくれ。 早朝の光の中に見えているか？
きのう夕闇の最後の光の中で、われらが誇りに満ちて仰ぎ見たあの旗が？
その旗の太いストライプと輝く星々は、危険な戦闘の間中、
要塞の上に見えていた。 勇壮に たなびいていたその旗はまだあるか？
まばゆい砲弾の光と、中空で炸裂する爆弾が
われらの旗がまだ立っていることを、夜の間中照らし出していた。
おお、聞かせてくれ。 自由な人々の土地と、勇敢な者たちの家々の上に
あの星条旗は、今もなお翻(ひるがえ)っているか？

2. On the shore, dimly seen thro' the mists of the deep,
Where the foe's haughty host in dread silence reposes,
What is that which the breeze, o'er the towering steep,
As it fitfully blows, half conceals, half discloses?
Now it catches the gleam of the morning's first beam,
In full glory reflected, now shines in the stream,
'Tis the star-spangled banner.　Oh! Long may it wave
O'er the land of the free and the home of the brave.

谷に立ち込めた霧の中に、岸が見える。
そこでは、恐るべき静寂の中で、敵の傲慢な首領が寝入っているではないか。
しかし、その上にそびえ立つ崖の頂上で、時折そよ風が吹くたびに
なかば隠れ、なかば現れるあれは何だ？
いまそれは、夜明けの最初の微光をとらえて、
栄光を全面に受け、小川の流れに姿を映している。
あれこそ、星条旗だ。 おお、あの旗が末長く
自由な人々の土地と、勇敢な者たちの家々の上に翻っているように！

※ このあと3番・4番がありますが、紙面の都合で省略しました。 詩のすばらしさで秀でているのはやはり1番です。

[単語集]“The Star-Spangled Banner”「星をちりばめた旗」(別称「星条旗よ永遠なれ」)

dawn	[**ドー**ン]	「夜明け、早暁」
proudly	[プ**らウ**ドリー]	「誇り高く」
hail(ed)	[**ヘイ**ル(ド)]	「挨拶する、歓呼して迎える」の過去形
twilight	[ト**ワイ**ライト]	「夕方、たそがれ」
gleaming	[グ**リー**ミング]	「薄明かり、微光」(名)； “gleam”「ほのかに光る」(動)
broad	[ブ**ろー**ド]	「幅広い」
thro’	[す**るー**]	“through”「～を通って、～を通して」の省略形
perilous	[**ぺ**りラス]	「危険な」
o’er	[**オー**]or[**オー**ア]	“over”「～の上に、～を越えて」の省略形; ここでは[**オー**]と発音
rampart	[**らン**パート]	「塁壁(るいへき)、城壁」
gallantly	[**ギャ**ラントリー]	「勇敢に、堂々と」(副);“gallant”「勇敢な、りりしい、堂々たる」(形)
streaming	[スト**りー**ミング]	“stream”「流れる、ひるがえる」(動)
rocket	[**ろ**ケット]	「ロケット、砲弾」
glare	[グ**レ**ア]	「ぎらぎらする光、まぶしい光」
bombs	[**ボ**ムズ]	“bomb”「爆弾」
bursting	[**バぁー**スティング]	“burst”「爆発する、破裂する」
gave proof	[**ゲイ**ヴ プ**るー**フ]	“give proof”「証拠を示す、証明する」
spangled	[ス**パン**グルド]	“spangle”「(ピカピカ光るものを)飾る、ちりばめる」
banner	[**バ**ナー]	「旗」； star-spangled banner「星条旗＝星をちりばめた旗」
the free	[ざ フ**りー**]	「自由な人々」； the＋ 形容詞で、「～な人」の意
the brave	[ざ ブ**レイ**ヴ]	「勇敢な人々」； the＋ 形容詞で、「～な人」の意
		“the rich”「お金持ち」, “the young”「若者」
shore	[**ショー**]or[**ショ**ァ]	「浜、岸辺」； この曲では４分音符１つに割り振られて
		いるので、発音は[**ショー**]が望ましい。 [**ショ**ァ]で歌うとしても
		最後の[ァ]は最後にほんの少し添えるだけにする。
dimly	[**ディ**ムリー]	“dim”「薄暗い、はっきりしない」(形)； “dimly” (副詞)
the deep	[ざ **ディー**プ]	「深み」； ここでは「谷」の意； the＋ 形容詞で、「～なもの」
		“the true”「真実」, “the white of an egg”「卵の白味」
foe	[**フォウ**]	「敵」
haughty	[**ホー**ティ]	「横柄な、傲慢な」
host	[**ホウ**スト]	「主人」
dread	[ド**れッ**ド]	「恐ろしい、こわい」(形)； “dreadful” (形)と同義
reposes	[り**ポウ**ズィズ]	“repose”「横たわる、休息する」の三人称単数現在
breeze	[ブ**りー**ズ]	「そよ風、微風」
towering	[**タウ**ワりんぐ]	「塔のような、そびえ立つ」(形)
steep	[ス**ティー**プ]	「険しい、急勾配の」
fitfully	[**フィッ**トフリー]	(副)←“fitfull”(形)「変わり易い、断続的な、気まぐれな、発作的な」
conceals	[コン**スィー**ル]	“conceal”「隠す」の三人称単数現在
discloses	[ディスク**ロウ**ズィズ]	“disclose”「暴く、暴露する、明るみに出す」の三人称単数現在

What is that which the breeze(, o’er the towering steep,
As it fitfully blows,) half conceals, half discloses?

{文法} 整理するために、疑問文になる前の肯定文を作ると以下の形となる。

That is the Star-Spangled Banner(＝ 下線部が疑問の対象： 疑問文では“what”になり文頭に出る)
which the breeze(, as it fitfully blows over the towering steep,) half conceals, half discloses.

beam	[**ビー**ム]	「光線」
stream	[スト**りー**ム]	「小川」
’Tis	[**ティ**ズ]	“It is” の古い省略形； 現代なら “It’s”になるところ
Long may it wave		助動詞 “may” を使った祈願文「～でありますように」

◆ その他教材となる現代の英語の歌 ◆

現代では、英語の歌は無数に作られていますので、何を取っても教材にすることはできます。ここでは、誰でも知っている曲で、語学の教材としても優れていると著者が考えたものをいくつか紹介します。 楽譜やCDの入手も容易ですので、試してみて下さい。

●ミュージカルのナンバーから

"The Sound of Music"『サウンド・オヴ・ミュージック』

Edelweis「エーデルワイス」, Do Re Mi「ドレミの歌」

妻を亡くした大佐と子供7人の家に、住込みの家庭教師として入ったマリアと、子ども達の交流、そして大佐との愛。 最後はナチスを逃れて一家でオーストリアを脱出する。

"West Side Story"『ウェストサイド物語』

Tonight「トゥナイト」

シェイクスピアの「ロメオとジュリエット」の現代版。 舞台はニューヨークの貧しいウェストサイド。作曲はレナード・バーンスタイン。

"My Fair Lady"『マイ・フェア・レディ』

I could have danced all night.「踊り明かそう」

下町訛《なま》りしか話せないロンドンの貧しい花売り娘イライザと、そのイライザを上品な発音ができるように改造して、戯《たわむ》れに上流階級を騙《だま》そうとする、言語学者ヒギンズの物語。

"Cats"『キャッツ』

Memory「メモリー」

様々な猫たちが繰り広げる世相劇。 意外に知られていないが、台本のもとは20世紀を代表するイギリスの詩人 T.S.エリオットの詩集。 音楽は「オペラ座の怪人」や「ジーザス・クライスト・スーパースター」で有名なアンドリュー・ロイド・ウェッバー。

● The Beatles ビートルズのナンバーから

Help「ヘルプ」 ビートルズ初期の曲。 やや早口だが、読めば歌詞は分かりやすい。

Yesterday「イエスタデイ」 ビートルズ中期の名曲。 ゆっくりの曲で歌いやすい。

Sergent Pepper's Lonely Hearts Club Band「サーヂェント・ペパーズ・ロウンリー・ハーツ・クラブ・バンド」 ビートルズの前期から後期へのスタイルの転換を告げる歴史的な曲。 早口だが、慣れれば楽しく歌える。

Let it be「レット・イット・ビー」 ビートルズ解散の曲。初期のスタイルも見え隠れする、ビートルズ集大成のような曲。男声の曲としてはかなり音域が高い。

● Carpenters カーペンターズのナンバーから

Yesterday once more「イエスタデイ・ワンス・モア」 あまりにも有名な曲だが、歌詞の内容は純粋で素朴。

Top of the world「トップ・オヴ・ザ・ワールド」 こちらも有名な曲だが、リズムは意外に難しい。英語の歌の訓練としてもすぐれた曲。

第5章　音楽家のための「読む英語」

最近の傾向として、英語を「読む」勉強は敬遠されがちです。 学校でさんざん読まされたのに、聞けない、話せないというだけでなく、訓練したはずの「読む」方も定かでない、という経験があるからでしょうか。 しかし実際に音楽家が英語に触れるのは、楽譜や CD の まえがき・解説など読む場面が意外に多くあります。 また、「読む」ことは「聞く、話す、書く」を含めた英語力全体の向上に役立つ有力な手段でもある、というのが著者の持論です。 しかも「読む」だけなら、本と辞書さえあればいつでもどこでも出来ますから、大変安上がりで効率の良い勉強法でもあります。

第5章では、まず英語の文章を「読むコツ」「読む技術」を見た上で、実際の楽譜まえがきやCDの解説を読むところまで行ってみたいと思います。

5章-(1)「読むコツ」「読む技術」

基礎から読む力をつけるにはどうすればいいでしょうか？「何年も学校で読まされてダメなのに今さら…」と思う人も少なくないでしょう。残念ながら学校では一語々々辞書を調べないと読めないような読み方を教える傾向があります。その読み方では一語でも知らない単語があれば、あるいは一文でも文法が分からない文があれば、もうそこで止まってしまいます。

その読み方は実戦では役に立ちません。 ここでは、単語を知っている／知らないにかかわらず、文章の本題を探り当て、そこから新しいことを吸い上げるための「読む技術」を扱います。

●全体を見る

読む力をつける訓練としては、まず話の全体像をつかむことです。何か読む物を手にしたら、いきなり文章の頭からやみくもに読み始めるのではなく、長いものならまずパラパラめくって全体を眺めること、1〜2ページの短いものなら遠目で眺めることが大切です。

全体でどれくらいの分量があるのか、その文章はどんな種類の文章なのか(解説書なのか、論文か、随筆か、小説か、あるいは広告なのか)、大体どんなテーマなのか、などを漠然と見るだけで、そのあと本文を読む効率が大きく変わってきます。 読み終わってから、それが自分に用のない広告だったと分かるようでは、効率の良い読み方とは言えません。

●読むトレーニングは1～2ページの短い教材で

読む訓練のためには、1～2ページ程度の、短く内容のまとまったものを教材にしましょう。長いものは「読む技術」を集中して身に付ける教材には向きません。 ペーパーバックなら2ページ程度まで、B5やA4サイズのものなら１ページ程度が長さの上限です。

●声を出して読む「音読」

訓練の方法として著者が推奨しているのは、何よりもまず**声を出して読む**ことです。具体的には2度声を出して読み、3度目に詳しく調べ、最後に声を出してもう1度読む、という読み方を勧めていますが、細かい順序はともかく、いきなり単語を調べるのではなく、意味が分からなくても音読するところがポイントです。

ちょっと考えると「声を出すこと」と「内容の理解」は関係なさそうに思えますが、実は音読は理解のために大変役に立つのです。 黙読ではところどころ何となく飛ばしてしまいがちですが、声を出して読むときは一言一句も飛ばすことができません。 どの単語が知らない単語か、どの文が分かりにくいかがはっきりします。 また「声を出すこと」で、「読む」という作業が、頭だけの「思考・座学」から「実技」に変わり、語感・ニュアンスが分かるようになります。 体を使った「実技」が、体を使わない「思考」より核心に迫ることは、実技をむねとする音楽家の皆さんにはよく分かると思います。

＜音読訓練の例＞

①声を出して読む(1回目):
- まずとにかく1度声を出してページ全体を読み切ります。
- 知らない単語があっても止まらずに先へ読み進みます。
- 発音の分からない単語があっても、自分なりに音を類推して声に出します。
- 1度読んだら、全体が何を言っているのかを想像してみます。
  漠然とした考えでもいいですし、間違っていても仕方ありません。

② 声を出して読む(2回目)
- 今度はできる限りつかえずに一定のテンポで読むことを心がけます。
- 今回は知らない単語のうち、文章のカギになる単語を3語だけ選びます。
  辞書で調べないと文章全体の意味がさっぱり分からないような単語です。
  辞書で調べなくても全体の把握に影響なさそうな単語は、まわりの文脈から意味を想像するだけにします。
- もう1度、文章の大意を考えます。できれば日本語で大意を書き留めます。

③精読する
- どうしても辞書で調べなくてはならない単語3語だけを辞書で調べます。
- 個々の文を精密に読み、解釈します。 調べた3語以外に意味の分からない単語があっても、まずは辞書を引かずに意味を考えてみます。 最後まで精読したら辞書を引いても構いません。

④もう一度声を出して読む。
- 最後に声を出して全体を読みます。
- 文章全体の大意をもう1度考え、精読前の解釈とどこが違ったか考えます。

●文章の構成パターンをつかむ

「文章の全体を眺める」と前に言いましたが、ただ眺めるだけでなく、文章の構成を見破ることができれば、読解の効率が違ってきます。 文章には大きく分けて起承転結型とトップヘビー型があります。

起承転結型

まず問題提起や物語の導入があります。　（起）
導入部を受けて展開します。　（承）
話題の矛先や見方が変わり、本題に入ります。　（転）
話をまとめます。　（結）

多くの文章がこの起承転結型の部類に入ります。 この型の場合、本論や重点は文章の中央あたりにあります。 遠目で全体を見る場合、特にこの中央付近に注意して下さい。

トップヘビー型

文章の冒頭にいきなり本題が来るパターンです。 だんだん尻すぼみになっていくのも特徴で、前半だけ読めば、言いたいことの大半は分かります。

最も典型的なトップヘビー型は新聞記事です。 これは新聞の編集の仕方と関係があります。 編集者は、何人もの新聞記者が入稿してきた記事を、カットしながらページを見栄えよくまとめねばなりません。 要点に絞りたい、と誰でも考えますが、慌ただしい編集の最中にのんびり要約などできませんから、編集者はそれぞれの記事を後ろから順に適当に切りながら、ページ面に収まるように全体をまとめます。 記事を書く方も心得ていて、肝腎な「いつ・どこで・だれが・何を・どう・した」という“5W1H”の部分を先頭に書き、説明・背景・影響などについては、重要なことは前の方に、切られてもいいことは後回しに書いていきます。 尻すぼみになって当然です。

●メッセージ（主題・主張）をつかむ

文章を読む訓練では、まず全体を眺めて構成を見ますが、大切なのは「メッセージ(主張・主題)は何か？」をつかむことです。 長い小説や芝居は、その意味や解釈も多様ですが、普通の文章では、必ずその中に主張・主題がある筈です。 これを早くつかまえることが「読む英語力」を高める近道です。トップヘビー型では当然文章の冒頭付近に、起承転結型では文章の中央付近にあります。 遠くから文章全体を眺めたとき、どこがポイントかを考えましょう。 主張・主題はキーワードとともに現れることもしばしばありますから、カギになるキーワードをならべておきましょう。

〈主張、主題を導くキーワード〉

・「しかし」、「にもかかわらず」など逆接を示す単語

“but”, “however”「しかしながら」, “though / although”「～ではあるが」,
“nevertheless”「にもかかわらず」

・「～は本当のようだが、実は」

“it is true～, but”「～は確かに真実だが、しかし」,
“it may seem correct, but”「正しいように見えるかもしれないが、しかし」
“may sound real, but”「事実のように聞こえるかもしれないが、しかし」

・「残念ながら」「申し訳ないが」 事前にことわりを入れる常套句

“unfortunately”「残念ながら」, “sorry to say”「申し訳ありませんが」

・強調を示すことばづかい、修辞法

“It ～ that”の強調構文（213ページ参照）
“Never have I experienced such a ～” 倒置法
“If I were among the audience, I would have ～” 仮定法

など

●辞書を引かない

単語を知っていれば文章を理解するのは楽ですが、辞書で引くばかりが能ではありません。実際に読む場面・聞く場面では辞書が手元にあるとは限りません。 端から端まで辞書で調べるクセが行き過ぎると、一個でも知らない単語があっただけで先が読めない、会話について行けない、ということになってしまいます。 それより、たとえ知らない単語があっても大体の意味が分かる、推測できる能力を付けることが大切です。

単語は単語だけで意味を持っているのではなく、文脈の中ではじめて意味を持ちます。 日本人でも日本語の単語を全部辞書を引いて覚えたわけではない筈です。 たとえば、「恐縮です」「戦慄《せんりつ》をおぼえる」「顰蹙《ひんしゅく》を買う」などは難しい言い回しですが、辞書を引いたことのある人はほとんどいません。 文脈で大体分かってしまうからです。 英語も同じです。 厳密な意味が分からなくても、文脈の中で大体の意味が類推できるようにしたいものです。

練習用の短い文章でも、長い小説でも、辞書で引く単語は1ページで2～3語以内、どうしても調べないと筋も分からないという単語だけを引いて下さい。 そういう単語が1ページに10語以上あるなら、その教材は自分には難しすぎるということです。 逆に知っている単語ばかりでも訓練になりませんから、適度に知らない単語が混じっている教材を選びましょう。

●頭から訳す ／ 後ろから訳す

「ことば」は思考と不可分です。大抵は考えたこと、イコール「ことば」ですから、英語の順番は書く人・話す人の思考の順序と同じです。 漢文でいう「レ点」「返り点」のような、思考の順序と異なる順番は、生きていることばの上では不自然です。

下の2つの例はどちらの訳でもいいようですが、どちらがより思考の順序に近いか考えてみて下さい。

1) Wash your hands before the dinner.
「ごはんの前に手を洗いなさい。」　（後ろからの訳）
「手を洗ってからごはんにしなさい。」　（前からの訳）

2) Jack was yelling at his students,
when the door opened and the headmaster came in.
「ドアが開いて校長が入ってきたとき、ジャック先生は生徒にわめいていた。」(後ろから)
「ジャック先生が生徒にわめいていると、その時ドアが開いて校長が入ってきた。」(前から)

before や after は時間の前後関係を示し、when は同時性を示します。 前後どちらから訳さねばならないという絶対のルールはありませんが、自然な思考に従うと頭から訳すべきです。1)の例でもできれば前から訳したいところですが、 2)のジャック先生の例になると、「わめいていると、その時. . . 」と頭から訳す方が、よほど状況を劇的に表現できることが分かるでしょう。

* *

●読む英語の実例

受験生は別として、普通の音楽家は「読む英語」の訓練をする機会はめったにありません。しかし意識して練習すれば必ず実力が上がります。 ここでは訓練の一例として、実際に「トップヘビー型」の文章の例を取り上げますので、その構成パターンを意識した上、ここまでの注意点に気を付けて読んでみて下さい。

＜読む訓練 その①(初級)＞「トップヘビー」型の文例 ～ 新聞記事

Japanese takes top honors in singing contest

A Japanese soprano won against seven other finalists in the women's vocal division at the 11th Tchaikovsky music competition in Moscow, organizers of the event said Wednesday.

Mieko Sato, 32, from Oita Prefecture, was awarded the first prize in the contest held at the Bolshoi Theater. Sato, who graduated from the Musashino Academy of Music in Tokyo, became the second Japanese to win the top prize in the contest after Akiko Suwanai won in the violin division at the ninth competition in 1990.

Sato sung an aria from the opera "The Tale of Czar Saltan," composed by Rimski-Korsakov and another aria from the opera "Lucia di Lammermoor," by Gaetano Donizetti.

"Sato won the prize in a unanimous decision by the judges with her beautiful voice and excellent technique," said judge Teruko Ono. "I was not expecting to win the prize and I was lucky. This is unbelievable," Sato said.

===

Parents full of praise

OITA--Speaking on Wednesday from their home in Oita, Sato's overjoyed parents praised their daughter's achievement. "I am delighted that her effort was rewarded," said Sato's father, Teiji Sato, 60, a construction company president.

She is the eldest of the three daughters of Teiji and Takae Sato. Her parents first heard of the news on television, but Mieko called them immediately after.

--- MOSCOW

THE DAILY YOMIURI/July 2, 1998, Thursday

(読売新聞社の認可を受け引用)

[単語集]

finalist	[**ファイ**ナリスト]	本選・決勝戦出場者
award	[ア**ウォー**ド]	賞(名)； 賞を与える(動)
unanimous	[ユー**ナー**ニマス]	満場一致の、全員一致の
reward	[り**ウォー**ド]	報酬(名)； 報いる(動)
judge	[**チャッ**ヂ]	審判する(動)； 審判員(名)

[著者訳]

日本人が声楽のコンクールで優勝

第11回チャイコフスキーコンクール声楽女声部門で、日本人ソプラノ歌手が最終審査に残った他の7人を押さえて優勝した、とモスクワのコンクール主催者が発表した。

佐藤美枝子さん(32歳, 大分県出身)はボリショイ劇場で開かれたコンテストで第1位を受賞した。佐藤さんは東京の武蔵野音楽大学の卒業生で、日本人のこのコンクールでの優勝は1990年にバイオリン部門で優勝した諏訪内晶子さんに次いで史上2人目。

佐藤さんが歌ったのは、リムスキー=コルサコフ作曲のオペラ「サルタン皇帝の物語」からアリア1曲と、ガエターノ・ドニゼッティ作曲のオペラ「ランメルモールのルチア」からアリア1曲。

「佐藤さんの優勝は審査員の全員一致によるもので、声の美しさと優れた技術を評価した」とは審査員の小野光子さん。 佐藤さんは「優勝できるとは思っていませんでしたが、幸運に恵まれました。 信じられません。」と語っている。

===

ご両親も絶賛

大分——水曜日、佐藤さんの大分の実家では、ご両親が大喜びで娘の活躍をたたえた。佐藤さんの父親で建設会社社長の佐藤偵治さん(60 歳)は「娘の苦労が報われて嬉しい」と語った。

美枝子さんは、佐藤偵治さん、孝江さん夫婦の3人の娘の中の長女。ご両親ははじめテレビで優勝のニュースを見たが、そのすぐ後に美枝子さんから電話が入ったという。

--- モスクワ

デイリー読売(英字新聞) 1998年7月2日(木)

[コメント]

これは新聞記事で、トップヘビー型の典型的な例です。 1番最初の文に最も重要なことが集約されて書いてあり、あとは段々「尻すぼみ」です。 最悪の場合、最初の1文だけしか紙面に載らなくても、報道の主要な部分は伝わります。 遠目で見て、文章の最初の方に固有名詞やスペルの長い単語が多い、など新聞の特徴が一目で分かれば、トップヘビー型にもかなり慣れてきたと言えるでしょう。

※ 和訳は、読売新聞(日本語)からの引用ではなく、左ページの英文に忠実に著者が訳しました。

5章ー(2) 楽譜・CDの解説を読む

音大生や音楽愛好家が英語に触れるのは、レッスンや留学よりも、楽譜のまえがきや注、あるいは CD の説明書といった「読む」機会の方が多いかもしれません。この種の文章は読まずに用の済んでしまう場合もあります。しかし、序文や解説には「なぜこの版で出版するか」、「なぜこのようなスタイルで演奏するか」といった背景や奏者の主張が述べられていることが多いのです。楽譜では、タイやスラーなどのアーティキュレーションが、その版独特の方法で書き分けられていることもあります。見落とすと痛い目に遭《あ》いかねません。

輸入版の CD を聞くとき、「あらすじ」や「演奏者紹介」が分かると楽しみが増えます。欧米の CD 解説書には演奏者の主張や音楽学者の研究成果が盛り込まれていることも多く、読みごたえのある解説も少なくありません。「音楽は音で分かればそれでいい」という考えも一理ありますが、ニコラウス・アーノンクールやクリストファー・ホグウッドといった名演奏家が、同時に理論や音楽史の大家であることを考えると、彼らが書いた解説も一読の価値があるのではないでしょうか。

●英語の楽譜・CD 解説文を読むコツ

読む力の基礎からの上達法については、5章-(1)「読む技術」でも述べましたが、ここではこの種の解説やまえがきを効率よく読むための簡単なコツを簡単に述べます。

・まず本文全体をパラパラと見て、全体でどれだけの量があるのか、
　大体どんなことが書いてあるのか、内容の概略をつかむ。
・全体の量をみて、自分がどれだけの量を読めるかを考える。
　全部を読むと多過ぎるようなら、自分の読みたいところを選ぶ。
・選んだところだけを読む。 このとき、できるだけ声に出して読む。
・時間があれば、それ以外のところも読む。(斜め読みでも可。)

演奏家も音楽愛好家も、本当に関心のあるのは、CD の演奏や楽譜の本体なので、解説にあまり時間を割きたくはないものです。 英語力が追いつかなければ時間が掛かるばかりで読み進めないこともあります。 解説自体の内容が薄かったり、つまらない場合さえあります。

ですから、まずはパラパラと全体を見て、腰を据えて読むべきか、それとも一部しか読む価値がないか、どこをどの程度詳しく読むべきか、目の前にある文章に取組む姿勢を決めて、少しだけでも読みましょう。 文章の頭からやみくもに取組んで10行で挫折してしまうよりは、ポイントだけでも読む方がいいのです。

●CD や楽譜の解説を読むための用語集

CD や楽譜の解説文はたいてい要領よくまとまっていて、読みやすいものです。 それでも以下のような決まり文句の単語は知っておくと便利です。 また、楽語については、第1章－(2)「英語の楽語」で集中的に扱っていますので、そちらを参照して下さい。

◇一般用語

foreword	[**フォ**アワぁード]	まえがき、序文
preface	[プ**り**フィス]	まえがき、序文
synopsis	[**スィ**ノプシス]	あらすじ
author	[**オー**さー]	著者
notes	[**ノウ**ツ]	注
remark	[り**マー**ク]	備考
legend	[**レッ**チェンド]	凡例
contents	[**コン**テンツ]	内容、もくじ
respectively	[りス**ペ**クティヴリー]	それぞれ
i.e.	ラテン語 “id est”(= it is; that is)の省略形；「つまり」「すなわち」の意；	
	読み方は “that is”の通り [**ざッ**ト **イー**ズ]	
e.g.	ラテン語 “exempli gratia”(=for example)の省略形；「たとえば」の意；	
	読み方は “for example”の通り [フォー イグ**ザン**プル]	
N.B.	ラテン語 “Nota Bene”(=note well)の省略形；「注意せよ」の意；	
	読み方は [**エ**ヌ **ビー**]または[**ノウ**タ **ビー**ニ]	
cf.	“confer”「参照」の意； 読み方は[スィー **エ**フ]	

◇作曲・作曲者について

biography	[バイ**オ**グらフィー]	伝記
autobiography	[オートバイ**オ**グらフィー]	自伝
composer	[コン**ポウ**ザー]	作曲家、作曲者
compose	[コン**ポウ**ズ]	作曲する
composition	[コンポ**ズィッ**ション]	作曲
revise	[り**ヴァイ**ズ]	改訂する
revsion	[り**ヴィ**ジョン]	改訂
manuscript	[**マ**ニュスクりプト]	手稿、自筆のもの
autograph	[**オー**トグらフ]	手稿、自筆のもの
folio	[**フォウ**リオウ]	楽譜の 1 枚
fascicle	[**ファ**スィクル]	分冊
copy	[**コ**ピー]	(動) 写譜する、写す ／ (名) 写譜、部、複製物
score	[ス**コ**ア]	総譜、スコア
anonymous	[ア**ノ**ニマス]	作者不明の
authentic	[オー**せ**ンティック]	正統の
authenticity	[オーせン**ティ**スィティー]	正統性
genre	[**チャン**る]	ジャンル
motive	[**モウ**ティヴ]	動機、きっかけ
inspire	[インス**パイ**ア]	息を吹き込む、霊感を与える
inspiration	[インスピ**れイ**ション]	霊感、インスピレーション
commission	[コ**ミッ**ション]	委嘱する(動)
creation	[クり**エイ**ション]	創造
influence	[**イン**フルエンス]	影響(名)、影響する(動)

tradition	[トら**ディ**ション]	伝統
inherit	[イン**ヘ**りット]	遺産として受け継ぐ
heritage	[**ヘ**りテイヂ]	遺産
legacy	[**レ**ガスィー]	遺産
school	[ス**クー**ル]	学派、楽派
collaboration	[コラボ**れイ**ション]	協同作業
fragment	[フ**ら**グメント]	断片
material	[マ**テ**アりアル]	材料、素材
borrowing	[**バ**ろウィング]	借用
parody	[**パ**ろディ]	パロディ
improvisation	[インプろヴィ**ゼイ**ション]	即興
genius	[**ヂー**ニアス]	天才
intuition	[イントゥー**イッ**ション]	本能、勘
talent	[**タ**レント]	才能
gift	[**ギ**フト]	天賦の才
invention	[イン**ヴェン**ション]	発明、インヴェンション
discipline	[**ディ**スィプリン]	訓練、修行、流儀
devotion	[ディ**ヴォウ**ション]	没頭、献身
career	[カ**りー**ア]	生涯、経歴、出世
dedicate	[**デ**ディケイト]	献呈する
artisanship	[**アー**ティザンシップ]	職人気質
aspiration	[アスピ**れイ**ション]	熱望、向上心
desire	[ディ**ザイ**ア]	(名)欲望、(動)切望する
ambition	[アン**ビ**ション]	(名)野心
ambitious	[アン**ビ**シャス]	(形)野心ある、貪欲な
yearn	[**ヤー**ン]	憧れる、切に願う
famous	[**フェイ**マス]	有名な
fame	[**フェイ**ム]	名声
reputation	[れピュ**テイ**ション]	名声
notorious	[ノウ**トウ**りアス]	悪名高い
notriety	[ノウト**らイ**アティ]	悪名
unknown	[アン**ノウ**ン]	知られていない、無名の
obscure	[オブス**キュ**ア]	あいまいな、無名の
tribute	[ト**り**ビュート]	賛辞、貢ぎ物
whimsical	[**ウィ**ムズィカル]	気まぐれな、酔狂な
austere	[オース**ティー**ア]	厳格な
proud	[プ**らウ**ド]	誇り高い
humble	[**ハン**ブル]	謙虚な
confident	[**コン**フィデント]	自信ある
eccentric	[エク**セン**トりック]	変人の、常軌を逸した
prodigy	[プ**ろ**ディヂー]	天才、奇才、神童
virtuoso	[ヴィるトゥ**オー**ゾウ]	技芸に秀でた人、ヴィルトゥオーゾ

◇出版関係

edit	[**エ**ディット]	編集する(動)
editor	[**エ**ディター]	編集者
edition	[エ**ディ**ション]	版、エディッション
publish	[**パ**ブリッシュ]	出版する、刊行する
anthology	[アン**そ**ロヂー]	作品集(さまざまなものを集めたもの)
collection	[コ**レ**クション]	作品集(あるテーマのものを集めたもの)

◇演奏・上演

premiere	[プ**れ**ミエ]	初演、初日
performance	[パ**フォー**マンス]	演奏、上演
production	[プろ**ダ**クション]	制作、プロダクション
stage	[ス**テイッ**ヂ]	舞台(名)、舞台に乗せる・上演する(動)
revival	[り**ヴァイ**ヴァル]	再演
connoisseur	[コニッ**サぁー**]	見識ある人、鑑定家、識者（フランス語）
audience	[**オー**ディエンス]	聴衆

◇演劇関係

drama	[ド**らー**マ]	ドラマ
play	[プ**レイ**]	芝居
plot	[プ**ロッ**ト]	プロット、場面
role	[**ろウ**ル]	役柄
cast	[**キャ**スト]	キャスト、配役
scenario	[スィ**ナー**りオウ]	シナリオ
libretto	[リブ**れッ**ト]	リブレット、脚本、台本
lyric	[**リ**りック]	(声楽曲の)歌詞(名)；抒情的な、歌うような(形)
comedy	[**コ**メディ]	喜劇
tragedy	[ト**ら**ッヂェディ]	悲劇
irony	[**アイ**ろニー]	皮肉
ironical	[アイ**ろ**ニカル]	皮肉な(形)
sattire	[**サ**タイア]	風刺
sattirical	[サ**ティ**りカル]	風刺的な

◇批評・成功・失敗

success	[サク**セ**ス]	成功
failure	[**フェイ**リュア]	失敗
hit	[**ヒッ**ト]	大成功、ヒット
standing ovation	[ス**タン**ディング オ**ヴェイ**ション]	総立ちの拍手喝采
booing	[**ブー**イング]	ブーイング
masterpiece	[**マ**スターピース]	傑作
splendour	[スプ**レン**ダー]	華麗さ、絢爛
midiocre	[ミディ**オウ**カー]	凡庸な
midiocrity	[ミディ**オウ**クりティー]	凡庸、凡庸なもの・人
spurius	[ス**ピュー**りアス]	にせ、見せかけの
superficial	[スーパー**フィッ**シャル]	皮相の、表面的な
fabulous	[**ファ**ビュラス]	おとぎ話のような
phenomenal	[フェ**ノウ**ミナル]	まれな、稀有な、すばらしい
revival	[り**ヴァイ**ヴァル]	再演
scholar	[ス**カ**ラー]	学者
analysis	[ア**ナ**リスィス]	分析
analyze	[**ア**ナライズ]	分析する
critic	[ク**り**ティック]	批評家
criticism	[ク**り**ティスィズム]	批評
critical	[ク**り**ティカル]	批判的な、要となる重要な

◇歴史関係

patron	[**パ**トろン] or [**ペイ**トろン]	パトロン
patronage	[**パ**トろニッヂ]or[**ペイ**トろニッヂ]	パトロンとして抱えること、庇護(ひご)
tenure	[テ**ニュ**アー]	任期
emperor	[**エン**ぺらー]	皇帝
empress	[**エン**プれス]	皇帝の后(きさき)、女帝
king	[**キん**ぐ]	王
queen	[ク**ウィー**ン]	王妃、女王
duke	[**デュー**ク]	公爵
duchess	[**ダッ**チェス]	公爵妃
marquis/marquess	[**マー**クウィス]	侯爵
marchioness	[**マー**ショニス]	侯爵妃
earl	[**あー**ル]	伯爵
countess	[**カウン**ティス]	伯爵妃
viscount	[**ヴァイ**カウント]	子爵
viscountess	[**ヴァイ**カウンティス]	子爵妃
baron	[**バ**ろン]	男爵
baroness	[**バ**ろネス]	男爵妃
knight	[**ナイ**ト]	騎士(貴族全般を指す)
elector	[エ**レ**クター]	選帝侯
throne	[す**ろウ**ン]	王座
dynasty	[**ダイ**ナスティ]	王朝
empire	[**エン**パイア]	帝国
kingdom	[**キん**ぐダム]	王国
court	[**コー**ト]	宮廷
palace	[**パ**レス]	宮殿
castle	[**キャ**スル]	城
villa	[**ヴィ**ラ]	別荘、離宮
coronation	[コろ**ネイ**ション]	戴冠、戴冠式
enthronement	[エンす**ろウ**ンメント]	王座につくこと
funeral	[**フュー**ネらル]	葬儀、喪
mourning	[**モー**ニんぐ]	喪、喪の悲しみ；“morning”「朝」との混同に注意
appoint	[ア**ポイン**ト]	任命する
summon	[**サ**モン]	呼び寄せる
war	[**ウォー**]	戦争
revolution	[れヴォ**ルー**ション]	革命
unrest	[アン**れ**スト]	政情不安、内乱
up-rising	[**アップ**・らイズィんぐ]	蜂起
riot	[**らイ**オット]	暴動
battle	[**バ**トル]	戦闘
engagement	[エン**ゲイ**ッヂメント]	会戦
general	[**チェ**ネらル]	将軍
victory	[**ヴィ**クトりー]	勝利
vanquish	[**ヴァ**ンクウィッシュ]	敗北(名)、敗れる(動)、負かす(＝勝つ)(動)
defeat	[ディ**フィー**ト]	敗北(名)、負かす(＝勝つ)(動)
patriotism	[**パ**トりオティズム]	愛国心
patriotic	[パトり**オ**ティック]	愛国的な

◇キリスト教関係

Pope	[**ポウ**プ]	教皇
cardinal	[**カー**ディナル]	枢機卿
archbishop	[**アー**チ **ビ**ショップ]	大司教
bishop	[**ビ**ショップ]	司教
father	[**ファー**ざー]	神父
clergyman	[ク**ラー**チーマン]	牧師、英国教会の司祭
monk	[**モん**ク]	修道士、僧
nun	[**ナン**]	修道女、尼
friar	[フ**らイ**アー]	修道士(托鉢修道会の)
priest	[プ**りー**スト]	聖職者
parson	[**パー**ソン]	牧師、聖職者、教区牧師
rector	[**れ**クター]	教区司祭(英)、教区牧師(米)、修道院長(ｶﾄﾘｯｸ)
pastor	[**パ**スター]	主任牧師(英米)、主任司祭(米カトリック)
parish	[**パ**りッシュ]	牧師区、教区
church	[**チぁー**チ]	教会
chapel	[**チャ**ペル]	礼拝堂
cathedral	[キャ**すぃー**ドらル]	大聖堂
abbey	[**ア**ビー]	修道院。 ただし“the Abbey”とすると「ウェストミンスター寺院」Westminster Abbey のこと。
monastery	[**モ**ナスタりー]	修道院
altar	[**オー**ルター]	祭壇
cloister	[ク**ロイ**スター]	回廊、特に修道院の回廊
baptism	[**バ**プティズム]	洗礼
baptize	[**バ**プタイズ]	洗礼を施す
annoint	[ア**ノイ**ント]	(香油をかけて)聖別する
ecclesia	[イク**リー**ズィア]	教会、教会の会衆、教会堂
ecclesiastical	[イクレズィ**ア**スティカル]	教会の
sacred	[**セイ**クりッド]	聖なる
secular	[**セ**キュラー]	俗の
mass	[**マー**ス]	ミサ
communion	[コ**ミュー**ニオン]	聖体拝領
office	[**オ**フィス]	聖務日課
service	[**サー**ヴィス]	礼拝
pray	[プ**れイ**]	祈る
prayer	[プ**れ**ヤー]	祈り
sermon	[**サー**モン]	説教
preach	[プ**りー**チ]	宣教する、宣べ広める
worship	[**ワぁー**シップ]	礼拝する、崇拝する
confess	[コン**フェ**ス]	告白する、懺悔する
confession	[コン**フェッ**ション]	告白、懺悔（ざんげ）
sacrifice	[**サ**クりファイス]	犠牲(名)、犠牲にする(動)
passion	[**パッ**ション]	受難
resurrection	[れザ**れ**クション]	復活
trinity	[ト**り**ニティー]	三位一体(父と子と聖霊)
mercy	[**マー**スィー]	慈悲
pious	[**パイ**アス]	敬虔な
profane	[プろ**フェイ**ン]	冒涜
gentile	[**チェン**タイル]	異教徒
heathen	[**ヒー**ぜン]	異教徒
pagan	[**ペイ**ガン]	異教徒、多神教徒

◇キリスト教の重要イベント

Annunciation [アナンスィエイション] 受胎告知の日、神のお告げの日(3月25日)
Advent [アドヴェント] 待降節(クリスマス前の4週間)
Christmas Eve [クりスマス イーヴ] クリスマス・イヴ(12月24日)
Christmas [クりスマス] クリスマス(12月25日)
Epiphany [イピファニー] 公現祭、顕現節
キリスト生誕のとき東方の3博士が訪れたことを祝う; 1月初旬
Lent [レント] 四旬節
イエスの受難前の40日間;この間イエスは悪魔の誘惑に耐えたとされる;
Ash Wednesday「灰の水曜日」(2月末または3月初旬)から Easter Eve
(復活祭前日)までの40日
Easter [イースター] 復活祭
春分以後の満月のあと最初の日曜日を復活の日曜日とする;
3月末または4月前半
Passion Week [パッション ウィーク] 受難節の週
Palm Sunday [パーム サンデイ]枝の主日
イエスのエルサレム入場を記念する日曜日。 受難直前の日曜日。
Good Friday [グッド フらイデイ] 聖金曜日; 受難の金曜日
Easter Eve [イースター イーヴ] 復活祭前夜
Easter Day [イースター デイ] 復活の日曜日
Ascension Day [アセンション デイ] 昇天節
復活祭後40日目の木曜日(5月または6月) Holy Thursday とも
Whit Sunday [ウィット サンデイ] 聖霊降臨祭 (復活祭後の第7日曜日)
Trinity Sunday [トりニティ サンデイ] 聖霊降誕祭の次の日曜日
(三位一体の神を称える祝日)

* *

用語をひと通り見たところで、今度は楽譜のまえがきとCD解説書の例を見てみましょう。中上級レベルの英語ですから、自信のない人は[単語集]を見ながら読んで行って下さい。 上級の例③の方は、歯が立たなければ飛ばして先へ進んで下さい。

＜読む訓練 その②(中級)＞ 楽譜の序文

Bela Bartok: Piano Concerto No. 3
Revised Edition, 1994

Publisher's Note

Bartok wrote his **Piano Concerto No.3** during the summer of 1945, intending it as a birthday present to be given to his wife, Ditta, on 31st October. By this time he was already gravely ill; however, he was able to finish the score, with the exception of the last seventeen bars, which he noted in a kind of musical shorthand. These last seventeen bars were deciphered and scored by his friend and pupil Tibor Serly. Only a few expression marks and tempo indications, and no metronome marks, were found in Bartok's score. Had he lived on, there is no doubt that he would have edited the concerto as meticulously as was his habit.

In order to give a complete picture of the work, such markings as were deemed necessary were added by Tibor Serly; by Eugene Ormandy, who conducted the first performance; by Louis Kentner; and by Erwin Stein.

In preparing this Revised Edition, all extant sources have been examined and compared with the previously printed edition. For full discussion of the amendments reference should be made to the Editorial Notes to the Revised Edition of the published conductor's score.

As mentioned above, editorial markings were added by various hands for the first edition. In this revision, Bartok's own indications appear in the score in large type, as before. Editorial additions are further distinguishable from Bartok's markings according to the following scheme:

(i) verbal indications (e.g. *Solo*, *Tutti*, also accents and other articulation marks) are placed within square brackets (as opposed to parentheses, which the composer himself uses on occasion);

(ii) dynamic markings appear in small type, as before, although when associated with another editorial marking, square brackets also may be found;

(iii) editorial slurs, ties and *crescendo* and *diminuendo* signs are denoted by a small, centrally-placed vertical stroke.

The initial tempo indications for the first and second movements (*Allegretto* and *Adagio religioso*) are Bartok's, but he gave no such indications in the third movement. The editorial suggestion of Presto, ♩. =69 at bar 644 in that movement corrects the previous, presumably erroneous, marking of ♩. =96.

March 1994

Boosey & Hawkes
HPS 100

［ 著者訳 ］

ベラ・バルトーク：ピアノ協奏曲 第3番
1994年 改訂版

出版社はしがき

バルトークが**ピアノ協奏曲第3番**を書いたのは1945年の夏で、妻ディッタの10月31日の誕生日プレゼントのつもりで作曲した。このとき彼の病気はすでに深刻であったが、末尾17小節を残して、スコアはほとんど完成していた。その末尾は一種の速記音符でメモされている。この末尾17小節の解読とスコア化はバルトークの友人であり、弟子でもあったタイバー・サーリーによって行なわれた。バルトークの自筆スコアには、表情記号のごく一部とテンポの指示があるだけで、メトロノーム記号での速度表示もない。もし彼が生き延びていれば、習慣通りこの協奏曲も仔細に校訂したであろうことは疑う余地もないのだが。

この作品の全体像を明示するために、タイバー・サーリー、初演時の指揮者ユージーン・オーマンディ、ルイス・ケントナー、アーウィン・スタインによって、楽曲上必要な記号類が追記された。

今回の改訂版を準備するにあたっては、現存する全ての素材を調査し、以前出版された版との比較検討を行なった。修正点についての詳細は、既刊の改訂版・指揮者用スコアの編者注を参照されたい。

上記の通り、初版にも多くの編者によって表示類が追記されている。今回の改訂版も従来同様、バルトーク自身の記号類は大きな印字で示した。編集者の手になる追記は、以下の分類に従って示し、バルトークの自筆部分と区別できるようにした：

(i) 言葉による指示（たとえば、ソロ、トゥッティ、またアクセントなどのアーティキュレーション等）は四角のカッコに入れて表示した(作曲者自身が時折使った丸いカッコと区別)。

(ii) 強弱記号は前版同様小さい印字で示したが、別の編者追記と同じ箇所に現れる際には四角のカッコを使った場合もある。

(iii) 編集者によるスラーやタイ、およびクレシェンド、スラーの記号は、記号の中央に短いたて線を入れて示した。

第1楽章と第2楽章冒頭の速度表示(アレグレットとアダージョ・レリジオーソ)はバルトークによるものだが、第3楽章については、バルトークは何の指示も与えていない。644小節目プレストのテンポは、前版では ♩.＝96とされていたが、これはおそらく誤りなので、今回編者はこれを訂正し、♩.＝69を指針として示してある。

1994年3月

ブーズィー・アンド・ホークス刊
ポケット・スコア　HPS 100

[コメント]

バルトークはピアノ協奏曲を3曲残していますが、この第3番は生涯最後の作品です。 17小節を残してバルトークが世を去ったため、未完のオーケストレーションは弟子によって完成され、編集者が記号類を追加した上で、出版されました。 この新版は、作曲者自身の記入した内容と、編者によるものとが明確に書き分けられており、良心的な楽譜です。 バッハやモーツァルトなどでも、作曲者自身のものと編者の追記を書き分けた原典版が増え、演奏家も原典により近いものを参照できるようになりました。 こうした楽譜では、記号や指示などが通常とは違う意味で使い分けられているので、序文や凡例によく目を通しておかないと間違った解釈をする可能性があり、要注意です。

[単語集]

shorthand	[**ショー**トハンド]	速記
decipher	[ディ**サイ**ファー]	解読する
meticulous(ly)	[メ**ティ**キュラス(リー)]	几帳面な； 細々とした
{文法}Had he lived on,….= If he had lived on,…「もし～なら」仮定法の倒置;If を省略		
editorial	[エディ**トー**りアル]	校訂者による(形容詞)
distinguishable	[ディス**ティン**グウィッシャブル]	区別のつく(形容詞)
extant	[**エ**クスタント]	現存する(形容詞)
scheme	[ス**キー**ム]	計画、案、体系、分類
e.g.	ラテン語“exempli gratia”(=for example)の省略形；「たとえば」の意 読み方は “for example”の通り [フォー イグ**ザン**プル]	
square brackets	[スク**ウェ**ア ブ**ら**ケッツ]	四角の括弧“[ ]”のこと。
parentheses	[パ**れ**ンすィスィーズ]	丸い括弧 “( )”のこと。
on occasion	[オン オ**ケイ**ジョン]	ときどき； “occasionally” と同意の熟語
presumably	[プり**ズュー**マブリー]	おそらく
erroneous	[イ**ろウ**ニアス]	間違った(形)

次は CD の解説文です。 上級です。 これがすらすら読めればかなり実力があると思っていいでしょう。

一般論ですが、楽譜の説明は演奏する人のための実用的なものが多いのに対して、CDの解説は聞く人の楽しみ、それも英語を母国語にした人が読んで面白いことを目指しているので、単語も表現も日本人にとっては難しいものが多いようです。

ここで挙げた例文でも知らない単語が多く、表現や言い回しも凝っているので、取付きにくいかもしれません。しかし、きれいな「起承転結型」の文章ですから、基本に帰ってまず「遠目で見る」ことから始め、構成に注意しながら、要(かなめ)になる単語を見ていけば、筆者の言いたいメッセージがつかめるでしょう。

<読む訓練 その③(上級)> ～ CD の解説書から ～ 「起承転結」型

Gustav Holst was the youngest of the three great English composers who died in 1934 and the only one of the trio whose creative life was in a real sense cut short.

Elgar had been virtually silent since 1920, and although he was working at an opera and a symphony, in reality he was only looking up old sketches and trying to stoke a fire that was almoust out. Delius, blind and paralysed for over a decade, had dictated a few works to Eric Fenby but they could have been written at any time in the preceding 30 years: they shed no new light, beautiful and treasurable though they are.

Holst, however, died at 59, leaving sketches for a symphony that might well have staked out a new path for him. There were signs in the works he had written in the early 1930s that he was emerging from the technical experiments of the 1920s into a richer, lyrical phase that would perhaps have recaptured the uninhibited passion of his youth and blended it with the disciplined perfectionism of his mid-1920s works. We may wonder, too, what his legacy might have been if he had been able to devote all his time to composing.

But, like Mahler, he tended to cram his creative work into a summer holiday because, for the rest of the year, he was teaching, conducting, lecturing and adjudicating. It is a tribute to his power of concentration that, despite recurrent illnesses and the hadicap of the neuritis in his arm, which made the physical act of putting notes on paper so painful, he left such a copious and wide-ranging testament of achievement.

Michael Kennedy

Gustav Holst: The Perfect Fool etc.
EMI Records Limited
(Reprinted by courtesy of EMI Classics)

[単語・文法]

silent	[**サイ**レント]	「静かな」; ここでは作品を世に出さず沈黙していたこと。
stoke (a fire)	[ス**トウ**ク]	「火をかき立てる」
{文法} they could have been written at any time in the preceding 30 years: .... 仮定法過去完了の文。		
		「その前 30 年間いつ書かれてもよかったようなもの」
shed	[**シェ**ド]	「(液体を)こぼす」「(光を)放つ」
		「新しい光を放つ」＝新しい音楽的な内容を世に出すこと
{文法} beautiful and treasurable though they are. 倒置形の文。		
	"though they are beautiful and treasurable."と意味は同じだが、余韻のある表現。	
emerge	[イ**マー**ッヂ]	「現れる、出現する」
capture	[**キャ**プチャー]	「捉える」
uninhibited	[アンイン**ヒ**ビティド]	「抑圧されていない；自由な」 cf. Inhibit「禁じる」「拘束する」
tend to ～	[**テン**ド トゥー]	「～する傾向がある、～しがちである」
cram	[ク**ら**ム]	「詰め込む」
adjudicate	[ア**チュー**ディケイト]	「裁判する、判決を述べる」
{文法} It is a tribute to his power of concentration that, ... "It ～ that" の強調構文		
tribute to	[ト**り**ビュート]	「～への送りもの、賛辞」
recurrent	[り**カ**れント]	「何度も起こる、再発する」 cf. recur「再発する」
neuritis	[ニュー**らイ**ティス]	「神経炎」
copious	[**コウ**ピアス]	「大量の、沢山の、豊富な」
testament	[**テ**スタメント]	「遺書」
		cf.「旧約聖書／新約聖書」は"Old Testament" / "New Testament"と言う。
achievement	[ア**チー**ヴメント]	「達成、成果」

[著者訳]

1934年には偉大なイギリスの作曲家が3人世を去ったが、グスタフ・ホルストは3人の中で一番若く、しかも、創造的な活動が続いている最中に死んでしまったという意味ではただ一人の存在である。

エルガーは1920年以降実質的に沈黙していたし、オペラと交響曲に取組んでいたとは言え、実際には昔のスケッチを見直していただけで、もはやほとんど消えたも同然の火をもう一度燃え立たせようとしていたに過ぎなかった。 ディーリアスは失明して身体麻痺になってからすでに10年以上経っており、口述でエリック・フェンビーにいくつかの作品を筆記させていたが、それらの作品はそれ以前の30年間のいつ書かれてもいいようなものだった。 美しく珠玉のような作品たちではあったが、新しい光を放つものではなかった。

しかしホルストが死んだのは59歳で、スケッチが残っている交響曲は彼の新しい進路を示すかもしれないと十分に予感させるものである。 1930年代前半に書かれた作品には、1920年代の技術的な実験から抜け出し、より豊かな抒情の段階に入ったことを示す兆しが見られ、その段階に入ればおそらく若き日の奔放な情熱を再びとらえ、これを1920年代半ばの作品に見られる修練と完全主義の中にとり込んだ作風を生んだであろう。 さらに、もし彼がすべての時間を使って作曲に専念していたならば、どれほどの遺産を残してくれただろうか、と想像したくもなる。

しかし、マーラーと同様、ホルストはその創造的活動を夏休みに詰め込む傾向があった。
というのは、それ以外の季節は教鞭を取り、指揮し、講演し、そして審査(訳注: 学校の試験での採点のことか？)の仕事にあたっていたからである。 腕の神経炎で、音符を紙に書くという作業自体苦痛だったというハンディキャップや、再三にわたる病気にも関わらず、ホルストがあれほど大量で多岐にわたる業績のしるしを残したことを考えると、その集中力はまさに賞賛に値する。

マイケル・ケネディ

グスタフ・ホルスト: 「正真正銘の馬鹿者」 等
EMI Records Limited
(EMI 社クラシック部門の認可を受け引用)

※ 原文の CD は以下の通り。
HOLST: The Perfect Fool ballet music, Egdon Heath, St. Paul Suite, Beni Mora, Psalm 86, Short Festival Te Deum, and Brook Green Suite.
EMI Records Limited　　CDC 7 49784 2

[コメント]

グスタフ・ホルストと言えば、日本では「惑星」"The Planets"ばかり有名ですが、ほかにも幅広いジャンルの作品があり、英米では広く親しまれています。 この CD は「惑星」に次ぐ代表作「正真正銘の馬鹿者」や「セントポール組曲」を収録したもの。 「セントポール組曲」はセントポール女学校で教鞭を執っていた頃作曲された弦楽合奏曲ですが、その終曲はイギリスの民謡「ダーガソン」を主旋律に、古謡「グリーンスリーヴズ」をオブリガートに持つ曲で、ブラスバンドの人にはお馴染みの「吹奏楽のための第2組曲」終曲を弦楽用に編曲したバージョンです。

この解説文がかなり硬いかしこまった文体で書かれていることが分かるでしょうか？

第6章 英語の発音とスペル

6章-(1) 発音の重要性

これは著者の持論ですが、**発音がよくなければ英語は上手くなりません。**「ことば」は「書き言葉」よりもまず「話しことば」として生きています。ことばのリズム、抑揚、強弱など、それぞれの言語の特徴は「話しことば」の中で作られます。「話しことば」のこうした特徴を体得することなしに、本当の意味での語学の上達はありえません。

本章で述べる発音や抑揚の詳細は、一般の人には区別が難しかったり、細かすぎると思えるかも知れません。しかし音に敏感な音楽家の皆さんは、きっと音の違いが理解できると思いますし、中でも歌の表現に携わる声楽家には、そこまで注意を払う意義を理解して頂けると思います。

●発音のポイント

日本人が英語の発音をよくするためのポイントを、著者は3点にまとめています。

①子音を「立てる」

…子音は日本語よりも大袈裟に発音し、はっきり聞き取れるようにします。

②母音はこもらせない・ごまかさない

…あいまい母音のように、日本語のアイウエオとは違う中間的な音もありますが、こもった音にしないことがきれいに聞かせるコツです。

また、アクセントのある音節の母音は、自信を持ってはっきり発音します。

③英語らしい音調を心掛ける

… 英語らしい アクセント・リズム・抑揚を心掛けます。

個々の音の正確さも大切ですが、アクセント・抑揚・リズムも重要です。

●「間違った」発音を直す（？）

「間違った発音」と言っても、通じるか、通じないかでそのレベルは大きく分かれます。

① まったく通じない、あるいは別の単語に聞こえてしまう場合

② 通じることは通じるが、英語の発音としては間違っている場合

①のように意味が伝わらないような発音はどうしても直さなければなりません。②のように何とか通じるなら、意思疎通する、というコミュニケーションの目的は達しています。まず実用上はこのレベルを目指しましょう。まず「通じる」ことが肝腎です。そして舞台で英語の歌を歌う人はさらにその上のレベルを目指します。

6章-(2) 英語の子音と母音

ここでは、英語の子音と母音の要点を概観し、発音の難しい音の注意事項を加えていきます。

(A) 英語の子音

(1)子音の種類

(※ 発音の表記については8ページを参照して下さい)

発音の仕方による分類

発音の仕方で分類すると、英語の子音には、破裂音、摩擦音、破擦音、鼻音、流音、半母音があります。

破裂音 [p プ], [t ト], [k ク], (無声音)
　　　 [b ブ], [d ド], [g グ] (有声音)

摩擦音 [f フ], [θ す], [s ス], [ʃ シュ], [h ホ] (無声音)
　　　 [v ヴ], [ð ず], [z ズ], [ʒ ジュ] (有声音)

破擦音 [ts ツ], [dz ヅ], [tʃ チュ], [dʒ ヂュ]

鼻音 [m ム], [n ン], [ŋ んぐ]

流音 [l ル], [r る]

半母音 [j ヤ-ユ-ヨ], [w ワ-ウィ-ウ-ウェ-ウォ]

発音の位置による分類

発音の位置から言うと、唇、上下の歯、舌、硬口蓋、軟口蓋、咽頭を使います。

唇	[p プ], [b ブ], [m ム]
上の歯と下唇	[f フ], [v ヴ]
上の歯と舌先	[θ す], [ð ず]
上の歯の裏	[s ス], [z ズ]
下の歯の裏	[ʃ シュ], [ʒ ジュ]
上歯グキ	[t ト], [d ド]
硬口蓋	[k ク], [g グ], [n ン]
軟口蓋	[ŋ んぐ]
のど(息)	[h ホ]

(2)発音に注意を要する音

●破裂音: 無声[p プ] [t ト] [k ク]　有声[b ブ] [d ド] [g グ]

破裂音の発音は日本語よりもはるかに大袈裟です。 特に無声音[p プ][t ト][k ク]は、破裂のあとに [h](気音・気息音) が入るくらい——[ph][th][kh]のつもり——が丁度いいでしょう。有声音[b ブ][d ド][g グ]も同じく[bh][dh][gh]くらい強く発音します。 しかもアクセントのない位置でもこの原則が通用しますから、相当強くやっても大袈裟すぎるということはありません。声を出して次の例を読んでみて下さい。

(単語の末尾の[b ブ],[d ド],[g グ]はちょっと勝手が違います。→ 次項参照)

"p"	[パピプペポ]	ではなく	[プハー /ピヒー /プフー /プヘー /プホー]
"t"	[タティトゥテト]	ではなく	[トゥハー /ティヒー /トゥフー /トゥヘー /トゥホー]
"k"	[カキクケコ]	ではなく	[クハー /キヒー /クフー /キヘー /クホー]
"b"	[バビブベボ]	ではなく	[ブハー /ビヒー /ブフー /ブヘー /ブホー]
"d"	[ダディドゥデド]	ではなく	[ドゥハー /ディヒー /ドゥフー /ドゥヘー /ドゥホー]
"g"	[ガギグゲゴ]	ではなく	[グハー /ギヒー /グフー /ギヘー /グホー]

以下の表記は極端ですが、これくらい気音を入れるつもりで読んでみて下さい。

peak[**ピヒー**クッ] / pitch[**ピヒッ**チ] / suppose[サ**プホウ**ズ] / map[**マッ**プッ]
team[**ティヒーム**] / talk[**トゥホー**クッ]/ sit [**スイッ**トゥッ]
keep[**キヒー**プッ] / come[**クハ**ム] / scoop[ス**クフー**プッ] / rock[**ろッ**クッ]

beam[**ビヒー**ム] / boy[**ブホー**イ] / obey[オッ**ブヘイ**]
day[**デ**ヘイ] / ditch[**ディヒッ**チ]
God[**グホッ**ド] / again[アッ**ギヘイ**ン]

●単語の末尾の有声破裂音[b ブ] [d ド] [g グ]の処理

"said", "moved", "God", "knob", "beg"など、語末が有声破裂音の場合には、前項のように帯気音で発音する訳には行きません。無声音であれば "top"[**トホッ**ップフ]のように [プフ / トゥフ / クフ]と終わって息の音が聞こえる方がよいのですが、有声音語尾での[ブフー] / [ドゥフー / グフー]は不自然です。

よく聞く誤りは[u]の母音を入れてしまうクセです。これは、「有声音」の「有声」(＝声帯の振動を伴なうこと)」と「母音」とを混同してしまったためです。

× said[**セ**ドゥ], moved[**ムー**ヴドゥ], God[**ゴッ**ドゥ], knob[**ノ**ブゥ], beg[**ベッ**グゥ]

語尾の有声破裂音では声帯の振動はありますが、母音のように息が流れないのが特徴です。「破裂とともに振動が止まるような」または「あたかも息を呑み込むような発音」と言えば理解しやすいでしょう。あるいはフランス語の「パリジェンヌ」「エティエンヌ」「ジャンヌ・ダルク」に見られる鼻音語尾や、英語の "king"[**キん**ぐ] "song"[**ソん**ぐ]など鼻濁音語尾のような息づかいを心掛けるとうまく行きます。

●"p" "b"の音 [p] [b]

「破裂音を大袈裟に」と書きましたが、なかなかきれいに決まらないのが、上下の唇で作る破裂音 [p プ][b ブ] です。大袈裟にやろうとしてツバばかり飛ばしているのをよく見かけます。破裂音はどれも発音部位を閉じて一瞬息を止め、次にそこを破裂させて作る音ですが、[p][b]の場合唇を閉じさえすればよいのではありません。上下のくちびるの内側の、**濡れているところ同士を合わせ**、そこを破裂させます。こうすれば、くちびるの乾いた部分で出すよりも簡単にきれいな[p][b]音を出すことができます。

○ 正しい "p / b" [p / b]
唇の濡れた部分で破裂

× 唇の乾いたところで破裂

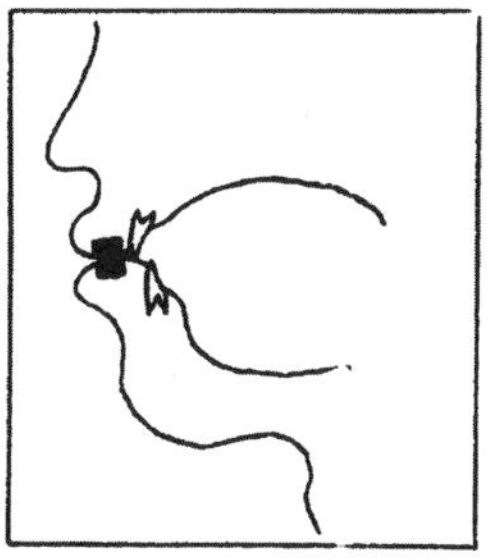

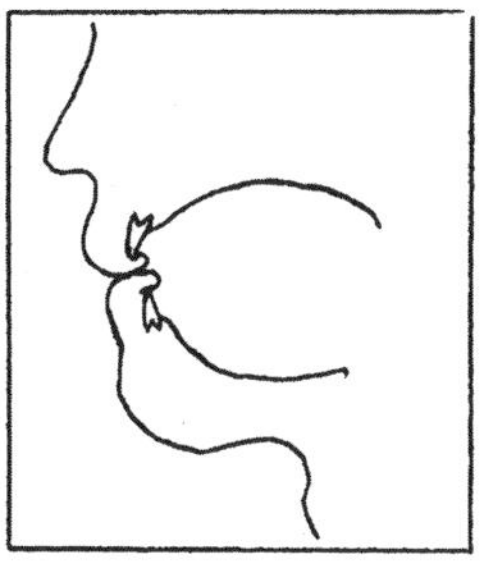

○ 正しい "p/b" [p / b]

× 唇の乾いたところで破裂

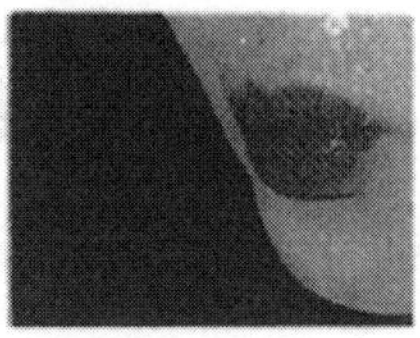

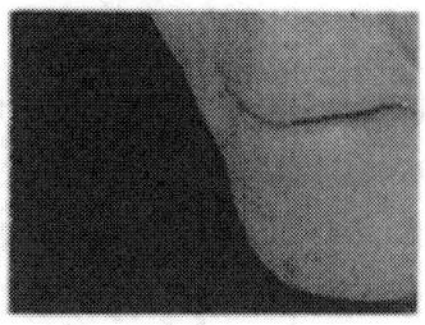

●"th"の音 [θ す] [ð ず]

「舌を噛むように」とか「舌に前歯をのせて」といった指導をしばしば見かけます。 そしてそのとき生徒は、舌の半分近くを前歯より前に出してしまっています。 これは発音しにくい、というだけでなく、イギリス人、アメリカ人の実際の発音と比較しても誤りです。 "th" [θす][ð ず]の音は「上の前歯と舌との間の摩擦音」であり、実技としては「**舌先がわずかに前歯に触れるように**」という発音の仕方が正解です。 舌の先が前歯より5mm 以上前に出たら出しすぎ、と考えて下さい。

○ 正しい "th" [θす /ðず]
舌が前歯に軽く触れる程度

× 舌の出し過ぎ

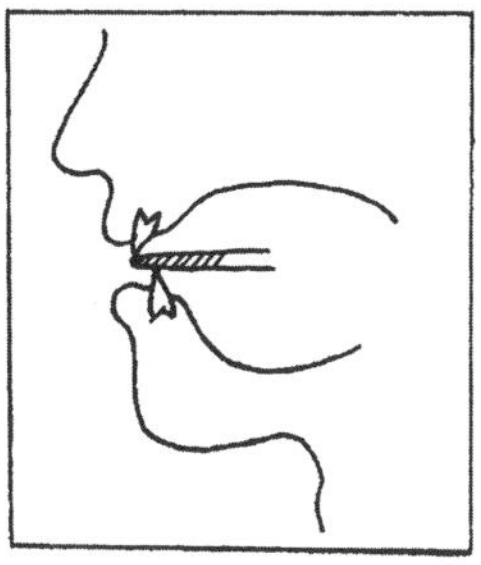

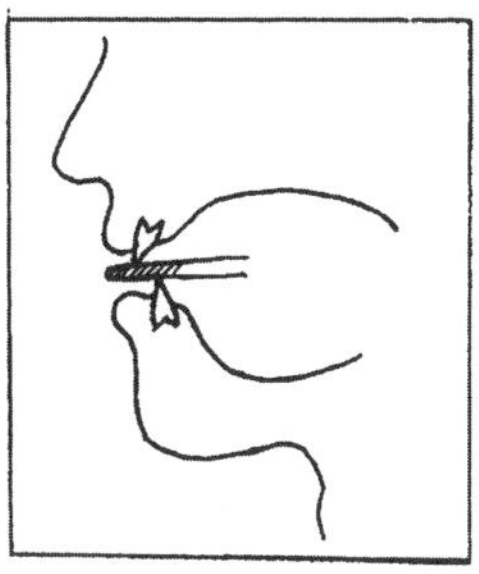

○ 正しい "th" [θす /ðず]

× 舌の出し過ぎ

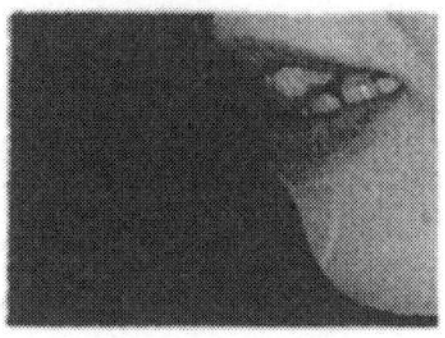

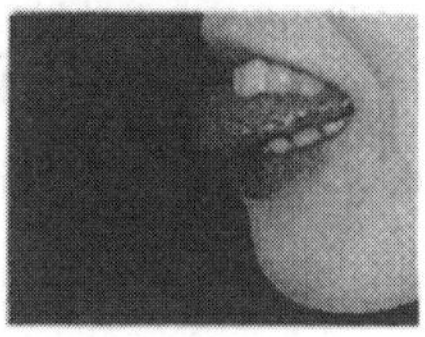

●“f”, “v”の音 [f フ] [v ヴ]

“f”, “v”では「前歯で下くちびるを噛むように」という指導が多く、生徒が下くちびるを口の中に丸めこみ、そこを上の歯で噛んでいるのを見かけます。 これも “th”同様、発音しにくいだけでなく、発音法としても誤りです。 [f][v]の音は、「上の前歯 と **<u>下唇の内側の濡れた部分</u>の接触**」によって作ります。 ですから、下くちびるの使い方としては、「口の中に丸め込む」のではなく、「受け口のように突き出す」形が正解です。

○ 正しい “f / v” [f / v]
前歯が下唇の濡れたところと接触

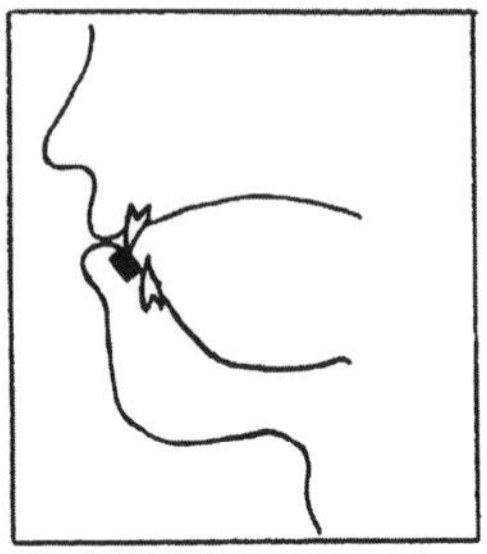

× 唇の乾いたところと接触

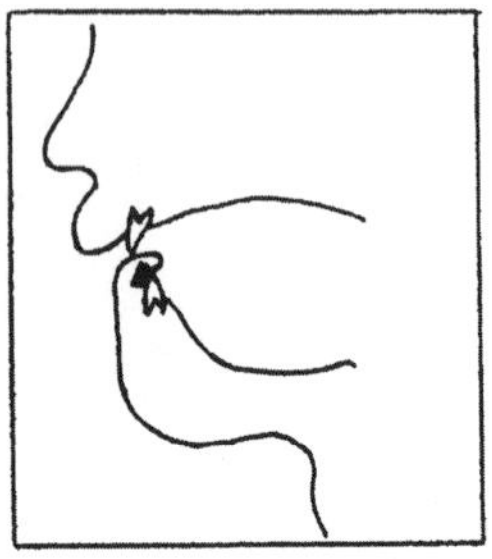

○ 正しい “f/v” [f / v]

× 唇の乾いたところと接触

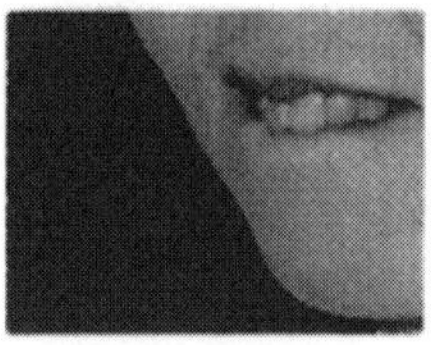

●”L”の音 [l ル]、“R”の音[r る]

[l]と[r]は子音ですが、発音している間にも声帯が振動しており、声が流れているので「流音」と呼ばれます。 “l” は舌先を上の歯グキにつけて出す音、“r” は舌先を上の歯グキに近づけて(ただし接触させずに)出す音です。

[l]と[r]を区別するのは難しいものです。 しかしこれが不得意なのは日本人だけではないので、あまり神経質にならず、間違えても気にせず、どんどん話すようにしましょう。

音の響きの面から細かく見ると、“l”では舌先が硬口蓋につくため、わずかに上顎に響く音がすること、“r”では舌の裏側に仕切られた空間ができるため、ややこもった響きがするのが特徴です。 また “r”は直前にわずかに唇を丸め、とがらせる傾向があるため、[r]音の直前に少し[u ウ]の響きがすることなどの特徴も聞き分けるポイントとなります。 “write”のように “w”がつく単語を思い浮かべると分かりやすいでしょう。 厳密には “wr”の “w”はサイレント(黙字)で、“write”も“right”も発音は同じ [**らイ**ト]ですが、直前に意識的に[u]の響きを入れ [ゥ**らイ**ト]と言っても十分通じます。

なお、ダウランドやパーセル、ヘンデルなどの古い英語を歌うときには “r”は「巻き舌」で発音することがあります。(58ページ参照，本書では下線つきの[ら り る れ ろ]で表記)。 現代作品では原則として「巻き舌」は使いません。 例外的に、芝居の役柄のなまりとしてスペイン系、プエルト・リコ系、インド系の役のセリフでは巻くことがあります。 代表的な例では、バーンスタイン作曲の「ウェストサイド物語」で、プエルト・リコ系の「巻き舌 “r”」を聞くことができます。

また、“l”の音は、声帯の振動を続ければ長く伸ばすことのできる音ですから、英語の歌では“l”に音符がついていることがよくあります。 “bl”, “cl”, “dl”, “pl”, “sl”, “tl”などで顕著です。

miracle	little	candle	trouble	people	puzzle
[**ミ**らクル]	[**リ**トル]	[**キャン**ドル]	[ト**ら**ブル]	[**ピー**プル]	[**パ**ズル]

舌先を上の歯グキに付けたままで発声しますから、歌で使うのは簡単ではありません。 できなければ、少々邪道ですが [o:]([ウー]と[オー]の間の深い音)で代用することも可能です。

●“tl”, “dl” の音：「舌の側部の破裂音」

“little”, “Beatles”, “candle”などに現れる “tl” “dl”の部分は意外に発音しにくい音です。[tl]は[tol][tul]ではありません。 [t]のあとに[o][u]の母音を入れずに、すぐ舌を歯グキの裏につけて[l]を言うのは、かなり難しいと思います。

実際にイギリス人やアメリカ人の発音を聞くと、ここは「舌の側部の破裂音」を使っています。どんな音かというと、まず[l]のように舌を歯グキ裏につけながら、舌の両脇から息を漏らすと、ちょっと変わった[シューシュー](無声)[ジュージュー](有声)という摩擦音を出すことができます。(スペインの米料理 “Paella” 「パエリア」「パエージャ」で特徴的な音です。) その舌の側面を口の上側・口蓋に付けて一度閉じ、その後で破裂させると、この「舌の側部の破裂音」が出せます。 “tl”では、まずこの破裂音を出し、そのまま舌先が歯グキに付いている状態で[l]を続けます。

「歌でどう処理するか」ですが、「舌の側部の破裂音」は難しい上に、その後 [l]の口のまま良い発声で音を出す、というのは至難の技です。 さまざまな実験の結果ですが、難しければ、文字どおり[tl]と歌ってしまうか(これも簡単ではありません)、またはやや邪道ですが、前項の[l]の音同様 [to:]([トー]と[トゥー]の間くらいの深い音)、あるいは[ko:]([コー]と[クー]の間くらいの深い音)で代用することが可能です。 これもそれなりに “tl” らしく聞こえますので、やむを得ない場合の緊急避難として使える技法です。

●"s" [s ス]と "sh" [ʃ シュ]の違い ／ [z ズ]と [ʒ ジュ]の違い

[s ス]と[ʃ シュ]が区別できない人もいますが、[サ]と[シャ]、[セ]／[シェ]、[ソ]／[ショ]、[ス]／[シュ]の区別はほとんど問題なく、[スィ]と[シ]の区別ができないケースが大半です。

[sa サ]と[ʃa シャ]を発音しながら、自分で口の中の舌の位置と息の流れに注目して下さい。 [s]も[ʃ]も歯の裏側に息を当てる摩擦音ですが、[サ]は上の歯中心で、舌もまっすぐ前向きなのに対し、[シャ]では舌先を下に向け、前歯の裏側に空間を作ってそこに息を迂回《うかい》させて[ʃ]の響きを作っています。 [s]と[ʃ]を誤ると、全く違う意味になる場合が多いですから、聞いて分かるだけでなく、自分でも正確に区別して発音できるようにしましょう。

shy[**シャイ**]	shave[**シェイ**ヴ]	she[**シー**]	shore[**ショ**ア]	shoe[**シュー**]
「内気な」	「剃る」	「彼女」	「海岸」	「靴」
vs	vs	vs	vs	vs
sigh[**サイ**]	save[**セイ**ヴ]	sea / see[**スィー**]	sore[**ソ**ア]	sue[**スー**]
「ため息」	「救う、保存する」	「海」/「見る」	「痛い」	「訴える」

[s][z]の舌の位置：舌先が上

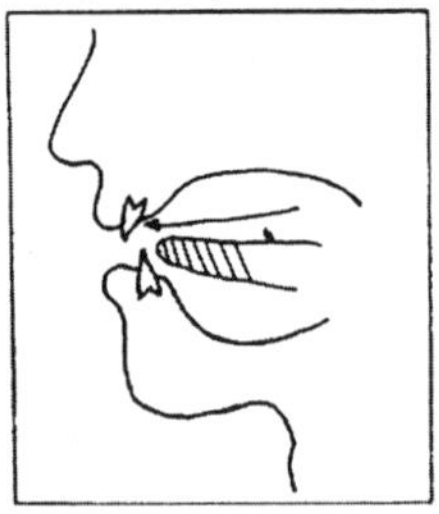

[ʃ] [ʒ]の舌の位置：舌先が下向き

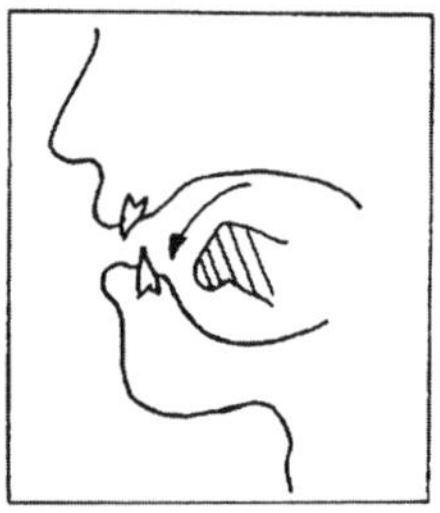

[z ズ]と[ʒ ジュ]は有声音というだけで、[s ス]／[ʃ シュ]と同じ関係です。ここでも[ザ]と[ジャ]、[ゼ]／[ジェ]、[ゾ]／[ジョ]、[ズ]／[ジュ]の区別は容易ですが、[ズィ]と[ジ]の区別が難しいようです。 下の例を言い分けられるか試してみて下さい。（厳密に言うと、下段の音は摩擦音[ʒ ジャ-ジ-ジュ-ジェ-ジョ]ではなく破擦音[dʒ ヂャ-ヂ-ヂュ-ヂェ-ヂョ]ですが、破擦音については次項で説明しますのでここでは詳しく触れません。）

resign[り**ザイ**ン]	zealous[**ゼ**ラス]	resort[り**ゾー**ト]	zeal[**ズィー**ル]	zoo[**ズー**]
「辞職する」	「熱心な」	「休暇地、逃れる」	「熱意」	「動物園」
vs	vs	vs	vs	vs
giant[**ヂャイ**アント]	jealous[**ヂェ**ラス]	rejoice[りッ**ヂョイ**ス]	jeep[**ヂー**プ]	Jew[**ヂュー**]
「巨人」	「嫉妬深い」	「喜ぶ」	「ジープ」	「ユダヤ人」

多少応用になりますが [sju: スュー] [zju: ズュー]という音もあります。この音は英米人にも[ʃu: シュー] [ʒu: ジュー]の人がいますから、どうしても出来なければならないものではありませんが、できれば正確に発音できるようになりたいものです。

	pursue	assume	resume
○	[パぁー**スュー**]	[ア**スュー**ム]	[り**ズュー**ム]
△	[パぁー**シュー**]	[ア**シュー**ム]	[り**ジュー**ム]
	「追い求める」	「仮定･想定する」	「再開する」

●破裂音／摩擦音／破擦音 ＜重要＞ [ザ]と[ヅァ] ／ [ジャ]と[ヂャ] の違い

・**「破裂音」**は、発音部位を閉じて一時的に息を止め、その後その部分を破裂させて出す音です。 英語では、唇で作る[p プ](無声) [b ブ](有声)、上の歯グキと舌先で作る[t トゥ](無声) [d ド](有声)、口蓋と舌で作る[k ク](無声), [g グ](有声)があります。

無声音	[p] pitch,	[t] trill,	[k] kick
有声音	[b] beat,	[d] desk,	[g] good

・**「摩擦音」**は、発音部位を狭くして、そこに息を通過させて出す摩擦の音です。 英語では、上の前歯と下くちびるで作る[f フ](無声) [v ヴ](有声)、上の前歯と舌で作る th[θ す](無声)と[ð ず](有声)、上の前歯で作る[s ス](無声) [z ズ](有声)、下の前歯で作る[ʃ シュ](無声) [ʒ ジュ] (有声)、息の音[h ホ](無声のみ) があります。

無声音	[f] flute,	[θ]thick,	[s] soup,	[ʃ] sheet,	[h] hot
有声音	[v] violin,	[ð]these,	[z] jazz,	[ʒ] pleasure	

・**「破擦音」**とは、まず破裂音を出し、同時にすぐ摩擦音を続ける複合子音です。 英語で使うのは、[t]と[s]の組合せ[ts ツ] (無声)、[t]と[ʃ]の組合せ[tʃ チュ](無声)、[d]と[z]の組合せ[dz ヅ](有声)、[d]と[ʒ]の組合せ[dʒ ヂュ] (有声)です。 なお、ドイツ語では、[p][f]の組合せ[pf プフ]が特徴的です。(Pfeffer, Pfennig, Schöpfung など)。

日本人にとっては、有声の破裂音[dʒ ヂュ][dz ヅ]と摩擦音[ʒ ジュ][z ズ]の区別は難しいので、実際に発音しながら詳しく見て行きましょう。

・[z][ʒ]の音は摩擦音です。[s サ-シ-ス-セ-ソ]、[ʃ シャ-シ-シュ-シェ-ショ]に濁点のついた音と考えて下さい。

[z] [ザ-ズィ-ズ-ゼ-ゾ]

zeal[**ズィー**ル]「熱意」, xylophone[**ザイ**ロフォウン]「木琴」,
Sion[**ザイ**オン]「シオン、エルサレム」

[ʒ] [ジャ-ジ-ジュ-ジェ-ジョ]

pleasure[プ**レ**ジャー]「喜び」, treasure[ト**れ**ジャー]「宝」,
sabotage[サボ**ター**ジュ]「サボタージュ」

・これに対して[dz][dʒ]の音は破擦音です。[ツァ-ツィ-ツ-ツェ-ツォ]、[チャ-チ-チュ-チェ-チョ]に濁点のついた音と考えて下さい。

[dz]　　[ヅァヅィヅヅェヅォ]

needs[**ニー**ッヅ]「需要」, hands[**ハン**ヅ]「手」(複数)

[dʒ]　　[ヂャ-ヂ-ヂュ-ヂェ-ヂョ]

reject[りッ**チェ**クト]「拒否する」, judge[**チャッ**ヂ]「判断する、審判」,
Egypt[**イー**ッヂプト]「エジプト」, jewel[**チュー**ウェル]「宝石」

区別できるでしょうか？　練習してみて下さい。

[z　ザ-ズィ-ズ-ゼ-ゾ]　　vs.　　[dz　ヅァ-ヅィ-ヅ-ヅェ-ヅォ]

[ʒ　ジャ-ジ-ジュ-ジェ-ジョ]　　vs.　　[dʒ　ヂャ-ヂ-ヂュ-ヂェ-ヂョ]

●現代日本語の摩擦音と破裂音の原則

実際に指導にあたると、英語での破擦音と摩擦音の区別が出来ない人は相当数います。これは現代の日本語(とくに東京地方)の有声音の場合、摩擦音[z][ʒ]と破擦音[dz][dʒ]が意味の差を生まず、音の区別が意識されていないことに関係があると考えられます。(※ 地域によってこの区別が残っている地方もあります。声楽家の藍川由美氏は著書「これでいいのか にっぽんのうた」の中で、この「ズ／ジュ／ヂュ／ヅ」の音を「三つ仮名」「四つ仮名」として精細に観察しています。)

現代日本語のルールは次の通りです。

・文字のルール

① 文字の上では、発音にかかわらず ザ行「ざ-じ-ず-ぜ-ぞ」ジャ行「じゃ-じ-じゅ-じぇ-じょ」と書くのが原則で、「づ」「ぢ」は例外です。「つき」「つる」などが濁った場合は「つ」の文字を優先して、「みかづき」「おりづる」となります。このほか「つづき」「つづら折り」のように「つづ」と続くときも「づ」です。

・発音のルールはスペルと無関係です。

② 単語の冒頭の「ザ行・ジャ行・ヂャ行・ヅァ行」は、文字に関わらず破擦音[dz][dʒ]で発音されます。

③ 単語の中での「ザ行・ジャ行・ヂャ行・ヅァ行」の基本は摩擦音[z][ʒ]です。

④ 単語の中でも小さい「ッ」が入る場合、その後の音は破擦音[dz][dʒ]になります。
エッジ(発音は[エッヂ])、ジャッジ(発音[ヂャッヂ])、レッズ(発音[レッヅ])など。

⑤ 単語の中でも子音[n]のあとは、破擦音[dz][dʒ]・摩擦音[z][ʒ]どちらもありえます。
これは日本語の[n]がはっきり舌先を上の歯グキに付ける場合とはっきり付けないあいまいな鼻音で言う場合があるからです。舌先がはっきり歯グキに付く場合、その後は破擦音[dz][dʒ]、あいまい鼻音の場合摩擦音[z][ʒ]です。

この発音のルールは書いてある文字には左右されません。 文字でザジズセゾ、ジャジジュジェジョと書いてあったとしても単語の頭にあれば発音は[dz][dʒ]ですし、単語の中であれば文字でヅァヅィヅヅェヅォ、ヂャヂヂュヂェヂョであっても発音は[z][ʒ]になります。

＜破擦音＞		**＜摩擦音＞**	
座敷	[ヅァシキ]	お座敷	[オザシキ]
造形	[ヅォーケー]	創造	[ソーゾー]
材料	[ヅァイリョウ]	太宰府	[ダザイフ]
地震	[ヂシン]	大地震	[ダイジシン]
常識	[ヂョーシキ]	非常識	[ヒジョーシキ]

英語を話すとき、この日本語のルールに当てはまる単語は問題なく発音できますが、日本語のルールと異なる単語では、間違えやすくなります。

日本語のルールと同じ場合

語頭の破擦音　jump[**チャ**ンプ]「跳ぶ」, joke[**チョウ**ク]「冗談」

“ッ”や[n]の後の破擦音

edge[**エッ**ヂ]「端、エッジ」,

conjunction[コン**チャン**クション]「接続」

語中の摩擦音　pleasure[プ**レ**ジャー]「喜び」, scissors[**スィ**ザーズ]「はさみ」

日本語のルールと異なる場合

語頭の摩擦音　Sion[**ザイ**オン]「シオン、エルサレム」, zoo[**ズー**]「動物園」, zeal[**ズィー**ル]「熱意」, xylophone[**ザイ**ロフォウン]「木琴」

語中の破擦音　imagine[イ**マッ**ヂン]「想像する」,Egypt[**イーッ**ヂプト]「エジプト」,needs[**ニーッ**ヅ]「需要」,beads[**ビーッ**ヅ]「ビーズ玉(複数)」,legend[**レッ**ヂェンド]「伝説」,religion[れ**リッ**ヂョン]「宗教」

特に単語の途中では意味の違いを生じてしまうことがあるので、厳格に正す必要があります。

＜摩擦音＞		**＜破擦音＞**
cars [**カー**ズ] ＝car「車」の複数	← vs →	cards [**カーッ**ヅ] ＝card「カード」の複数
knees [**ニー**ズ] ＝knee「ひざ」の複数	← vs →	needs [**ニーッ**ヅ] ＝need「需要」の複数
bees [**ビー**ズ] ＝bee「蜂(はち)」の複数	← vs →	beads [**ビーッ**ヅ] ＝bead「ビーズ玉」の複数
sees [**スィー**ズ] ＝see「見る」の3人称単数現在	← vs →	seeds [**スィーッ**ヅ] ＝seed「種(たね)」の複数
leisure [**レ**ジャー] ＝「娯楽」	← vs →	ledger [**レッ**ヂャー] ＝「会計帳簿、元帳」

●発音しない(？)子音 [ʔ] … 声門の破裂音

この音は、日本語では普通意識しない音なので、日本人にとっては聞き分け、歌い分けが困難です。 日常会話では必要ないのですが、声楽家は時として要求されるテクニックです。どんな音かと言うと、「アッアー」「イッイー」という文字を声にするとき、小さい「ッ」のあとでのどを一回詰まらせた上で、また開いているのが自分でも分かると思います。 この「のどを一度詰まらせて開くこと」がこの子音、「声門の破裂音」です。

英語で「ハワイ」のスペルは “Hawaii” と書きます。 最後に “i” の字が2つ続くのが独特ですが、ハワイの先住民の発音は[ハワイッイー]であり、最後の2つの i と i の間にこの子音があることを示しています。

この「ノドの破裂音」と呼ばれる子音は、英語やドイツ語の歌を歌う際、母音ではじまる単語を強調したいとき、音の入りを突くように鋭く強調したいときに、しばしば意図的・意識的に使います。(ドイツでは “Glottis schlagen” —— 声門を叩く—— という言い方をします。)

あまり強く使いすぎるとワザとらしく聞こえる場合もあること、またノドの奥で作る音なので、これを使うと発声を乱しやすい人もいるので、使い方には注意しましょう。

● “wh” を [f] で発音しない

“where”や“when”での“wh”は[hw]でも[w]でもよく、 “where”は[ホウェア]または[ウェア]、“when”は[ホウェン] [ウェン]どちらでも OK です。 また“who”や“whom”は[h]音ですから、“who”[フー hu:] “whom”[フム hum]です。

しばしば耳にする誤りですが、これらを[f]で言ってしまう人がいます。 意味が違ってしまうこともあり、おかしく聞こえますので注意しましょう。

	○	○	×	
where	[ホウェア]	[ウェア]	[フェア]	→ fare, fair に聞こえてしまう。
when	[ホウェン]	[ウェン]	[フェン]	→ fen(?)に聞こえてしまう。
who	[フー hu:]		[フー fu:]	→ foo(?),に聞こえてしまう。

※ fen「沼地」はほとんど使わない単語。 foo は辞書にも見当たりません。

hook[フック]や hoop[フープ]も[h]音です。 [f]にならないよう要注意です。

(B) 英語の母音

子音は際立《きわだ》って聞こえ、発音する部位がはっきりと決まるので、習得も修正も容易ですが、母音はもともと舌の微妙な位置関係で作っていくものですから、身に付けるのも難しく、正しい発音かどうかを自分で検証するのも困難です。 ネイティブ・スピーカーにチェックして貰える人はいいのですが、そうでない人も英語の発音のきれいな人に聞いて貰ったり、英語の映画やテレビを見ながら自分の発音と比較してみるなど、日頃から注意と努力が必要です。

●日本語の母音体系

日本語の[アイウエオ]と英語の[aiueo]では音に微妙な違いがあります。 まず日本語の母音体系を見て行きます。

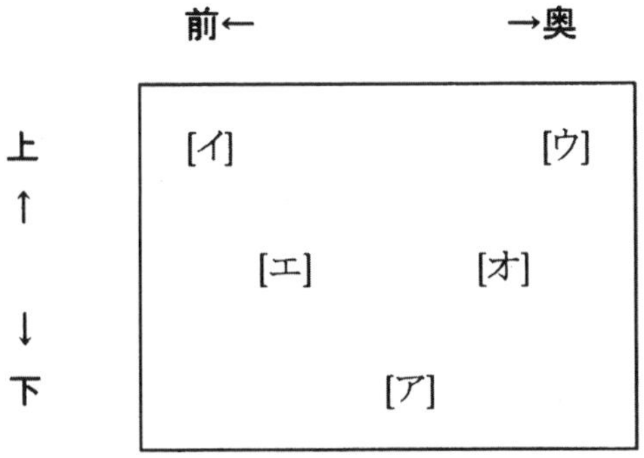

この図の見方ですが、[ア]-[エ]-[イ]の順番に自分で声を出すと、舌がだんだん上に移るのが分かります。 つまり音色を作る位置が上に動きます。 [ア]-[オ]-[ウ]の順に動かしても同じように舌が上に移りますが、[イ]と比べると[ウ]の方が、後ろの方で音色を作っているのが分かります。 母音はこのように調音点の上下と前後で基本的な音色が決まります。

●英語の母音体系

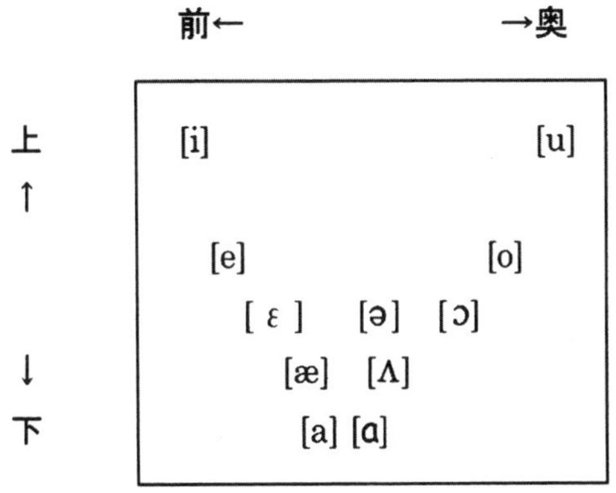

英語の母音は大体左図の通りです。

英語の [i:]は日本語の[イー]よりも鋭く、英語の[u:]は日本語の[ウー]よりもくちびるを突き出して小さく丸めます。 [ou]や[ɔ:]も 日本語の[オー]よりくちびるを丸くします。 [e]は日本語の[エ]よりも平べったい鋭い音です。 このように日本語より鋭い音が多い反面、日本語にはない[ə]や[ʌ]のような中間的な母音も使います。

※ 厳密に言えば、英語の長い[イー][i:] “peak”と短い[イ][I] “pick”では音が微妙に違います。 長い[i:]の方がより鋭く前の方で出す母音です。 短い[I]はやや緊張の弱い、あいまいな音色です。 長い[ウー][u:] “pool”と短い[ウ][U] “pull”の間も同じ関係で、長い[ウー][u:] “pool”はするどく口を突き出しますが、短い[ウ][U]の方はくちびるの丸めかた、突き出しかたがゆるくなります。

日本語と英語の母音を、発音する位置で図示すると、おおむね下図のようになります。 日本語よりも英語の方が母音の音色を作る調音点の範囲が広いこと、区別して使う母音の種類が多いことが分かります。

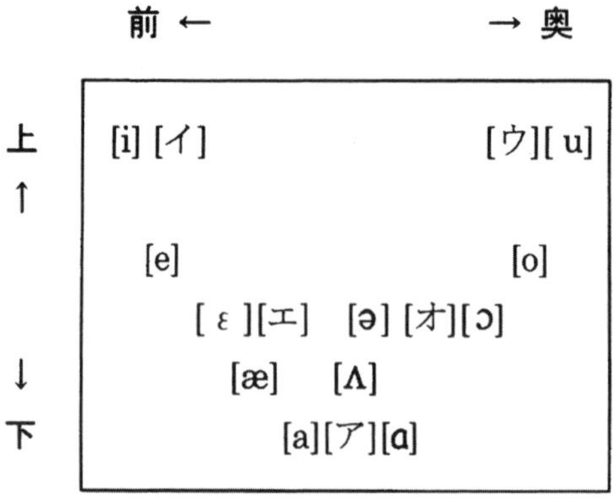

母音の発音は正確であればあるほどよいのは当然で、常に努力したいところですが、一方で皆が皆、特に音楽家が母音ばかりにこだわる必要はない、とも考えています。 その理由は

(1) 母音は訓練で上達はするものの、あるレベル以上になると、労力の割に進歩が期待できない。
(2) 個々の単語レベルでいくら正確な音が出せたとしても、実際の会話や歌やせりふの中で全体にわたってバランスよく実現できなければ意味がない。
(3) 個々の音だけでなく、アクセントや抑揚も、英語を英語らしく聞かせる上で重要で、そちらの練習もすべきである。
(4) 母音ばかりを正確に出す訓練をするよりも、語彙を増やしたり、速く読める能力を伸ばす、などの訓練の方がコミュニケーションや歌の表現に効果が高い。

などが上げられます。 音楽家の中でも、人前で英語の歌を歌う声楽家は母音もじっくり訓練すべきですが、そうでなければ、あまり神経質になる必要はありません。

●二重母音

[アイ][オイ]は日本語でも二重母音として発音しますので、英語でも苦労しません(相生[アイオイ](地名)、追い越す[オイコス]、愛[アイ]など)。それに対し、[エイ][オウ]は長母音[エー][オー]になってしまう人が大勢います。日本語では文字で「せんせい」「おうさま」と書いてあっても発音は[センセー][オーサマ]と長母音化するのが原則ですから、日本人はどうしても英語の二重母音[エイ][オウ]が苦手なのです。

現代の英語には長母音[エー]はないので、[エイ]を[エー]と言ってしまっても意味は通じますが、音としては間違っています。 [オウ] の方は、別の長母音 [オー] と間違えると意味まで違ってきてしまいますから、コトは重大です。[エイ][オウ]ともきれいに二重母音ができるように訓練しましょう。

2重母音:	bowl[**ボウ**ル]	choke[**チョウ**ク]	load[**ロウ**ド]	woke[**ウォウ**ク]
	丼	息を詰まらせる	荷物・荷重	“wake”「起こす」の過去形
	vs	vs	vs	vs
長母音:	ball[**ボー**ル]	chalk[**チョー**ク]	lord[**ロー**ド]	walk[**ウォー**ク]
	ボール	白墨	主、君主	歩く

●あいまい母音 ～ こもらないこと

「あいまい母音」となると、舌を巻き上げるようにしてこもった発音をする人を見かけます。「あいまい」とは「調音点が中間的であること」を示しているだけで、「こもること」ではありません。ネイティブ・スピーカーで「会話全般にこもった音を出すクセの人」はいますが、他の母音はこもらせず、あいまい母音だけをこもらせることはないと言っていいでしょう。他の母音がこもらないなら、あいまい母音もこもりません。明晰な音を出すよう心掛けましょう。

●くちびるを丸める母音 [u ウ] [ou オウ]

日本語の[ウ]や[オ]は特に強調する場合を除いて唇をすぼめたり、丸めて突き出すことはありませんが、英語の[u][ou]は、かなり大袈裟に唇を丸めます。日本人の場合、相当丸めて突き出すようにしないと、英語らしい発音になりませんから、練習が必要です。

●母音と発声上のテクニックについて

英語に限らず、どの国の歌についても言えることですが、母音に関する重大な問題点は、「話す発音」と「歌う発音」は同じでない、ということです。 話し言葉では、「話す発声」で「話す音域」で正しく聞こえればよいのですが、歌の場合は「歌う発声」で「歌う音域全体」で、均一に、明瞭に、美しく聞こえる必要が出て来ます。

どのようにしてこれを実現するかは、声楽の技術によるところが大きいので、ここでは2～3の指摘をするにとどめます。 あえて誤解を恐れずに断言的に書きますが、その意味するところは読者自身が考えて下さい。

①母音を作る際、英語の先生は口の形を問題にしがちだが、口の形が問題なのではなく、最終的に出て来た音が妥当な母音の響きを持っているかどうかが問題。

②母音の音色を口先や舌の小細工で調整せず、実際に音が発生する段階からその母音の音色が出るようにする。

③どの音域でも同じ母音として響かせるために、各音域での発音法を工夫する。

6章-(3) アクセント・抑揚・リズム

● アクセントと抑揚

日本人の話す英語の問題点として、個々の音のほかに、アクセントや抑揚(音の高さ)の問題があります。 アクセントがなかったり、抑揚がなかったり、という症状をよく見掛けます。 確かに英語の方が日本語より大袈裟なことばであり、日本語の方がもともと全般に平板な傾向にはありますが、日本語をしゃべるときには抑揚のある人でも、英語で話すとき平板になってしまうというケースもあります。

英語には英語なりのアクセントや抑揚のクセがあります。 話すときに

① アクセントのある音節を強くすること
② 文章は付点リズムのように、リズミカルに勢いをつけて話すこと
③ 文の抑揚にも気をつけること

これらに注意するだけで格段によくなる筈です。

●アクセント

英語のほとんどの単語は強勢・アクセントを持ちます。 一部に文脈上大きな意味を持たない単語、たとえば be 動詞(is, am, are, were など)、 have 動詞(have, has, had)、前置詞(from, of, to など)、冠詞(a, an, the)などは、強調するとき以外アクセントの弱まる単語もありますが、その他の名詞・動詞・形容詞・副詞などには、基本的にアクセントがあります。

アクセントと言うと「強弱」と捉えられがちですが、世界各国のことばのアクセントには「強弱」のほか、「高低」「長短」などさまざまな要素があります。 英語で最も顕著なのは「高低アクセント」ですが、同時に「強弱アクセント」「長短アクセント」も併存しています。

●日本語のアクセント

日本語は「高低アクセント」がきわだっています。「アクセント」というより「高低パターン」と言った方がいいかもしれません。 話しことばで強調するときには「強弱アクセント」も入りますが、欧米語と比べると「強弱」の幅は小さいと言えます。

◇日本語の高低アクセント／パターン

・低→高のパターン

さ くひん （作品）　　か いせつ （解説）

・高→低のパターン

そう しゃ （奏者）　　ぶ たい （舞台）

・高→高のパターン

しょうぼう （消防）　　がっそう （合奏）

・低→高→低のパターン

そつ ぎょう しき　　し き しゃ

（卒業式）　　（指揮者）

●英語の高低アクセント

英語でも、「高低」「強弱」「長短」アクセントのうち、最も顕著なのは「高低アクセント」です。

compo si tion　　si lent　　pre fer

[コンポ**ズィッ**ション](作曲)　　[**サイ**レント](静かな)　　[プリ**ファー**](好む)

「上がる・下がる」があるという点は日本語と同じですが、日本語では「上がったまま」や「下がったまま」のパターンも多い(「作品」「奏者」)のに対して、英語ではアクセントのある音節だけが高く、その前も後も低いのが原則です。 “prefer”のように最後にアクセントがある単語以外では「上がったまま」はありません。

「高い」「低い」と言いましたが、その音程はどうでしょうか？ 英語では、単語の中でアクセントのある音節は、ほかの音節よりも通常約4度高くなります。 文や節の中で最も強調する箇所はさらに高く約5度ですが、一層強調の度合いが強くなると、8度 あるいは裏声で12度(1オクターヴと5度)というような極端なアクセントをつける人もいます。(音程については他の度数を唱える人もいます。)

音楽家の皆さんは一度自分の話すことばの音程をピアノやキーボードで探ってみてはいかがでしょうか？ 話し言葉は歌と違い楽音のような明確な音程ではありませんが、ことばの抑揚について考える、よい機会になると思います。

●英語の強弱アクセント と リズム

日本語は高低アクセントが顕著と書きましたが、英語では「高低」のほかに「強弱」のアクセントもはっきりと出します。

The conductor was so disappointed at the strings that he made them repeat the same phrase a dozen times.
「指揮者は弦の出来の悪さにあきれかえって、12回も同じフレーズを繰り返させた。」

下線の音節は音程上「高く」なるだけでなく、勢いの上でも「強く」なります。 話すとき、音読するときにも、このように強弱をつけることが英語らしく聞かせるコツです。

さらに、英語ではこれらの強弱が繰り返されることによって、リズムのパターンができます。詩・韻文ではこれを意図的に使いますが、散文でも強弱あるいは弱強のパターンをつけて読むと読みやすくなります。(「弱**強**調」 “iambus”, 「**強**弱調」 “trochee”など韻文のパターンについては3章-(3)「韻律法」で詳しく触れました。 49ページ参照) また「弱**強**」「**強**弱」のパターンの背景にある、英語に内在する付点リズムを意識すると、リズミカルに読み・話すことができるようになります。

ここまで「強弱アクセント」と書いていますが、「強弱」というより「強勢」と言った方がもう少し正確です。「強勢」は、音量を上げるのではなく、音節の立上りを鋭くすることがその意味です。管楽器で言えば音量を上げるのではなく、タンギングを鋭くすることに相当します。 ピアノで言えば、強く鍵盤を叩いたりペダルを踏んだりすることではなく、ピアニシモでも冴えたタッチで音を出すこと。 打楽器で言えばティンパニのフォルテではなく、グロッケンシュピールの鋭い音です。

●英語の長短アクセント

英語では高低アクセント、強弱アクセントが顕著ですが、長短アクセントがあることは見逃されがちです。 母音に長母音、短母音があるため、これを音節の長短と混同しそうですが、アクセントのある音節は長く、アクセントのない音節は短くされる傾向があります。「短母音の長い音節(?)」と言うと奇異な感じを受けるかもしれませんが、アクセントのある音節は短母音であっても物理的な時間の上では長く発音します。

“You didn't practice last night.”　　“I did.”
「昨夜は練習しなかっただろう?」　　「いえ、しました。」

The town was hit by the tornado.
「街は竜巻に見舞われました。」

※ 長母音と短母音の違いは、時間的な長さではなく、音の中での「アクセントと減衰(ディミヌエンド)のパターン」により生れます。 短母音は強いアクセントで始まり、急速に弱まります。長母音は強い勢いを長く維持します。 “pick”が[**ピック**]または[**ピ**ク]なのに対し、“peak”は[**ピーク**]、または極端に書くと[**ピイ**ク]という発音です。 このパターンを守れば「長い短母音」や「短い長母音」を言い分けることができます。

高低・強弱のアクセントだけでは、速いセリフや激しい情景描写での強調表現はできても、静かな場面やゆっくりした語調でしかも強調したいとき、それらしい表現ができません。 しかし、この長短アクセントを使えれば、静かな文脈でも強調をつけることができます。

John was so s a d(長) at the news of his mother's d e a t h.
「ジョンは母の訃報を聞いて悲しみに暮れました。」

Jenny t i ptoed(長) a l l(長) the way through the corridor, and succeeded in s n e a king(長) out of the dormitory.
「ジェニーは廊下を端から端まで忍び足で歩き、うまく寮から抜け出しました。」

長短アクセントを付けるための具体的な発音のテクニックとしては、母音だけでなく、子音の処理で行なうことが多いのに注目して下さい。

母音の後に破裂音[p,t,k,b,d,g]が来る場合は、国語でいう促音便(「詰まる音」)、あるいは小さい「ッ」のように、破裂の前に息を止めている時間を長くすることでこの効果を出します。

ta－p「たたく」, pi－ck「拾う、選ぶ」, sho－ck「衝撃、ショック」
[**タ**ッップ] [**ピ**ッック] [**ショ**ッック]

母音の後が流音[r,l]の場合、息は止まりませんが、同じ様に母音とr,lの間を長く取ります。

fo－reign「外国の」, fall「落ちる、倒れる」, abo－lish「廃止する」
[**フォー**･･･ りン] [**フォー**･･･ ル] [ア**ボ**･･･ リッシュ]

母音の後が鼻音[m,n,ng]の場合は、その鼻音の前の母音を伸ばすのではなく、鼻音自体を長く伸ばします。”

confident「確信ある」, homework「宿題」, stranger「見知らぬ人」
[**コンン**フィデント] [**ホウン**ムワぁーく] [ストれ**インン**チャー]

長短アクセントは、高低・強弱アクセントとは違い、間違えたとしても別の意味になることはないので、必ずしも自分で言い分けられなくてもいいでしょう。 ただ、ネイティブ・スピーカーが話すときの特徴をよく注意して聞き、真似てみて下さい。 また、「**強**弱調」「弱**強**調」のような韻律は長短アクセントとも密接な関係があります。 付点リズムのようにリズミカルに話すことを心掛ければ長短アクセントもできるようになります。

●関西弁の英語？ 東北弁の英語？ ～ 自分の抑揚を英語に持ち込まない

別に関西や東北の人に限ったことではないのですが、出身地のことばの響きを英語に持ち込んでいる人をときどき見掛ます。特に文字に書いてあるものを音読するときに目立ちます。

× When I was a young boy, my mother used to read fairy tales to me.

これはかなり異様な響きがしますし、外国人からも怪訝《けげん》な顔をされます。意味もなかなか通じません。自分の抑揚を持ち込むのではなく、英語らしい響きを心掛けましょう。

●英語の抑揚・終止形の音程

では英語らしい抑揚にするにはどうすればいいでしょうか？ 実は今までに述べたアクセントの原則を文に当てはめれば、ほとんど英語らしい抑揚は完成です。

1) 英語のアクセントは単語に1箇所です。日本語では「さ↑くら」「た↑いこ」のように上がったまま終わる単語はありますが、英語で上りっぱなしは最後の音節にアクセントのある単語だけです。語尾にアクセントのない音節は低く終わります。

2) 文の中・節の中でも、音が上がったままでは奇妙です。アクセントのあるところだけを高くし、他は低くするのが自然です。

○ When I was a young boy,

my mo ther used to read fai ry ta les to me.

「子どもの頃、母はよくおとぎばなしを読んでくれました。」

3) 疑問文は尻上りにするのが一般的なルールですが、文の前半から上げてしまっては息切れしてしまって不自然です。文末だけを尻上がりにするのが自然です。

× Did you take a direct flight from New York? ?

○ Did you take a di rect flight from New York ? ?

「ニューヨークからは直行便でしたか？」

4) 文脈の上で、強調する必要のない単語は、単語の中にアクセントがあっても、強調しないことがあります。 3)の例での“**flight**”は、ノンストップだったのか乗換え便だったのかだけが問題なので、強調されません。

5) 「高低アクセント」以外にも「強弱」「長短」のアクセントも混ぜてリズミカルに話しましょう。英語は同じ強さや長さの音節が続くのを嫌います。「弱**強**-弱**強**」「**強**弱-**強**弱」あるいは「弱弱**強**-弱弱**強**」などのパターンに、高低アクセント、長短アクセントを組み合わせてリズミカルに話すことが、良い抑揚を生みます。

6章-(4) スペル(綴《つづ》り)と発音の徹底練習

この節は目で見るだけの資料ではありません。
声に出して読むための実技ドリル(練習)です。

「はじめに」でも触れたように英語のスペル(綴《つづ》り)と発音には大きなズレがあります。 ではスペルと発音にルールはないのでしょうか？ まったくない訳ではありませんが、普通の人が、実用的に拠《よ》り所とできるような明解なものはありません。 しかし全く無関係かというと、そうでもありません。 ある程度のパターンはあります。

そこで、ここでは中級レベルの単語を中心に

(a) **スペル→発音： どの文字、どのスペルはどんな発音をするか**　　また逆に
(b) **発音→スペル： それぞれの音にどんなスペルのものがあるか**

この両方を徹底的に見て、スペルと発音の関係を体で感じて頂きます。 同じ単語を(a)スペル→発音、(b)発音→スペル 両方に使いましたので、(a)(b)を通して読めば、自動的に2回ずつ発音練習ができることになります。 (b)の方には単語全体の発音や意味は載せてありませんので、忘れた単語は(a)に戻って調べるか、あるいは飛ばしてしまっても構いません。

これは目で見るための資料ではなく、声に出して読むための実技ドリル教材です。 暗記する必要はありませんが、必ず声に出して読んで下さい。 声に出すことでスペルと発音の関係が体で分かってきます。

---

① 子音のスペルと発音

(a) 文字・スペル→発音 の関係

スペル	[発音]	単語例			
b	[ブ]	bass	brass	maybe	cube
	[b]	[**ベイ**ス]	[ブ**らー**ス]	[**メイ**ビー]	[**キュー**ブ]
		バス(声域)	真鍮,金管	たぶん	立方体の
bt	[ト]	doubt	debt	subtle	
	[t]	[**ダウ**ト]	[**デッ**ト]	[**サ**トル]	
		疑う	借金,負債	微妙な	
c	[ス]	cycle	bicycle	recital	place
	[s]	[**サイ**クル]	[**バイ**スィクル]	[り**サイ**タル]	[プ**レイ**ス]
		サイクル	自転車	リサイタル	場所
c	[ク]	clean	cream	miracle	cook
	[k]	[ク**リー**ン]	[ク**りー**ム]	[**ミ**らクル]	[**クッ**ク]
		綺麗な	クリーム	奇蹟	料理する,コック

c	[シュ]	ancient	delicious	efficient	ocean
	[ʃ]	[**エイ**ンシェント]	[デ**リッ**シャス]	[エ**フィッ**シェント]	[**オウ**シャン]
		古い	美味しい	効率の良い	大洋
ces	[ス]	Leicester	Worcester	Gloucester	
	[s]	[**レ**スター]	[**ウー**スター]	[グ**ロ**スター]	
		(地名・英)	(地名・英)	(地名・英)	

※ ces を[s]と読むのはイギリスの地名特有の音。

ch	[チ]	church	channel	speech	chess
	[tʃ]	[**チぁー**チ]	[**チャ**ネル]	[ス**ピー**チ]	[**チェ**ス]
		教会	チャンネル,海峡	スピーチ	チェス
ch	[ク]	school	chemistry	Munich	headache
	[k]	[ス**クー**ル]	[**ケ**ミストりー]	[**ミュー**ニック]	[**ヘッ**ドエイク]
		学校	化学	ミュンヘン(地名)	頭痛
ch	[シュ]	machine	chef	Chicago	Chopin
	[ʃ]	[マ**シー**ン]	[**シェ**フ]	[シ**カー**ゴウ]	[ショ**パー**ン]
		機械	料理長	地名(米)	人名(ポ)

※ ch[ʃ]の音は、外来語起源の単語に多い。

ck	[ク]	check	kick	clock	snack
	[k]	[**チェッ**ク]	[**キッ**ク]	[ク**ロッ**ク]	[ス**ナッ**ク]
		点検する	蹴る	時計	軽食
ckel	[クル]	nickel			
	[kl]	[**ニッ**クル]			
		ニッケル(金属), 5 セント硬貨(米)			
d	[ド]	day	need	devil	duet
	[d]	[**デイ**]	[**ニー**ド]	[**デ**ヴィル]	[デュ**エッ**ト]
		日	必要である	悪魔	二重奏,二重唱
d	[ト]	packed	missed	shipped	
	[t]	[**パッ**クト]	[**ミ**スト]	[**シッ**プト]	
		詰めた	のがした	送った	
d	[ヂ]	soldier	procedure		
	[dʒ]	[**ソウ**ルヂャー]	[プロ**スィー**ッヂャー]		
		兵隊	手順		
d	[黙]	handsome	handkerchief		
	[黙]	[**ハン**サム]	[**ハン**カチーフ]		
		格好いい	ハンカチ		
des	[(ッ)ヅ]	grades	divides	hides	bride's
	[dz]	[グ**れイ**ッヅ]	[ディ**ヴァイ**ッヅ]	[**ハイ**ッヅ]	[ブ**らイ**ッヅ]
		学年,等級,成績(複数)	分ける(三単現)	隠れる(三単現)	花嫁の(所有格)
dg	[(ッ)ヂ]	bridge	judge	Dodgers	
	[dʒ]	[ブ**りッ**ヂ]	[**チャッ**ヂ]	[**ドッ**ヂャーズ]	
		橋	判断する，審判	ドジャーズ(野球のチーム名)	

※ [dʒ]は破擦音。 摩擦音[ʒ]との違いに注意（151～153 ページ参照）

dl	[ドル]	handle	candle	fiddle
	[dl]	[**ハン**ドル]	[**キャン**ドル]	[**フィ**ドル]
		扱う、把手	ろうそく	フィドル(ヴァイオリンに似た古い弦楽器)

※ [dl]の２音で発音する方法と舌の横側の破裂音で発音する方法がある。

ds	[ヅ]	cards	friends	finds	bird's
	[dz]	[**カー**ッヅ]	[フ**れン**ヅ]	[**ファイ**ンヅ]	[**バぁー**ッヅ]
		カード(複数)	友達(複数)	見つける(三単現)	鳥の(所有格)
f	[フ]	fine	fair	flat	safe
	[f]	[**ファイ**ン]	[**フェ**ア]	[フ**ラッ**ト]	[**セイ**フ]
		良好な，精細な	良い，見本市	平らな，フラット	安全な,金庫
f	[ヴ]	of			
	[v]	[**オ**ヴ]			
		～の(前置詞)			
g	[グ]	go	good	gift	bag
	[g]	[**ゴウ**]	[**グッ**ド]	[**ギ**フト]	[**バッ**グ]
		行く	良い	贈り物	かばん
g	[ヂ]	legend	religion	George	register
	[dʒ]	[**レッ**ヂェンド]	[れ**リッ**ヂョン]	[**ヂョー**ッヂ]	[れッ**ヂ**スター]
		伝説，凡例	宗教	ジョージ(名前)	登録する，音域

※ [dʒ]は破擦音。 摩擦音[ʒ]との違いに注意（151～153 ページ参照）

g	[黙]	sign	design	reign	foreign
	[黙]	[**サイ**ン]	[ディ**ザイ**ン]	[**れイ**ン]	[**フォー**りン]
		署名	設計，デザイン	統治する	外国の
gh	[黙]	though	eight	Edinburgh	weigh
	[黙]	[**ぞウ**]	[**エイ**ト]	[**エ**ディンブら]	[**ウェイ**]
		～にもかかわらず	８(数字)	エジンバラ(地名)	重さを秤る
gh	[フ]	rough	tough	cough	enough
	[f]	[**ら**フ]	[**タ**フ]	[**カ**フ]	[イ**ナッ**フ]
		粗い	強靭な，難しい	咳	十分な
gh	[グ]	ghost	aghast		
	[g]	[**ゴウ**スト]	[ア**ガ**スト]		
		幽霊	あきれて		
gue	[グ]	catalogue	prologue	epilogue	tongue
	[g]	[**キャ**タローグ]	[プろ**ロー**グ]	[エ**ピ**ローグ]	[**タン**グ]
		カタログ	序文，序章	結び、終章	舌
h	[ホ]	horn	heel	holy	home
	[h]	[**ホー**ン]	[**ヒー**ル]	[**ホウ**リー]	[**ホウ**ム]
		ホルン	かかと	神聖な	家
h	[黙]	hour	honest	honour, honor	hors d'oeuvre
	[黙]	[**アウ**ア]	[**オ**ネスト]	[**オ**ナー]	[オー **ドゥー**ヴる]
		時間	正直な	栄誉	前菜，オードブル
j	[ヂ]	jam	judge	Jesus	
	[dʒ]	[**ヂャ**ム]	[**ヂャッ**ヂ]	[**ヂー**ザス]	
		ジャム	判断する，審判	イエス(キリスト)	

※ [dʒ]は破擦音。 摩擦音[ʒ]との違いに注意（151～153 ページ参照）

j	[ヤユヨ]	hallelujah			
	[j]	[ハリ**ルー**ヤ]			
		ハレルヤ(神を賛美せよ←ヘブライ語から)			
k	[ク]	keyboard	king	think	
	[k]	[**キー**ボード]	[**キん**ぐ]	[**すィ**ンク]	
		鍵盤	王	考える	
kh	[ク]	khaki	Chin Gis Khan	Khachaturian	
	[k]	[**カー**キ]	[チン ギス **カー**ン]	[カチャ**トゥー**りアン]	
		カーキ色	ジンギスカン(人名)	ハチャトリアン(作曲家)	

kn	[ヌ] [n]	know [ノウ] 知っている	knee [ニー] ひざ	knock [ノック] 叩く	
l	[ル] [l]	leader [リーダー] 指導者	clarinet [クラりネット] クラリネット	flute [フルート] フルート	lullaby [ララバイ] 子守歌
l	[黙] [黙]	half [ハーフ] 半分	calm [カーム] 穏やかな	salmon [サーモン] 鮭	walk [ウォーク] 歩く
mb	[ム] [m]	comb [コーム] 櫛	tomb [トゥーム] 墓	thumb [さム] 親指	climb [クライム] 登る
mn	[ム] [m]	solemn [ソレム] 荘重な	autumn [オータム] 秋	damn [ダム] 呪う, 罵倒する	column [コラム] 欄
n	[ヌ,ン] [n]	now [ナウ] 今	never [ネヴァー] 決して～ない	nine [ナイン] ９(数字)	new [ニュー] 新しい
ng	[んぐ] [ŋ]	sing [スィんぐ] 歌う	singer [スィんがー] 歌手	going [ゴーイんぐ] 行く(現在分詞)	long [ろんぐ] 長い
n−g	[ン・グ] [ŋ・g]	hungry [はん・グりー] 空腹な	hunger [はん・ガー] 空腹	finger [フィん・ガー] 怒り	longer [ろん・ガー] より長い

※ これらの単語では、[ŋ ぐ]のあと、[ガー]を改めて言う。

p	[プ] [p]	peak [ピーク] 頂点	pitch [ピッチ] 音程	scoop [スクープ] 掬(すく)う	trumpet [トらンペット] トランペット
p	[黙] [黙]	pneumonia [ニューモウニア] 肺炎	receipt [れスィート] 領収書		
ph	[フ] [f]	photograph [フォウトグらフ] 写真	gramophone [グらモフォウン] 蓄音機	Philadelfia [フィラデルフィア] 地名(米)	elephant [エレファント] 象
ph	[プ] [p]	shepherd [シェパード] 羊飼い, シェパード犬			
ph	[ヴ] [v]	Stephen [スティーヴン] 人名(男)			
ps	[ス] [s]	psalm [サーム] 詩篇(旧約聖書の)	psychology [サイコロヂー] 心理学		
qu	[クウェ] [kw]	question [クウェスチョン] 質問	quotation [クウォテイション] 引用, 見積り	flequent [フリークウェント] 頻繁な	quiet [クワイエット] 静かな
qu	[ク] [k]	queue [キュー] 合図, 列	conquer [コンカー] 勝つ, 征服する	mosquito [モスキートウ] 蚊	quiche [キッシュ] キッシュ(料理)
que	[ク] [k]	cheque [チェック] 小切手	antique [アンティーク] 骨董品	unique [ユニーク] 独特な	

r	[る]	repeat	routine	read	
	[r]	[りピート]	[るーティーン]	[りード]	
		繰り返す	決まった作業	読む	
r	[あ]	floor	poor	tour	
	[ə]	[フロア]	[プア]	[トゥアー]	
		床, 階	貧しい	旅行	
rh	[る]	rhythm	rhyme		
	[r]	[りずム]	[らイム]		
		リズム	韻, 脚韻		
s	[ス]	severe	salt	sensation	soul
	[s]	[スィヴィア]	[ソールト]	[センセイション]	[ソウル]
		厳しい	塩	センセーション	魂
s	[ズ]	pause	misery	position	desire
	[z]	[ポーズ]	[ミゼりー]	[ポズィション]	[ディザイア]
		停止する	悲惨	位置	欲求
ss	[ズ]	dessert	possess	scissors	
	[z]	[ディザート]	[ポゼス]	[スィザーズ]	
		デザート	所有する	はさみ	
s	[シュ]	sure	sugar	pressure	passion
	[ʃ]	[シュア]	[シュガー]	[プれッシャー]	[パッション]
		確かな	砂糖	圧力	情熱, 受難
s	[ジュ]	vision	leisure	usual	occasion
	[ʒ]	[ヴィジョン]	[レジャー]	[ユージュアル]	[オケイジョン]
		視覚	余暇	通常の	機会
s	[黙]	island	aisle	Carlisle	viscount
	[黙]	[アイランド]	[アイル]	[カーライル]	[ヴァイカウント]
		島	通路	地名	子爵
sc	[ス]	scene	scissors	science	
	[s]	[スィーン]	[スィザーズ]	[サイエンス]	
		風景	はさみ	科学	
sc	[スク]	score	screen		
	[sk]	[スコア]	[スクりーン]		
		総譜, 得点	幕, 膜		
sc	[シュ]	conscious	conscience		
	[ʃ]	[コンシャス]	[コンシャンス]		
		意識している(形)	良心		
sch	[スク]	school	scheme	schedule	
	[sk]	[スクール]	[スキーム]	[スケデュール]	
		学校, 学派, 楽派	計画, 組織	スケジュール	
scl	[スル]	muscle			
	[sl]	[マッスル]			
		筋肉			
sh	[シュ]	shop	she	sheet	shallow
	[ʃ]	[ショップ]	[シー]	[シート]	[シャロウ]
		店	彼女	紙, シート	浅い
sten	[スン]	listen	moisten	fasten	fastener
	[sn]	[リスン]	[モイスン]	[ファスン]	[ファスナー]
		聞く	湿らす	絞める	ファスナー
stl	[スル]	whistle	castle	hustle	wrestling
	[sl]	[ウィッスル]	[キャスル]	[ハスル]	[れスリング]
		口笛, ホイッスル	城	突進する	レスリング

str	[ストる]	strings	street	strange	
	[str]	[スト**りん**ぐズ]	[スト**りー**ト]	[スト**れイン**ヂ]	
		弦，弦楽器	道，街路	奇妙な，新奇な	
t	[ト]	take	seat	trombone	
	[t]	[**テイ**ク]	[**スィー**ト]	[トろン**ボウ**ン]or[ト**らン**ボウン]	
		取る	座席	トロンボーン	
t	[黙]	Christmas	debut	castle	
	[黙]	[ク**り**スマス]	[デ**ビュー**]	[**キャ**スル] [**カー**スル](英)	
		クリスマス	デビュー	城	
tes	[ツ]	flutes	kites	writes	pirate's
	[ts]	[フ**ルー**ツ]	[**カイ**ト]	[**らイ**ツ]	[**パイ**りッツ]
		フルート(複数)	凧，とんび(複数)	書く(三単現)	海賊の(所有格)
th	[す]	think	breath	bath	both
	[θ]	[**すィン**ク]	[ブ**れ**す]	[**バ**す]	[**ボウ**す]
		考える	息、呼吸	風呂	両方
th	[ず]	these	breathe	smooth	rhythm
	[ð]	[**ずィー**ズ]	[ブ**りー**ず]	[ス**ムー**ず]	[**り**ずム]
		これらの	呼吸する	なめらかな	リズム
th	[ト]	Thomas	Thames	Theresa	Thompson
	[t]	[**トー**マス]	[**テイ**ムズ]	[テ**りー**サ]	[**トン**プソン]
		人名(男)	川の名前(英)	人名(女)	人名(男)
ths	[すス]or[ツ]	months	deaths	two-fifths	
	[θs] or [ts]	[**マン**すス/**マン**ツ]	[**デ**すス/**デ**ツ]	[トゥー **フィ**フすス/ツ]	
		month(月)の複数	death(死、死者)複数	5分の2	
ths	[ずズ]	mouths	booths		
	[ðz]	[**マウ**ずズ]	[**ブー**ずズ]		
		mouth(口)の複数	booth(展示会などのブース)の複数		
ti	[シュ]	patient	partial		
	[ʃ]	[**ペイ**シャント]	[**パー**シャル]		
		患者，辛抱強い	部分的な		
tion	[ション]	motion	invention	nation	
	[ʃɔn]	[**モウ**ション]	[イン**ヴェン**ション]	[**ネイ**ション]	
		動作	発明	国	
tion	[チョン]	suggestion	question		
	[tʃɔn]	[サ**ヂェ**スチョン]	[ク**ウェ**スチョン]		
		提案，示唆	質問		
tl	[トル]	little	settle	cutlery	butler
	[tl]	[**リ**トル]	[**セ**トル]	[**カ**トラりー]	[**バ**トラー]
		小さな	定住する，解決する	刃物	執事
ts	[ツ]	planets	sits	it's	cat's
	[ts]	[プ**ラ**ネッツ]	[**スィッ**ツ]	[**イッ**ツ]	[**キャッ**ツ]
		惑星(複数)	座る(三単現のs)	it is の省略形	猫の(所有格)
tu	[テュ]	tuba	tune	tuning	tumult
	[tj]	[**テュー**バ]	[**テュー**ン]	[**テュー**にんぐ]	[**テュー**マルト]
		チューバ	調律する	調律	騒動
tu	[チュ]	capture	future	mature	actual
	[tʃ]	[**キャ**プチャー]	[**フュー**チャー]	[マ**チュ**アー]	[**ア**クチュアル]
		捕らえる	将来	成熟した	実際の
v	[ヴ]	violin	movement	variation	
	[v]	[ヴァイオ**リン**]	[**ムー**ヴメント]	[ヴァり**エイ**ション]	
		ヴァイオリン	動き，楽章	バリエーション，派生，変奏曲	
v	[フ]	have to			
	[f]	[**ハ**フ　トゥー]	※ 文字 "ve"での[f]音はこの一例のみ		
		しなければならない			

w	[ウィ]	wake	we	window	
	[w]	[**ウェイ**ク]	[**ウィー**]	[**ウィン**ドウ]	
		目覚める	私たち	窓	
w	[黙]	two	answer	sword	
	[黙]	[**トゥー**]	[**アン**サー]	[**ソー**ド]	
		2(数字)	答える	刀	
wh	[ウィ]or[ホウィ]	which	what	when	whale
	[w]or[hw]	[**ウィッ**チ/ホ**ウィッ**チ]	[**ワッ**ト/ホ**ワッ**ト]	[**ウェ**ン/ホ**ウェ**ン]	[**ウェイ**ル/ホ**ウェイ**ル]
		どちらの	何	いつ	鯨

※ これらの wh の音は[ウィ w] [ホウィ hw] どちらでもよい。

wh	[ホ]	whole	who	whose	whore
	[h]	[**ホウ**ル]	[**フー**]	[**フー**ズ]	[**ホー**ア]
		全体の	誰	誰	売春婦
wr	[る]	write	wreath	wrestling	wrong
	[r]	[**らイ**ト]	[**りー**す]	[**れ**スリング]	[**ろん**ぐ]
		書く	(花などの)輪	レスリング	誤りの

※ wr の綴りでは[w]の音はなく[r]だけだが、軽く[w ゥ]を言うつもりで発音すると[r]を出しやすい。

x	[クス]	sax	fix	relax	except
	[ks]	[**サッ**クス]	[**フィ**クス]	[り**ラッ**クス]	[イク**セ**プト]
		サクソフォーン	修理する	くつろぐ	～以外
x	[グズ]	example	examination	exotic	exaggerate
	[gz]	[イグ**ザン**プル]	[イグザミ**ネイ**ション]	[イグ**ゾウ**ティック]	[イグ**ザ**ッヂェれイト]
		例	試験，検査	異国風の	誇張する
x	[クシュ]	anxious	sexual		
	[kʃ]	[**アン**クシャス]	[**セ**クシュアル]		
		心配な，意欲的な	性的な		
x	[グジュ]	luxury	exuberant		
	[g3]	[**ラ**グジュアり]	[イグ**ジュ**ーべらント]		
		豪勢	繁茂した，華麗な		
x	[ズ]	xylophone	Xerox	Xavier	Xanthippe
	[z]	[**ザイ**ロフォン]	[**ズィー**ろックス]	[**ザ**ヴィエー]	[**ザン**ティッピ]
		シロホン、木琴	ゼロックス(会社名)	ザビエル(人名)	クサンティッペ (人名:ソクラテスの妻)
xh	[グズ]	exhaust	exhibit	exhibition	
	[gz]	[イグ**ゾー**スト]	[イグ**ズィ**ビット]	[イグズィ**ビッ**ション]	
		使い尽す,消耗する	展示する	展覧会	
y	[ヤユヨ]	yell	yacht	young	yolk
	[j]	[ィ**エー**ル]	[**ヨッ**ト]or[**ヤッ**ト]	[**やん**ぐ]	[**ヨウ**ク]
		叫ぶ，エール	個人の豪華船	若い	卵の黄身
z	[ズ]	zoo	zeal	seize	jazz
	[z]	[**ズー**]	[**ズィー**ル]	[**スィー**ズ]	[**チャ**ズ]
		動物園	熱意	捕らえる，奪い取る	ジャズ
z	[ジュ]	azure			
	[3]	[**ア**ジャー]	※ 例外的		
		空色，紺色			

(b) 子音：発音→文字・スペルの関係

ここには発音と単語例だけを載せました。 ここでリストしたのは (a) **文字・スペル→発音の関係** と同じ単語ですから、単語全体の意味と発音を確認したいときは(a)を参照して下さい。(165ページ)

[発音]		**スペル**	**単語例**			
唇：破裂音[プ p] [ブ b]						
[プ]	[p]	p	peak	pitch	scoop	trumpet
[プ]	[p]	ph	shepherd	※ 例外的		
[ブ]	[b]	b	bass	brass	maybe	cube
歯と歯の裏：破裂音[t ト] [d ド]						
[ト]	[t]	t	take	seat	trombone	
[ト]	[t]	th	Thomas	Thames	Theresa	
[ト]	[t]	bt	doubt	debt	subtle	
[ト]	[t]	ed	packed	missed	shipped	
					※ 過去・過去分詞語尾	
[ド]	[d]	d	day	need	devil	duet
[ド]	[d]	ed	played	performed	※ 過去・過去分詞語尾	
他文字との連続スペル						
[テュ]	[tj]	tu	tuba	tune	tuning	tumult
[トル]	[tl]	tl	little	settle	cutlery	butler
[ドル]	[dl]	dl	handle	candle	fiddle	
			※ "tl", "dl"は舌の横側の破裂音で発音する方法もある。(149ページ)			
上の前歯と舌：摩擦音						
[す]	[θ]	th	think	breath	bath	both
[ず]	[ð]	th	these	breathe	smooth	rhythm
他文字との連続スペル						
[ス/ツ]	[θs / ts]	ths	months	deaths	two fifths	
[ずズ]	[ðz]	ths	mouths	booths		
前歯と前歯の裏(上前歯)：摩擦音[ス s] [ズ z]						
[ス]	[s]	c	cycle	bicycle	recital	place
[ス]	[s]	ces	Leicester	Worcester	Gloucester	※ 英地名
[ス]	[s]	sc	scene	scissors	science	
[ス]	[s]	ps	psalm	psychology		
[ス]	[s]	s	severe	salt	sensation	
[ズ]	[z]	s	pause	misery	position	desire
[ズ]	[z]	ss	dessert	possess	scissors	
[ズ]	[z]	z	zoo	zeal	seize	jazz
[ズ]	[z]	x	xylophone	Xerox	Xanthippe	Xavier
[スク]	[sk]	sc	score	screen		
[スク]	[sk]	sch	school	scheme	schedule	
他文字との連続スペル						
[スル]	[sl]	scl	muscle			
[スン]	[sn]	sten	listen	moisten	fasten	fastener
[スル]	[sl]	stl	whistle	castle	hustle	wrestling
[ストる]	[str]	str	strings	street	strange	

前歯と前歯の裏(下前歯): 摩擦音[シュ ʃ] [ジュ ʒ]

[シュ]	[ʃ]	sh	shop	she	sheet	shallow
[シュ]	[ʃ]	s	sure	sugar	pressure	passion
[シュ]	[ʃ]	sc	conscious	conscience		
[シュ]	[ʃ]	c	ancient	delicious	efficient	ocean
[シュ]	[ʃ]	ti	patient	partial		
[シュ]	[ʃ]	ch	machine	chef	Chicago	Chopin
						※ 外来語起源多い
[ジュ]	[ʒ]	s	vision	leisure	usual	occasion
[ジュ]	[ʒ]	z	azure	※ 例外的		

他文字との連続スペル

[ション]	[ʃɔn]	tion	motion	invention	nation

前歯と前歯の裏: 破擦音[チ ts] [ヅ dz]

[ツ]	[ts]	ts	planets	sits	what's	cat's
[ツ]	[ts]	tes	flutes	kites	writes	pirate's
[ツ]	[ts]	ths	myths	two-fifths		
[ヅ]	[dz]	ds	cards	friends	finds	bird's
[ヅ]	[dz]	des	grades	divides	hides	bride's

前歯と前歯の裏: 破擦音[チ tʃ] [ヂ dʒ]

[チ]	[tʃ]	ch	church	channel	speech	chess

他文字との連続スペル

[チュ]	[tʃ]	tu	capture	future	mature	actual
[チョン]	[tʃɔn]	tion	suggestion	question		

[ヂ]	[dʒ]	d	soldier	procedure		
[ヂ]	[dʒ]	dg	bridge	judge	Dodgers	
[ヂ]	[dʒ]	g	legend	religion	George	register
[ヂ]	[dʒ]	j	jam	judge	Jesus	

上の歯 と 下唇: 摩擦音[フ f][ヴ v]

[フ]	[f]	f	fine	fair	flat	safe
[フ]	[f]	gh	rough	tough	cough	enough
[フ]	[f]	ph	photograph	gramophone	Philadelfia	elephant
[フ]	[f]	v	have to	※ 1例のみ		
[ヴ]	[v]	v	violin	movement	variation	
[ヴ]	[v]	f	of	※ 例外的		
[ヴ]	[v]	ph	Stephen	※ 例外的		

硬口蓋・軟口蓋: 破裂音[ク k][グ g]

[ク]	[k]	c	clean	cream	miracle	cook
[ク]	[k]	ch	school	chemistry	Munich	headache
[ク]	[k]	ck	check	kick	clock	snack
[ク]	[k]	k	keyboard	king	think	
[ク]	[k]	kh	khaki	Chin Gis Khan	Khachaturian	
[ク]	[k]	qu	queue	conquer	mosquito	quiche
[ク]	[k]	que	cheque	antique	unique	

他文字・音との連続スペル

[クル]	[kl]	ckel	nickel			
[クス]	[ks]	x	sax	fix	relax	except
[クシュ]	[kʃ]	x	anxious	sexual		
[クウェ]	[kw]	qu	question	quotation	flequent	quiet

[グ]	[g]	g	go	good	gift	bag
[グ]	[g]	gh	ghost	aghast		
[グ]	[g]	gh	catalogue	prologue	epilogue	tongue

他文字・音との連続

[グズ]	[gz]	x	example	examination	exaggerate	exotic
[グジュ]	[g3]	x	luxury	exuberant		
[グズ]	[gz]	xh	exhaust	exhibit	exhibition	

のど: 摩擦音(息の音)

[ホ]	[h]	h	horn	heel	holy	home
[ホ]	[h]	wh	whole	who	whose	whore

鼻音

[ム]	[m]	mb	comb	tomb	thumb	climb
[ム]	[m]	mn	solemn	autumn	damn	column
[ヌ, ン]	[n]	n	now	never	nine	new
[ヌ]	[n]	kn	know	knee	knock	
[んぐ]	[ŋ]	ng	sing	singer	going	long
[ン・グ]	[ŋ・g]	n-g	hungry	hunger	finger	longer

※ これらの語では[ŋ んぐ]のあと、[ガー]を改めて言う。

流音

[ル]	[l]	l	leader	clarinet	flute	lullaby
[る]	[r]	r	repeat	routine	read	
[る]	[r]	rh	rhythm	rhyme		
[る]	[r]	wr	write	wreath	wrestling	wrong

半母音

[ウィ]	[w]	w	wake	we	window	
[ウィ]	[w]	wh	which	what	when	whale
[ホウィ]	[hw]	wh	which	what	when	whale

※ これらの wh は [ウィ w] [ホウィ hw] どちらも可

[ヤユヨ]	[j]	y	yell	yacht	young	yolk
[ヤユヨ]	[j]	j	hallelujah			

サイレント・黙字

[黙]	[黙]	b	doubt	debt	climb	thumb
[黙]	[黙]	c	muscle			
[黙]	[黙]	d	handsome	handkerchief		
[黙]	[黙]	g	sign	design	reign	foreign
[黙]	[黙]	gh	though	eight	Edinburgh	weigh
[黙]	[黙]	h	hour	honest	honour, honor	
[黙]	[黙]	l	half	calm	salmon	walk
[黙]	[黙]	p	pneumonia	receipt	psychology	psalm
[黙]	[黙]	s	island	aisle	Carlisle	viscount
[黙]	[黙]	t	Christmas	debut	castle	fasten
[黙]	[黙]	w	answer	sword	write	wrong

②母音のスペルと発音

(a) 文字･スペル → 発音 の関係

スペル	[発音]	単語例			
a	[エイ]	take	major	safe	
	[ei]	[テイク]	[メイッチャー]	[セイフ]	
		取る	主要な，長調	安全な，金庫	
a	[アー]	father			
	[ɑ:]	[ファーざー]			
		父			
a	[æ]	cat	man	matter	agriculture
	[æ]	[キャット]	[マン]	[マター]	[アグりカルチャー]
		猫	人	事柄	農業
a	[オー]	water	call	all	salt
	[ɔ：]	[ウォーター]	[コール]	[オール]	[ソールト]
		水	呼ぶ	すべて	塩
a	[ぁ]	about	attract	again	adjust
	[ə]	[ぁバウト]	[ぁトらクト]	[ぁゲイン]	[ぁチャスト]
		およそ，まわりに	惹きつける	ふたたび	調整する
ae	[イー]	mediaeval	Daemon	Aesop	encyclopaedia
	[i：]	[ミディイーヴァル]	[ディーモン]	[イーソップ]	[エンサイクロピーディア]
		中世の	魔神	イソップ	百科事典

※ ae はラテン語の ae 綴りに由来し、æ と続けて書くことも e 一文字で書かれることもある。
音としては e 一文字と同じ扱いで、[i: イー]の音。

aer	[エアる]	aerial	aerobics	aeroplane	
	[ɛər]	[エアりアル]	[エアろウビクス]	[エアろプレイン]	
		空気の	有酸素運動	飛行機	
ai	[エイ]	raise	obtain	mail	sustain
	[ei]	[れイズ]	[オブテイン]	[メイル]	[サステイン]
		上げる	得る	郵便	維持する
ai	[エ]	said			
	[e]	[セド]			
		言った			
ai	[アイ]	aisle			
	[ai]	[アイル]			
		通路、通路側の席			
air	[エア]	air	hair		
	[ɛə]	[エア]	[ヘア]		
		空気	髪，毛		
al	[オー]	talk	walk	all	tall
	[ɔ：]	[トーク]	[ウォーク]	[オール]	[トール]
		話す	歩く	すべて	背の高い
age	[イッヂ]	language	image	homage	
	[idʒ]	[ラングウィッヂ]	[イミッヂ]	[ホミッヂ]	
		言語	イメージ	敬意，讃歌，オマージュ	
ar	[アー]	bar	lark	art	sugar
	[ɑ：]	[バー]	[ラーク]	[アート]	[シュガー]
		棒、バー	ひばり	芸術、技芸	砂糖
are	[エア]	spare	dare	care	parent
	[ɛə]	[スペアー]	[デアー]	[ケアー]	[ペアれント]
		倹約する	敢えて～する	注意する	親

ate	[エイト]	stimulate	vibrate	saturate	
	[eit]	[スティミュレイト]	[ヴァイブれイト]	[サチュれイト]	
		刺激する	振動する	飽和する	
ate	[イット]	delicate	accurate	immediate	
	[it]	[デリキット]	[アキュりット]	[イミーディイット]	
		微細繊細な	正確な	すぐの	

※ −ate: 動詞のとき [エイト]、形容詞のとき [イット]

au	[オー]	cause	August	sauce	
	[ɔ：]	[コーズ]	[オーガスト]	[ソース]	
		原因	8月	ソース	
au	[アー]	aunt	laugh		
	[ɑ ;]	[アーント]	[ラーッフ]		
		伯母、叔母(おば)	笑う		
ay	[エイ]	sway	stay	play	
	[ei]	[スウェイ]	[ステイ]	[プレイ]	
		揺れる	滞在する	遊ぶ	
aw	[オー]	awful	draw	dawn	
	[ɔ：]	[オーフル]	[ドろー]	[ドーン]	
		ひどい	引く	夜明け	
e	[イー]	even	meter/metre	species	hero
	[i：]	[イーヴン]	[ミーター]	[スピースィーズ]	[ヒーロー]
		均等な	拍子	種族	英雄
e	[イ]	refrain	repeat	hatred	
	[i]	[りフれイン]	[りピート]	[ヘイトりッド]	
		繰り返す	繰り返す	嫌悪	
e	[エ]	telephone	shepherd	help	devil
	[e]	[テレフォウン]	[シェパード]	[ヘルプ]	[デヴィル]
		電話	羊飼い、シェパード犬	助ける	悪魔
ea	[イー]	meat	creature	steal	lead
	[i：]	[ミート]	[クりーチャー]	[スティール]	[リード]
		肉	創造物，生き物	盗む	導く
ea	[エ]	feather	measure	meadow	lead
	[e]	[フェざー]	[メジャー]	[メドウ]	[レッド]
		羽根	寸法、小節	草原	鉛
ea	[エイ]	break	great	steak	
	[ei]	[ブれイク]	[グれイト]	[ステイク]	
		壊れる，休憩	大きな	ステーキ	

ea	[イ・エイ]	creation	
	[i ei]	[クりエイション]	
		創造	

※ 2つの母音が続いたもの。

ea	[イ・ア]	real	cereal
	[i a]	[りアル]	[スィーりアル]
		本当の	シリアル(コーンフレークなど)

※ 2つの母音が続いたもの。

eant	[ぁント]	pageant	sergeant		
	[ənt]	[ペイッチャント]	[サぁーッチャント]		
		野外劇、行列	軍曹		
ear	[イア]	ear	tear	spear	clear
	[iə]	[イア]	[ティア]	[スピア]	[クリア]
		耳	涙	槍	透明な

ear	[エア]	bear	tear	pear	
	[ɛə]	[**ベ**ア]	[**テ**ア]	[**ペ**ア]	
		熊, 耐える	破る	梨	
ear	[ぁー]	earth	learn		
	[ə：]	[**あー**す]	[**ラあー**ン]		
		地球, 地面	習う		
ear	[アー]	heart	hearth		
	[ɑ：]	[**ハー**ト]	[**ハー**す]		
		心	暖炉		
eau	[ユー]	beautiful	beauty		
	[ju：]	[**ビュー**ティフル]	[**ビュー**ティ]		
		美しい	美		
eau	[オウ]	bureau	plateau		
	[ou]	[**ビュー**ろウ]	[プラ**トウ**]		
		事務机, 事務所	高原		

※ フランス語からの借入語

ed	[ド]	played	performed		
	[d]	[プ**レイ**ド]	[パー**フォー**ムド]		
		play の過去形	perform の過去形		
ed	[ト]	practiced	cooked		
	[t]	[プ**ら**クティスト]	[**クッ**クト]		
		practice の過去形	cook の過去形		
ed	[イド]	wicked	learned	sacred	
	[id]	[**ウィッ**キッド]	[**ラあー**ニッド]	[**セイ**クりッド]	
		邪悪な	学識ある	聖なる	

※ "母音/有声子音＋ed" のときは濁る[－ド]、無声子音＋ed のときは濁らない[-ト]、
"- ed"のついた形が独立した形容詞になっている場合は[イド]

ee	[イー]	meet	see	street	
	[i：]	[**ミー**ト]	[**スィー**]	[スト**りー**ト]	
		会う	見る	道路	
eer	[イア]	deer	sheer		
	[iə]	[**ディ**ア]	[**シ**ア]		
		鹿	薄地の		
ei	[アイ]	height	either		
	[ai]	[**ハイ**ト]	[**アイ**ざー]		
		高さ	どちらかの(イギリス式発音、アメリカ式は[**イー**ざー]		
ei	[エイ]	weight	eight	sleigh	
	[ei]	[**ウェイ**ト]	[**エイ**ト]	[ス**レイ**]	
		重さ	8(数字)	そり	
ei	[イー]	seize	receive	receipt	either
	[i：]	[**スィー**ズ]	[り**スィー**ヴ]	[り**スィー**ト]	[**イー**ざー]
		掴む	受け取る	領収書	どちらかの(米国式)
ei	[エ]	leisure	Leicester		
	[e]	[**レ**ジャー]	[**レ**スター]		
		ひま	地名(英)		
eir	[エア]	heir	their		
	[ɛə]	[**エ**ア]	[**ぜ**ア]		
		跡継ぎ, 相続人	彼らの		
eo	[エ]	Leonard	leopard	jeopardy	
	[ɛ]	[**レ**ナード]	[**レ**パード]	[**チェ**パディ]	
		人名(男)	豹(ひょう)	破滅	
eo	[イー]	people			
	[i：]	[**ピー**プル]	※ 例外的		
		人々			

er	[ぁー]	certain	mercy	term	
	[ə:]	[**サぁー**トゥン]	[**マぁー**スィー]	[**タぁー**ム]	
		確実な	慈悲，あわれみ	条件,期間,学期	
er	[ぁ(ー)]	teacher	eager	trainer	
	[ə(:)]	[**ティー**チぁー]	[**イー**ガぁー]	[ト**れイ**ナぁー]	
		先生	意欲的な	指導者，コーチ	
ere	[イア]	mere	here		
	[iə]	[**ミ**ア]	[**ヒ**ア]		
		単なる	ここ		
eu	[ユー]	Europe	euphonium	Eugene	neutral
	[ju：]	[**ユー**ろップ]	[ユー**フォウ**ニアム]	[ユー**チー**ン]	[**ニュー**トらル]
		ヨーロッパ	ユーフォニウム	人名(男)	中庸の
ew	[ユー]	few	knew	view	new
	[ju：]	[**フュー**]	[**ニュー**]	[**ヴュー**]	[**ニュー**]
		数少ない	知っていた	視野,景色	新しい
ew	[ウー]	drew	threw	blew	crew
	[u：]	[ド**るー**]	[す**るー**]	[ブ**ルー**]	[ク**るー**]
		引いた，描いた	投げた	吹いた	乗組員
ew	[オウ]	sew			
	[ou]	[**ソウ**]	※ 例外的		
		縫う			
i	[アイ]	time	climate	revival	sign
	[ai]	[**タイ**ム]	[ク**ライ**ミット]	[り**ヴァイ**ヴァル]	[**サイ**ン]
		時間	気候	再演	署名
i	[イ]	it	pick	stick	
	[i]	[**イッ**ト]	[**ピッ**ク]	[ス**ティッ**ク]	
		それ	つまむ	棒	
i	[イー]	machine	police	caprice	technique
	[i：]	[マ**シー**ン]	[ポ**リー**ス]	[カプ**りー**ス]	[テク**ニー**ク]
		機械	警察	奇想曲	技術
ie	[アイエ]	variety	society		
	[aiə]	[ヴァ**らイ**エティ]	[ソ**サイ**エティ]		
		多様なもの	社会		
ie	[アイ]	tie	die		
	[ai]	[**タイ**]	[**ダイ**]		
		結ぶ,タイ,ネクタイ	死ぬ		
ie	[エ]	friend			
	[e]	[フ**れン**ド]	※ 1語のみ		
		友達			
ir	[ぁー]	bird	circus	girl	sir
	[ə：]	[**バぁー**ド]	[**サぁー**カス]	[**ガぁー**ル]	[**サぁー**]
		鳥	サーカス	女の子	サー(男性への敬称)
o	[オウ]	both	moment	hole	hope
	[ou]	[**ボウ**す]	[**モウ**メント]	[**ホウ**ル]	[**ホウ**プ]
		両方	瞬間	孔	希望
o	[オー]	gone			
例外	[ɔ：]	[**ゴー**ン]			
		行った(過去分詞)			

※ oの文字の長い場合の基本は二重母音[ou オウ]。 長母音[ɔ: オー]は例外。

o	[オ]	omit	obey		
	[o]	[オ**ミッ**ト]	[オ**ベイ**]	[**ホウ**ル]	[**ホウ**プ]
		省略する	従う		

o	[オ]	bomb	rock	God	hot
	[ɔ]	[ボム]	[ろック]	[ゴッド]	[ホット]
		爆弾	岩	神	熱い，辛い
o	[ア]	stop	box	God	hot
米語	[ɑ]	[スタップ]	[バックス]	[ガッド]	[ハット]
		止まる，止める	箱	神	熱い，辛い

※ o の文字の短母音はイギリスでは[ɔ オ]、アメリカでは[a ア]となる傾向。

o	[ウー]	move	lose	bosom	who
	[u：]	[ムーヴ]	[ルーズ]	[ブーゾム]	[フー]
		動く	失う	胸	誰
o	[ʌ]	love	mother	dove	
	[ʌ]	[ラヴ]	[マざー]	[ダヴ]	
		愛､愛する	母	鳩	
oa	[オウ]	road	toad	coat	cloak
	[ou]	[ろウド]	[トウド]	[コウト]	[クロウク]
		道	がまガエル	コート	クローク(手荷物預り所)
oa	[オー]	broad	abroad		
	[ɔ：]	[ブろード]	[アブろード]		
		広い	海外の		

※ oa の基本は二重母音[オウ ou]。 長母音[オー ɔ：] “broad”, “abroad”は例外。

oar	[オー]	board	hoard		
	[ɔ：]	[ボード]	[ホード]		
		板	蓄え		
oe	[オー]	oboe	toe	roe	
	[ou]	[オウボウ]	[トウ]	[ろウ]	
		オーボエ	足の指	魚の卵	
oe	[ウー]	shoe	canoe		
	[u：]	[シュー]	[カヌー]		
		靴	カヌー		
oe	[イー]	Phoebus	Phoenix		
	[i：]	[フィーバス]	[フィーニクス]		
		太陽神アポロの別名	フェニックス(不死鳥)		

※ この例の oe はラテン語の oe 綴りに由来し、æ と同じように続けて書くことも e 一文字で書かれることもある。 音としては “e” 一文字と同じ扱いで、[i: イー]の音。

oi	[オイ]	voice	choice	moisture	
	[ɔi]	[ヴォイス]	[チョイス]	[モイスチャー]	
		声	選択	湿り気	
oir	[ワイア]	choir			
	[waiə]	[クワイア]			
		合唱			
ol	[オウ]	folk	folklore	folkdance	Holmes
	[ou]	[フォウク]	[フォウクロア]	[フォウクダンス]	[ホウムズ]
		民俗の	民謡	フォークダンス	(シャーロック)ホームズ
oo	[ウー]	school	spoon	tool	bassoon
	[u：]	[スクール]	[スプーン]	[トゥール]	[バスーン]
		学校	スプーン	道具	バスーン､ファゴット
oo	[ウ]	cook	foot	book	look
	[u]	[クック]	[フット]	[ブック]	[ルック]
		料理する	足	本	見る，見える

oor	[オー]または[オア]		door	floor	
	[ɔ：]または[ɔə]		[ドー]or[ドア]	[フロー]or[フロア]	
			ドア	床，階	
oo	[ʌ]	blood	flood		
	[ʌ]	[ブラッド]	[フラッド]		
		血	洪水		

※ oo の綴りを[ア ʌ]と読ませるのはこの２つの単語のみ。

oo	[オウ]	brooch			
	[ou]	[ブろウチ]			
		ブローチ			

※ oo の綴りを二重母音[ou オウ]と読ませるのは例外。

oo	[オウ・オ]	co−ordinator	co−operation		
	[ou-ɔ]	[コウ　オーディネイター]	[コウ　オペれイション]		
		コーディネーター	協力		

※ ２つの母音が続いたもの。

or	[オー]	cork	storm	morning	horn
	[ɔ：]	[コーク]	[ストーム]	[モーニんぐ]	[ホーン]
		コルク	嵐	朝	ホルン
or	[ぁー]	work	worship	word	worse
	[ə：]	[ワぁーク]	[ワぁーシップ]	[ワぁード]	[ワぁース]
		働く	拝む	単語	より悪い
or	[ぁー]	conductor	advisor	tailor	sensor
	[ə：]	[コンダクター]	[アドヴァイザー]	[テイラー]	[センサー]
		指揮者	アドバイザー	仕立屋	センサー，感知器

※ or [ə： ぁー]簡易な発音記号では同じ表記だが、work,word などアクセントのある音節の音は緊張の強い音なのに対し、語尾・接尾辞の conductor などは緊張の弱い単なるあいまい母音。 音色に微妙な差がある。

ou	[オウ]	boulder	soul	shoulder	mould
	[ou]	[ボウルダー]	[ソウル]	[ショウルダー]	[モウルド]
		玉石、丸石	魂	肩	型
ou	[アウ]	house	shout	out	count
	[au]	[ハウス]	[シャウト]	[アウト]	[カウント]
		家	叫ぶ	外へ	数える
ou	[ウ]	should	would	could	tour
	[u]	[シュド]	[ウド]	[クド]	[トゥア]
		shall の過去形	will の過去形	can の過去形	旅行
ou	[ウー]	wound	boulevard	routine	through
	[u：]	[ウーンド]	[ブールヴァーる]	[るーティーン]	[するー]
		傷	大通り	決まった作業	～を通して
ou	[オ]	nourish			
	[ɔ]	[ノりッシュ]			
		栄養を与える			
ou	[ʌ]	courage	trouble	double	country
	[ʌ]	[カれッヂ]	[トらブル]	[ダブル]	[カントりー]
		勇気	トラブル	二重の	国
our	[アウア]	hour	devour	flour	
	[auə]	[アウア]	[ディヴァウア]	[フラウア]	
		時間	貪る(むさぼる)	小麦粉(flower「花」と同じ発音)	
our	[オー]	mourn	four	source	course
	[ɔ：]	[モーン]	[フォー]	[ソース]	[コース]
		弔い嘆く	４(数字)	出どころ	コース
ous	[アス]	delicious	famous	gracious	
	[əs]	[デリッシャス]	[フェイマス]	[グれイシャス]	
		美味しい	有名な	恵み深い	

ow	[アウ]	owl	now	down	bow
	[au]	[**アウ**ル]	[**ハウ**]	[**ダウ**ン]	[**バウ**]
		ふくろう(鳥)	どのように	下へ	おじぎする
ow	[オウ]	crow	know	throw	bow
	[ou]	[**クろウ**]	[**ノウ**]	[す**ろウ**]	[**ボウ**]
		からす	知っている	投げる	弓
ower	[アウワ]	tower	shower	flower	
	[auə]	[**タウ**ア]	[**シャウ**ア]	[フ**ラウ**ア]	
		タワー	シャワー	花 (flour「小麦粉」と同じ発音)	
u	[ウー]	lunatics	flute	illuminate	suit
	[u：]	[**ルー**ナティクス]	[フ**ルー**ト]	[イ**ルー**ミネイト]	[**スー**ト]
		狂人たち	フルート	照明をつける	似合う
u	[ウ]	put	bull	pull	full
	[u]	[**プッ**ト]	[**ブ**ル]	[**プ**ル]	[**フ**ル]
		置く	牡牛	引く	満杯の
u	[ユ]	pure	duet	opportunity	
	[ju]	[**ピュ**ア]	[**デュ**エット]	[オポー**チュ**ニティ]	
		純粋な	2重奏, 2重唱	機会	
u	[ユー]	tuba	persue	tune	produce
	[ju：]	[**テュー**バ]	[パー**スュー**]	[**テュー**ン]	[プロ**デュー**ス]
		チューバ	追い求める	調律する	企画制作する
u	[ウィ]	persuade	language		
	[w]	[パース**ウェイ**ド]	[**ラン**グウィッヂ]		
		説得する	言語		
u	[ʌ]	cut	up	club	uncle
	[ʌ]	[**カッ**ト]	[**アッ**プ]	[ク**ラ**ブ]	[**アン**クル]
		切る	上へ	クラブ	叔父
ui	[イ]	build	quilt	guitar	guilty
	[i]	[**ビ**ルド]	[ク**ウィ**ルト]	[ギ**ター**]	[**ギ**ルティ]
		建てる	キルト	ギター	有罪の
ui	[ウィー]	suite	suite room		
	[wi：]	[ス**ウィー**ト]	[ス**ウィー**ト **るー**ム]		
		組曲	スイート・ルーム＝いくつかの部屋がセットになった一室		
ur	[ぁー]	burden	curtain	survey	urban
	[ə：]	[**バぁー**デン]	[**カぁー**テン]	[サぁー**ヴェイ**]	[**ぁー**バン]
		重荷	カーテン	調査	都会の
ure	[ユア]	culture	lure	sure	mature
	[juə]	[**カ**ルチュア]	[**リュ**ア]	[**シュ**ア]	[マ**チュ**ア]
		文化	幻惑する	確信のある	成熟した
y	[アイ]	style	cycle	analyze	xylophone
	[ai]	[ス**タイ**ル]	[**サイ**クル]	[**ア**ナライズ]	[**ザイ**ロフォウン]
		スタイル	サイクル	分析する	シロホン＝木琴
y	[イ]	syllable	bicycle	analysis	myth
	[i]	[**スィ**ラブル]	[**バイ**スィクル]	[ア**ナ**リスィス]	[**ミ**す]
		音節	自転車	分析	神話
y	[イ]	only	tiny	usually	
	[i]	[**オウ**ンリー]	[**タイ**ニー]	[**ユー**ジュアリー]	
		ただ～だけ	小さな	普通は	

(b) 母音: 発音 → 文字・スペルの対応

ここには代表する発音と単語例だけを載せましたが、(a) **文字・スペル→発音の関係**と同じ単語をリストしてありますから、単語全体の発音と意味を確認したいときは(a)を参照して下さい。(175ページ)

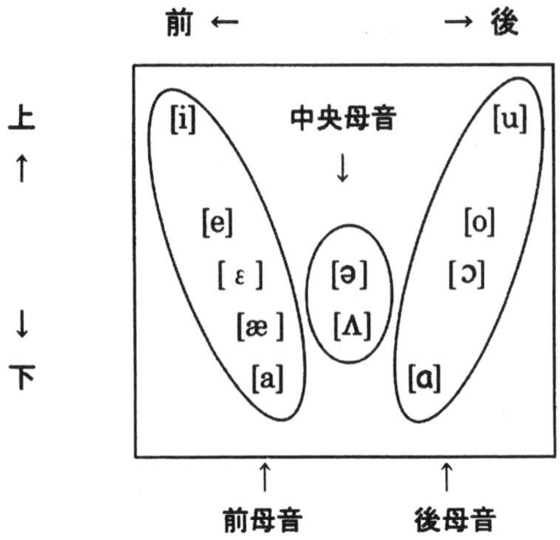

※ この英語の母音体系図については **6章-(2)(B)「英語の母音」**で説明してあります。(155 ページ参照)

発音		**スペル**	**単語例**			
前母音						
[イー]	[i :]	e	even	meter/metre(英)	species	hero
[イー]	[i :]	ea	meat	creature	steal	lead
[イー]	[i :]	ee	meet	see	street	
[イー]	[i :]	ei	seize	receive	either(米)	receipt
[イー]	[i :]	eo	people	※ 例外的		
[イー]	[i :]	i	machine	police	caprice	technique
[イー]	[i :]	ae	mediaeval	Daemon	Aesop	encyclopaedia
[イー]	[i :]	oe	Phoebus	Phoenix	※ ae, oe はラテン語起源	
[イ]	[i]	i	it	pick	stick	
[イ]	[i]	e	refrain	repeat	hatred	
[イ]	[i]	y	syllable	bicycle	analysis	myth
[イ]	[i]	y	only	tiny	usually	
[イ]	[i]	ui	build	quilt	guitar	guilty
[イア]	[iə]	ear	ear	tear	spear	clear
[イア]	[iə]	ere	mere	here		
[イッヂ]	[id$_3$]	age	language	image	homage	
[イ・エイ]	[i ei]	ea	creation		※ 2つの母音[i ei]	
[イ・ア]	[i a]	ea	real	cereal	※ 2つの母音[i a]	
[イット]	[it]	ate(形)	delicate	accurate	immediate	
[ト]	[t]	ed	practiced	cooked	※ 無声子音+ed のとき[-ト]	
[イド]	[id]	ed	wicked	learned	sacred	※ 形容詞では[イド]
[イア]	[iə]	eer	deer	sheer		
[エイ]	[ei]	a	take	angel	David	scale
[エイ]	[ei]	ai	raise	obtain	mail	sustain
[エイ]	[ei]	ay	sway	stay	play	
[エイ]	[ei]	ea	break	great	steak	
[エイ]	[ei]	ei	weight	eight	sleigh	
[エイト]	[eit]	ate(動)	stimulate	vibrate	saturate	

[エ]	[e]	e	telephone	shepherd	help	devil
[エ]	[e]	ei	leisure	Leicester		
[エ]	[e]	ea	feather	measure	meadow	lead
[エ]	[e]	ai	said	※ 例外的		
[エ]	[e]	eo	Leonard	leopard	jeopardy	
[エ]	[e]	ie	friend	※ 例外的		
[エア]	[ɛ ə]	air	air	hair		
[エア]	[ɛ ə]	are	spare	dare	care	parent
[エア]	[ɛ ə]	eir	heir	their		
[エア]	[ɛ ə]	ear	bear	tear	pear	
[エアる]	[ɛ ər]	aer	aerial	aerobics	aeroplane	
[æ]	[æ]	a	cat	man	matter	agriculture
[アイ]	[ai]	i	violin	kind	climb	time
[アイ]	[ai]	y	style	cycle	analyze	xylophone
[アイ]	[ai]	ei	height	either(英)		
[アイ]	[ai]	ie	tie	die		
[アイ]	[ai]	ai	aisle			
[アイエ]	[aiə]	ie	variety	society		
[アウ]	[au]	ou	house	shout	out	count
[アウ]	[au]	ow	owl	how	down	bow
[アウア]	[auə]	our	hour	devour	flour	
[アウワ]	[auə]	ower	tower	shower	flower	

後母音

[ウー]	[u :]	u	lunatics	flute	illuminate	suit
[ウー]	[u :]	ew	drew	threw	blew	crew
[ウー]	[u :]	o	move	lose	bosom	who
[ウー]	[u :]	oe	shoe	canoe		
[ウー]	[u :]	oo	school	spoon	tool	bassoon
[ウー]	[u :]	ou	wound	boulevard	routine	through
[ウ]	[u]	u	put	bull	pull	full
[ウ]	[u]	oo	cook	foot	book	look
[ウ]	[u]	ou	should	would	could	tour
[ウィ]	[w]	u	persuade	language		
[ウィー]	[wi :]	ui	suite	suite room		
[ワイア]	[waiə]	oir	choir	※ 半母音化		
[ユー]	[ju :]	u	tuba	persue	tune	produce
[ユー]	[ju :]	ew	few	knew	view	new
[ユー]	[ju :]	eau	beautiful	beauty		
[ユー]	[ju :]	eu	Europe	euphonium	Eugene	neutral
[ユ]	[ju]	u	pure	duet	opportunity	
[ユア]	[juə]	ure	culture	lure	sure	mature
[オウ]	[ou]	o	both	moment	hole	hope
[オウ]	[ou]	oa	road	toad	coat	cloak
[オー]	[ou]	oe	oboe	toe	roe	
[オウ]	[ou]	ol	folk	folklore	folkdance	Holmes
[オウ]	[ou]	oo	brooch	※ 例外的		
[オウ]	[ou]	ou	boulder	soul	shoulder	mould
[オウ]	[ou]	ow	crow	know	throw	bow
[オウ]	[ou]	eau	bureau	plateau	※ フランス語起源	

[オウ]	[ou]	ew	sew		※ 例外的	
[オウ・オ]	[ou-ɔ]	o-o	co-ordinator	co-operation	※ ２つの母音	
[o]	[オ]	o	omit	obey		
[オー]	[ɔ：]	a	water	call	all	salt
[オー]	[ɔ：]	al	talk	walk	all	tall
[オー]	[ɔ：]	au	cause	August	sauce	
[オー]	[ɔ：]	aw	awful	draw	dawn	
[オー]	[ɔ：]	oa	broad	abroad	※ 例外的	
[オー]	[ɔ：]	oar	board	hoard		
[オー]	[ɔ：]	our	mourn	four	source	course
[オー]	[ɔ：]	or	cork	storm	morning	horn
[オー]	[ɔ：]	o	gone	※ oの文字の長母音[ɔ: オー]は例外的		
[オー]or[オア]	[ɔ：] or [ɔə]	oor	door	floor		
[オ]	[ɔ]	o	bomb	rock	God	hot
[オ]	[ɔ]	ou	nourish	※ 例外的		
[オイ]	[ɔi]	oi	voice	choice	moisture	
[アー]	[ɑ：]	ar	bar	lark	art	sugar
[アー]	[ɑ：]	au	aunt	laugh		
[アー]	[ɑ：]	ear	heart	hearth		
[アー]	[ɑ：]	a	father			
[ア]	[ɑ]	o(米)	stop	box	God	hot
				※ oの短母音は英で[ɔ オ]、米で[ɑ ア]の傾向		

中央母音

[あー]	[ə：]	er	certain	mercy	term	
[あー]	[ə：]	ear	earth	learn		
[あー]	[ə：]	ir	bird	circus	girl	sir
[あー]	[ə：]	or	work	worship	word	worse
[あー]	[ə：]	ur	burden	curtain	survey	urban
[あ]	[ə]	a	about	attract	again	adjust
[あ]	[ə]	er	eager	teacher	trainer	
[あ]	[ə]	or	conductor	advisor	tailor	sensor
[あ]	[ə]	r	floor	poor	tour	
[あント]	[ənt]	eant	pageant	sergeant		
[アス]	[əs]	ous	delicious	famous	gracious	
[ʌ]	[ʌ]	ou	courage	trouble	double	country
[ʌ]	[ʌ]	u	cut	up	club	uncle
[ʌ]	[ʌ]	o	love	mother	dove	
[ʌ]	[ʌ]	oo	blood	flood	※ この２語のみ	

③スペルと発音の例外

スペルから発音がほとんど連想できないものもあります。 たとえば “women” [ウィミン]などです。 こういうものは、丸暗記する以外に手はありません。 この種の例外はどの言語にもあるもので、日本語でも、服部 [はっとり]、大和 [やまと]、東雲 [しののめ]、十六夜 [いざよい]などでは、個々の漢字の音からは単語全体の発音は分かりません。

c	[黙]	victual	indict	
	[黙]	[**ヴィ**トル]	[イン**ダイ**ト]	
		食料品	起訴する	
ao	[エイ]	gaol		
	[ei]	[**チェイ**ル]		
		牢屋、監獄 (jail のスペルもある)		
au	[エイ]	gauge		
	[ei]	[**ゲイッ**ヂ]		
		ゲージ、計測器 (gage のスペルもある)		
ea	[イ]	forehead		
	[i]	[**フォ**リッド]		
		額、おでこ ([**フォ**アヘッド]という発音もある)		
ieu	[ウー][エ]	lieutenant		
	[u :][e]	英海軍[レ**テ**ナント]	英陸軍[レフ**テ**ナント]	米[ルー**テ**ナント]
		大尉・中尉	中尉・少尉	(海軍)大尉・中尉 (陸軍)中尉・少尉
o	[イ]	women		
	[i]	[**ウィ**ミン]		
		女の人達 (woman の複数)		
oar	[ぁー]	cupboard		
	[ə :]	[**カ**バぁード]		
		戸棚・食器棚		
olo	[ぁー]	colonel	Colonel Sanders	
	[ə :]	[**カぁー**ネル]	[**カぁー**ネル **サン**ダーズ]	
		(陸軍の)大佐	カーネル・サンダース(フライドチキン店の人形)	
ois	[アス]	tortois		
	[ʌs]	[**トー**タス]		
		亀		
uay	[イー]	quay		
	[i :]	[**キー**]		
		波止場		
ue	[エ]	guess		
	[エ]	[**ゲ**ス]		
		想像する		

6章-(5) その他スペルと発音のルールいろいろ

前節 6章-(4)で、英語のスペルと発音の関係の見通しはある程度よくなったと思いますが、それ以外にも、参考になる規則性がいくつかあります。

① アクセントのルール

・ 動詞は後ろにアクセント

動詞は後ろにアクセントを持ちたがる傾向があり、逆に名詞は前に持ちたがる傾向があります。 動詞と名詞が同じスペルの単語を見るとこれがよく分かります。

(ただしこれはあくまでも傾向であって絶対のルールではありません。)

	＜名詞＞	**＜動詞＞**
desert	[**デ**ザート] 砂漠	[ディ**ザー**ト] 見捨てる
export	[**エ**クスポート] 輸出	[エクス**ポー**ト] 輸出する
present	[プ**れ**ゼント] プレゼント	[プり**ゼン**ト] 提示する
record	[**れ**コード] 記録、レコード	[り**コー**ド] 録音する
reject	[**りー**チェクト] 不合格品	[り**チェ**クト] 拒絶する

動詞と名詞のスペルが異なる場合でもその傾向は見られます。

＜名詞＞	**＜動詞＞**
preference[プ**り**ファれンス]好み	prefer [プり**ファー**]好む
reverence [**れ**ヴァれンス]崇敬、尊敬	revere [り**ヴィ**ァ]あがめる

＜接頭辞＋語幹＞の構成の動詞では、アクセントが後ろに来る傾向が顕著です。

compose[コン**ポウ**ズ]作曲する, return[り**タぁー**ン]戻る,
prepare[プり**ペアー**]準備する, forget[フォー**ゲッ**ト]忘れる,
explain[エクスプ**レイ**ン]説明する,

・ -tion, -sion で終わる単語はその直前にアクセント

○(規則通り) explanation「説明」, intonation「抑揚」, section「部分」, decision「決定」, composition「作曲」, realization「実現」, sensation「センセーション」, compensation「補償」, session「セッション」, improvisation「即興」

×(例外) television[**テ**レヴィジョン] テレビ放送

・ -meter(-metre 英) / -graphy / -logy で終わる単語はその直前の音節にアクセント

thermómeter「温度計」, odómeter「距離計」, speedómeter「スピードメーター」,

diámeter「直径」, kilómeter「キロメートル」

geógraphy「地理」, photógraphy「写真」, callígraphy「飾り文字」,

geólogy「地質学」, trílogy「３部作」, análogy「類似、類比」

② 特定のスペルと発音のパターン

・“wa“ の発音

原則は [ウォ] です。 [ワ]になる例、[ウォ]でも [ワ]でもいい例もありますが、原則は[ワ]ではなく、[ウォ]と覚えて下さい。[ウォ]でも[ワ]どちらでもいいものは、アメリカで[ワ]になりやすい傾向がありますが、[ウォ]でも十分通じます。 覚える手間を考えると[ウォ]で統一して覚える方が楽ですし、間違いがありません。

原則通り[ウォ]:	walk	[**ウォー**ク]	「歩く」
	wall	[**ウォー**ル]	「壁」
	war	[**ウォー**]	「戦争」
	warm	[**ウォー**ム]	「暖かい」
	warn	[**ウォー**ン]	「警告する」
	water	[**ウォー**ター]	「水」
	award	[ア**ウォー**ド]	「賞」
	wardrobe	[**ウォー**ドろウブ]	「洋服ダンス」
	Walt Disney	[**ウォ**ルト **ディ**ズニー](人名)	
例外[ワ]:	wax	[**ワッ**クス]	「ワックス」
	watt	[**ワッ**ト]	「ワット」(電力の単位)
	waggon	[**ワ**ゴン]	「貨車、ワゴン」
	Washington	[**ワ**シントン]	「ワシントン」(地名・人名)
	Warner Brothers	[**ワー**ナー ブ**ら**ざーズ](固有名詞)	

[ウォ] [ワ]どちらでも可： ([ウォ] イギリス風← →アメリカ風 [ワ])

want	[**ウォン**ト ／ **ワン**ト]	「欲する」
wander	[**ウォン**ダー ／ **ワン**ダー]	「さまよう」
wash	[**ウォッ**シュ ／ **ワッ**シュ]	「洗う」
was	[**ウォ**ズ ／ **ワ**ズ]	「～であった」
watch	「**ウォッ**チ ／ **ワッ**チ」	「時計(名)、監視する(動)」

＜参考＞ “wai-” “way”等はこのルールとは別の音です。

wait	[**ウェイ**ト]	「待つ」
wave	[**ウェイ**ヴ]	「波」
way	[**ウェイ**]	「道」
waist	[**ウェイ**スト]	「ウエスト(腹部)」
waste	[**ウェイ**スト]	「浪費する」

＜参考＞ “wo-”は[ワ / ワぁー]です。

word	[**ワぁー**ド]	「単語、ことば」
wonder	[**ワン**ダー]	「不思議に思う」
work	[**ワぁー**ク]	「働く」
worry	[**ワ**りー]	「心配する」

以下の例では[ウォ]と[ワ]で意味が全く違ってしまいますから注意しましょう。

warship [**ウォー**シップ] 軍艦	vs	worship [**ワぁー**シップ] 礼拝する
ward [**ウォー**ド] (市の)区、病棟	vs	word [**ワぁー**ド] 単語、ことば
warm [**ウォー**ム] 暖かい	vs	worm [**ワぁー**ム] 虫、毛虫
wander [**ウォン**ダー] さまよう	vs	wonder [**ワン**ダー] 不思議に思う
walk [**ウォー**ク] 歩く	vs	work [**ワぁー**ク] 働く

・発音しない文字(サイレント) [黙]

6章-(4)「スペルと発音の徹底研究」の中でも［黙］として示しましたが、英語には文字で書いてあっても発音されない文字があります。 以下は代表的なものです。

bt: “b”の文字がサイレントです。

doubt[**ダウ**ト] 「疑う」, debt[**デッ**ト] 「借金」, subtle[**サ**トル] 「微妙な」

gn: “g"の文字がサイレント。

sign[**サイ**ン]「署名する」, design[ディ**ザイ**ン]「設計、デザイン」,
reign[**れイ**ン]「統治する」, foreign[**フォー**リン]「外国の」

gh: サイレントの場合と[f フ]の音になる場合がある。

[黙]: through[す**るー**]「～を通って」, straight[スト**れイ**ト]「まっすぐな」,
weigh[**ウェイ**]「～の重さがある」, eight[**エイ**ト]「８(数字)」

[f]: rough[**ら**フ]「粗い」, tough[**タ**フ]「厳しい」,enough[イ**ナ**フ]「十分な」

h: サイレントになる場合がある。

hour[**アウ**ア]「時間」, honest[**オ**ネスト]「正直な」, honour[**オ**ナー]「栄誉」

isle: “s”の文字がサイレント。

island[**アイ**ランド]「島」, aisle[**アイ**ル]「通路」

kn: “k”の文字がサイレント。

know[**ノウ**]「知っている」, knee[**ニー**]「ひざ」, knock[**ノッ**ク]「叩く」

stl, sten, scl: “t”, “c”の文字がサイレント。

whistle[**ウィッ**スル]「笛、口笛」, listen[**リ**スン]「聞く」,

moisten[**モイ**スン]「湿らせる」, muscle[**マ**スル]「筋肉」

w: “w”の文字がサイレント。

answer[**アン**サー]「答える、答え」, sword[**ソー**ド]「剣、刀」

wr: “w” の文字がサイレント。

write[**ら**イト]「書く」, wrong[**ろ**んぐ]「誤った」,

wrestling[**れ**スリンんぐ]「レスリング」

子音が3つ以上続くとき、中央の子音が無意識に発音されないことがあります。 話す場合は、省略してもしなくてもいいのですが、聞き取るときには注意が必要です。

pumpkin	[**パン**プキン]	→	[**パン**キン]	かぼちゃ
landlord	[**ラン**ドロード]	→	[**ラン**ロード]	家主、大家
landscape	[**ラン**ドスケイプ]	→	[**ラン**スケイプ]	景色
sandwich	[**サン**ドウィッチ]	→	[**サン**ウィッチ]	サンドイッチ

・語尾 “–ths”, “–thes” (th で終わる単語の複数形)

breathes, clothes, three-fifths(分数 3/5)などは語尾の読み方が分かりにくい単語です。

“breathes”[ブりーずィズ], “bathes”[ベイずィズ]

“breathe”[ブりーず]「呼吸する」(動) “bathe”[ベイず]「入浴する、水浴する」など

“-the”で終わる動詞の三人称単数現在形は、”-thes”となり、発音は[ずィズ]です。

“breaths” [ブれすス / ブれツ]

“breath”[ブれす]「呼吸」や“month”[マンす]「月」の複数形語尾“ths”では[θs すス]と摩擦音を2つ続けて言うのは難しいので、破擦音[ts ツ]と言い切って問題ありません。

“5/6 = five-sixths” [ファイヴ スィクすス] / [ファイヴ スィクツ]

分数の数え方は「分子 → 分母(序数)」という読み方をしますが、語尾で[θs すス]と摩擦音を2つ続けて言うのは難しいので、破擦音[ts ツ]と言い切って問題ありません。「100 分の～」「1000 分の～」では[dθs ドすス]を[ヅ]にして数えます。これは拍子記号を言うときにも使います。

4/5	four-fifths	[フォー フィフすス]	→[フォー フィフツ]
3/8	three-eighths	[すりー エイすス]	→[すりー エイツ]
7/100	seven-hundredths	[セヴン ハンドレッドすス]	→[セヴン ハンドレッヅ]
6/1000	six-thousandths	[スィクス さウザンドすス]	→[スィクス さウザンヅ]

“mouths” [マウずズ] (→ [マウツ]も可)

長母音や二重母音の後の語尾の “th”は複数形では濁って[ðz ずズ]になるものがあります。摩擦音を二つ続けて言うことになります。しかし実生活ではこれも[ts ツ]で言っている英米人もいて、十分通じますから、できなければ[ツ]でも構いません。

“clothes”「服」 [klouðz クロウずズ] [klouz クロウズ] [kloudz クロウッヅ]…どれでも OK

辞書は[klouðz クロウずズ]または[klouz クロウズ]ですが、摩擦音の連続を避けた、破擦音[kloudz クロウッヅ]も OK です。

似た単語で “cloths”(e がない)というのもあります。「布きれ・織物」を示す“cloth”[klɔ: θ クロす](または[klɔθ クローす])は、通常数えられない名詞ですが、種類を示す場合にこの複数形になります。発音は[klɔθs クロすス]or[klɔ:ðz クローずズ]、摩擦音の連続を避けて、[kɔts クロツ]または[klɔ: dz クローッヅ]でも可。

“cloth / cloths”は材料の「キレ」、“clothes”は完成品の「服」です。

6章-(6) スペルと発音の関係がなくなった（昔はあった）

ドイツ語やイタリア語、ラテン語では文字で “a” と書けば発音も [ア]です。 文字で “e” なら音も[エ]、“i” なら[イ]です。 ところが英語では “a” が[エイ] になったり “e” が[イー]になったり、“i” が[アイ]になったりします。 これはどうしてでしょうか？

英語の母音体系については6章-(2)「英語の子音と母音」で述べた通り、調音点によって、大体下図のように分類できます。 [a]よりも[e]の方が舌の位置が高く、[e]よりも[i]の方が更に高いという図です。 同様に[a]よりも[o]の方が高く、[u]は更に高い位置で発音します。 また、同じ高い位置であっても[i]は前の方で、[u]は後ろの方で音色を作っていることを示します。

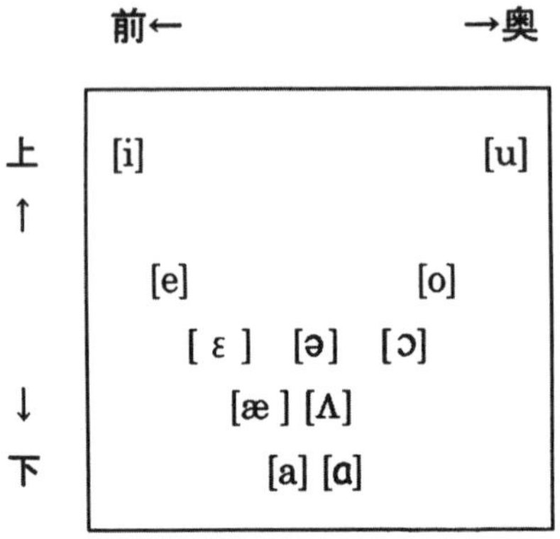

※この英語の母音体系図については
6章ー(2)(B)「英語の母音」参照
(155 ページ)

それぞれの発音にいくつかの英単語を当てはめて見ると、文字と発音のズレに一定のパターンがあることが分かります。

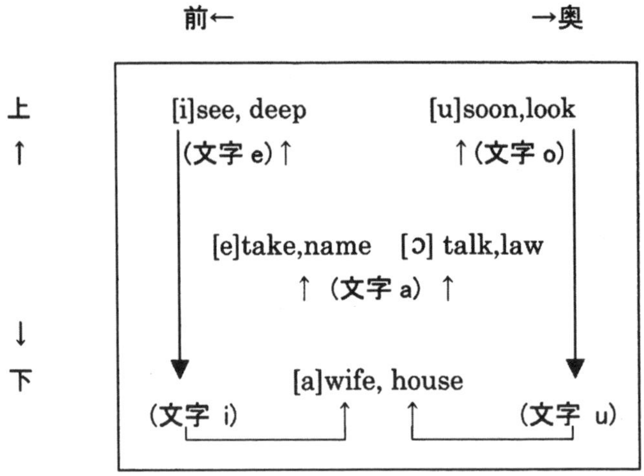

これらの単語では “a” 文字の発音が[エ]([エイ]take)や [オ]talk になり、文字 “e” は発音では[イ](see)、文字 “o”は[ウ](soon)、文字 “i”が[ア]([アイ]wife)になっています。 つまり母音体系図で見ると、音は文字よりも一つずつ上の段に上がっているか、または文字 “i” は一番上にあるためそれより上に行けずに、押し出されて一番下の[ア]まで下がっている、というパターンがあります。 （文字 “u”は、発音が[アウ]となり、スペルも “ou” に化けています。）

ここに挙げたのはいずれも古くからある英単語です。 昔は英語でも “a” の文字は発音も[ア]、“e”は[エ]、“i”は[イ]という時代があったのです。 それは15世紀頃まで、「中英語」＝Middle English の時代までのことです。 ところが、その中英語に大変化が起きて、母音がもとの文字より一つずつ上にずれ上がってしまったのです。 これを「大音韻推移」(The Great Vowel Shift)と呼び、英語はこの「大音韻推移」を経て「近代英語」(＝Modern English)になりました。

このとき音が変わったのに文字は昔のまま残ってしまったことが、英語のスペルと文字がずれてしまった最大の原因です。 しかも厄介なことに、すべての母音がこの原則通りの変化をした訳ではなく、また地域や社会階層によって昔の発音が残ったり、同じスペルでも動詞と名詞で発音が違ったり(「同音異義語、同綴り異音語に注意」206ページ参照)、など多くの例外が生まれ、ほとんど規則性が見出せないほどになってしまったのです。

この経緯 ――「大音韻推移」による母音のスペルと発音の乖離《かいり》―― を理解すると、英語の不自然さも納得が行くようになります。 そうは言っても、すぐ単語の発音がスラスラできるという訳には行きませんが。

※ 英語の歴史

古英語(Old English, 略して O.E.): 大陸から渡ってきたゲルマン系の人々が西暦1100年頃まで話していたことば。 古いドイツ語と近く、複雑な格変化・語尾変化を持っていて、語順よりも語形変化によって意味を明らかにするタイプの言語だった。(ギリシャ語、ラテン語、イタリア語、フランス語などは語順よりも語形変化で意味を明らかにするタイプ。)

古英語の単語はドイツ語に良く似ていて、英語とドイツ語の親戚関係がよく分かる。

現代ドイツ語	古英語	現代英語	
Auge[アウゲ]	auġe[アウィエ]	eye[アイ]	「目」
kommen[コメン]	cuman[クマン]	come[カム]	「来る」

中英語(Middle English, 略して M.E.): 11世紀にイギリスを征服して以後この国を支配したのは、フランス語を話す階級だった。 この時代に古いゲルマンの言葉にフランス語系の単語が混じり、複雑な語形変化が減って、「中英語」が成立した。

英語最古の歌 “Sumer is icumen in”「夏は来たりぬ」は中英語で書かれており(62ページ参照)、現代作品ながらブリテンの作品には “A Ceremony of Carols”「キャロルの祭典」など、中英語の歌詞を含んでいるものがある。

近代英語(Modern English, 略して Mod.E.): 15世紀から「大音韻推移」(「大母音推移」)が起こり、中英語期の母音の音が一つずつ上の母音に繰り上がって、現代と同じ母音体系になった。

複雑な語形変化はすっかり影をひそめ、語形変化よりも語順によって、主語述語などの意味関係を明らかにするタイプの言語になった 。

この現代語の基礎ができたのがシェイクスピア(William Shakespeare, 1564-1616)の頃。 音楽の世界でもシェイクスピア時代からバード、ダウランド、ギボンズ、そして17世紀後半のパーセル、18世紀のヘンデルの時代までが一つの隆盛期で多くの英語作品が生まれた。 ロマン派時代の英語作品で耳にするものは少ないが、現代では再び多くの英語作品が作られ、またミュージカルやポップス、ロックなどでは無数の英語の曲が生まれている。

※ 英語とドイツ語

英語とドイツ語は近い親戚である。 古いゲルマン語の祖先から、ドイツ語、オランダ語、英語、スウェーデン語、デンマーク語、アイスランド語などが生まれたと考えられている。

ドイツ語と英語の子音について一定の関係が見られ親戚関係を裏付けている。変化のパターンは、三角の循環関係となっていて、特に「歯部」の子音でこの関係が顕著:

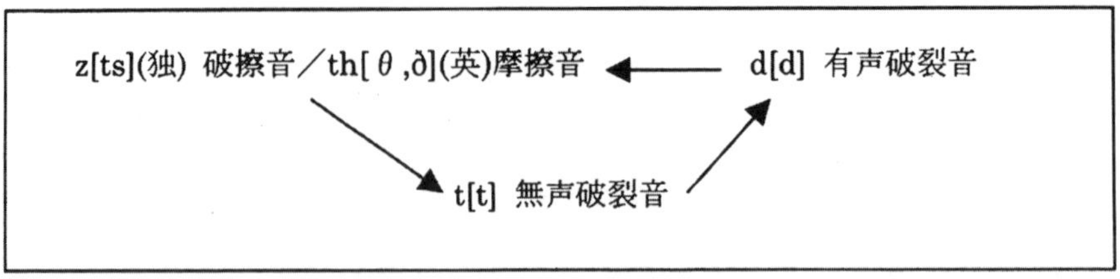

独 z[ts]	Zeit	zu	Zahn	zehn	ziehen	破擦音(独)
英 t[t]	time	to	tooth	ten	tention	└→無声破裂音(英)
	「時」	「～へ」	「歯」	「10」	「引く／緊張」	

独 t[t]	tief	Tochter	Traum	無声破裂音(独)
英 d[d]	deep	daughter	dream	└→有声破裂音(英)
	「深い」	「娘」	「夢」	

独 d [d]	dick	denken	der	diese	Diebe	有声破裂音(独)
英 th [θ, ð]	thick	think	the	these	thief	└→摩擦音(英)
	「厚い」	「考える」	(定冠詞)	「これらの」	「盗み/泥棒」	

顕著なのはこの「歯部の子音」 z[ts](独)／th[θ,ð](英)、t[t]、d[d]の三角関係だが、ほかにも同様の対応例がある。

独 pf [pf]	Pfeffer	Pfeife	Pfennig	破擦音(独)
英 p [p]	pepper	pipe	penny	└→無声破裂音(英)
	「胡椒」	「パイプ」	「ペニー／ペニヒ」	

独 b [p,b]	Diebe	leben	lieben	ob	ab	(有声)破裂音(独)
英 f [f]	thief	live	love	if	off	└→摩擦音(英)
	「盗み/泥棒」	「生きる」	「愛す」	「もし」	「外れて/下って」	

独 ch [x]	kochen	Kuchen	Tochter	hoch	doch	Loch	摩擦音(独)
英 k [k,黙]	cook	cookies	daughter	high	though	lake	└無声破裂音(英)
	「料理する」	「クッキー」	「娘」	「高い」	「しかし」	「湖」	(または黙字化)

英 g [g]	gelb	Auge	gestern	有声破裂音(独)
独 y [j]	yellow	eye	yesterday	└→摩擦音を
	「黄色」	「目」	「きのう」	経て y[j]に

英語の y[j]の音は、もとは g[g]から派生した音ġ [j]にその起源がある。

第7章　英語の上達のために

「どうやったら英語が上手くなるのか？」という質問を著者もしばしば受けます。 本書をここまで読んで、英語力をつけるのは大変だという印象を持った読者も多いかも知れません。 効率よく英語を身につけるにはどうしたらいいでしょうか？ 音楽家は語学屋ではないので、語学は上達したくても、語学だけに時間を費やす訳にも行きません。

そこで第7章では、まず7章-(1)「短期上達作戦」で、短期間で英語が上達するためのいくつかの方法を紹介し、続いて7章-(2)「コミュニケーションのさまざまな場面で」以降では、長い目で見た英語上達のコツを見ていきます。 これらの手法は、イタリア語やドイツ語など、英語以外の語学にも通じるもの、と著者は考えています。

7章-(1) 短期上達作戦

ここでは、短期間で集中的に英語力をつけたい人向けの方法をいくつか紹介します。 ここに挙げた例は短期決戦を目指した極端な方法ですから、万人に向く訳ではなく、またこれだけが唯一の方法ではなくて他のやり方も当然ありますが、これを読めば短期集中の「濃度の高い訓練」が語学上達の秘訣であるということを理解できると思います。 また自分なりの方法を考える上での参考にもなるでしょう。 長い目で見た英語上達のためのさまざまな留意点については次の7章-(2)「コミュニケーションのさまざまな場面で」以降で扱います。

語学の勉強はコツコツ継続して行なうことも大切ですが、コツコツ積み上げるためにはしっかりした土台が必要です。 実力を上げたいと思ったら、ある時期、短期間に集中して英語に取り組んで基礎を固めましょう。 著者はこれを「濃度の高い訓練」と言っています。 短期間であっても、ある一定の「濃度」以上のトレーニングをして骨格を作っておかなければ、後で肉付けすることはできません。

語学の上達のためには、「自分なりのやり方で」「徹底的にやる」ことが必要です。 語学は自分の身に染みつくものです。 一定の知識を覚えればそれで通る資格試験のようなものではありません。 覚えた例文に単語だけ当てはめれば済むようなマニュアル作業でもありません。

読むにしろ、話すにしろ、実際に英語を使う場面では、他人や本から新しい内容を理解するためのイマジネーションと、自分の持っている語学力を駆使して自分から表現するためのアイデアが常に必要です。 自分なりの工夫をしなければ語学は身につきません。 とはいうものの、短期で上達するためのいくつかの方法やヒントはあります。 その数例を示しましょう。 いずれも著者の生徒や親しい人が成功した例です。

短期上達作戦 その①: 聞き取り・書き取り Dictation [ディクテイション]

題材は映画でも、ニュースでもいいですが、ネイティブの人が話している内容を、生のスピードで聞きながら、一言一句その通り書き取ります。 この練習は、ヒアリングとスピーキングの能力向上に大きな効果があります。 テープやCD、MDなどで何度もこま切れにして聞き直すことになるので、大変な作業ですが、書き取って行くうちに、英語の語感が自然と身について行きます。

話全体の大意をつかむというワクの大きな聞き方も大切ですが、ここで目指しているのは集中して「耳を鍛える」ための訓練ですから、細部まで一語も漏らさず書き取る、という徹底した姿勢が必要です。

何十種類も、何ヵ月もやる必要はありません。 最初は 1 分程度のものを、慣れて来たら2~3分程度の区切りのいいものを、あわせて 10 回ほどやるといいでしょう。 短期間で集中して行なえば、あとはもう続ける必要はありません。 しばらくぶりに英語が必要になったとき、また2~3セット行なえば以前のレベルに近いところまで戻ります。

教材は、ラジオのニュースでも、テレビ・ドラマでも、演説でも、朗読でもいいのですが、できれば映画のセリフや演説のように、口語で、しかも内容のよく練れたものがいいでしょう。 ラジオ講座の演説特集なども好適です。(口語と言っても、高校生のおしゃべりのようにスラング――俗語だらけのくだけたもの――は難しいので、避けた方が無難です。) 聞き取り能力を上げるための虫食い教材も出ていますが、「教材」として録音されたものは、実際に使われていることばとは性質が異なるため、この訓練用にお勧めできるものは多くありません。

正解はどうやって確認するのか? これは自分で納得できるところで諦めるか、あるいは自分よりも出来る人に見て貰うしかありません。 映画や芝居なら台本や全文対訳が手に入ることもあります。 あまり簡単に答えが手に入らないのを覚悟の上で練習するという点も、訓練上はプラスになると考えています。

教材の難易度はその人のレベルによりますので、自分で聞いてみて難しすぎず、易しすぎないものを選びます。 5~6回聞いても、何の話題かぜんぜん見当もつかないようなら難しすぎます。 逆に 1 回聞いてすぐ全容が分かってしまうようなら簡単すぎます。

テンポがゆったりした歌の聞き取りも効果的です。 ミュージカル映画「サウンド・オヴ・ミュージック」の「エーデルワイス」や「ドレミの歌」は聞き取り・ディクテイションの教材としても好適です。

短期上達作戦 その②: せりふ丸暗記

映画や芝居のせりふには、よく練られたものが数多くあります。 これを丸ごと覚えてしまうことで、英語の語り口、起承転結、人を引き付ける話の運び方などいろいろな要素が学べます。

しかも、生きた英語を覚えると、その表現がそのまま自分でも使えるようになります。 英語圏の人がどう話しているか(つまり、広義の「文法」 207ページ参照)を憶えることによって、自然に英語の総合的な実力が上がります。

文章を暗記するだけでなく、抑揚やリズム、間の取り方なども英語の重要な要素ですから、映画俳優そっくりの調子を心掛けましょう。できれば全部覚えた時点で誰かに聞いてもらって下さい。 暗譜で舞台に出るほど完全に覚えようとすることが、しっかりと身に付ける秘訣です。

短期上達作戦 その③: 500 ページ読破

英語の文章を短期間に大量に読むのも効果的です。 それも達成感のある読み方、1 冊丸ごと読み切って、内容が脳裏にしっかり焼付くような読み方をしましょう。 新聞や雑誌を少しずつ読むのも別の意味でいい訓練ですが、短期間に英語の上達を図るなら、小説や専門書を最後まで一気に読み切るべきです。 まとまったものを読み切ったという自信もつきます。

とりあえずの目安はまず100ページ程度のものを、1日4～5ページ程度のペースで読み切ること。 それができたら1日10ページ以上のスピードで合計500ページが目標です。

この場合、速読・多読を心掛けます。 いちいち単語を辞書で調べずに、おおよその筋が分かれば読み進んで下さい。 個々の単語の意味はわからなくても、筋・大意が分かればいいのです。 どうしてもこの単語を辞書で調べなくては筋も分からない、といった要《かなめ》の単語だけを1ページあたり2～3語引く、という姿勢で臨みます。 そういう単語が1ページに10語を超えるようなら、その本は自分の速読・多読の教材としては難しすぎる、ということです。 逆に簡単すぎても訓練になりませんので、教材のレベルは自分で見きわめて下さい。

もう一つ大切なことですが、すでに筋や意味の分かっているものを読んでも英語力はつきません。 音楽家が楽典やモーツァルトの伝記を英語で読んでも、先に類推が効いてしまいます。英文から内容を読み取る訓練にはなりません。 知らない内容のものを語学の力だけで解読するという作業が語学の力を高めます。 読む分野は音楽の話で構いませんが、必ず自分の知らない、新しい内容のものに取組んで下さい。

短期上達作戦 その④: 歌を覚える

英語の歌を歌うことは、英語の学習にとって大きなプラスです。

その理由は、本書でも何度か述べた通り、第1に、歌で覚えた単語やフレーズは忘れにくいというメリットです。 メロディーと結びついて記憶に残るので、そう簡単には忘れません。

第2に、よい歌は英語の抑揚やフレーズ感を、鋭敏に反映しているものです。 歌を覚える目的でなくても英語の自然な語感を自然に身に着ける助けになります。

英語の上達という目的のために歌う歌は、できれば現代の歌がいいでしょう。 何でも気に入ったものでいいですが、著者はビートルズやカーペンターズの歌を勧めています。

「歌を歌う」というのは、声楽家以外には関係なさそうに思えるかもしれませんが、声楽以外の音楽家にも、そして音楽に縁のない人にも著者が強く勧めている手法で、著者の指導した生徒の間でも英語力の向上に高い成果を収めています。 騙《だま》されたと思って歌ってみて下さい。

****

これらの方法は、いずれも「短期間」で「集中的」に行なうことが重要です。 繰り返しますが、語学の本当の上達にはコツコツ続けることも大切ですが、コツコツ積み上げるためには確かな土台が必要です。 そのためには、「濃度の高い訓練」をある期間集中して行なうべきです。これは音楽家が聴音や視唱を若いころ集中的に訓練するのと似ています。

****

7章－(2)以降で扱うのは短期集中型の訓練の話ではなく、長い目で見た英語の学習のために心得ておきたいこと、「読む・書く・聞く・話す」などコミュニケーションのさまざまな場面で役立つ留意点を見ていきます。

7章-(2) コミュニケーションのさまざまな場面で

●会話の英語 ：「話せばわかる」(？？？)

誠意をもって一生懸命話せば通じる、と言う人もいます。 たしかに「一人 対 一人」のコミュニケーションなら、それでも意思疎通はできるでしょう。 相手に付き合ってくれる余裕さえあれば会話は成り立ちます。

しかし問題は効率です。 簡単な意思伝達に何時間もかけていては、時間がいくらあっても足りません。 ましてレッスンのように時間の限られた状況では、いかに効率よくお互いの考えを伝えられるかで、レッスンの効率も左右されます。音楽家にとって本当にすべきことは、よりよい音楽を作ることですから、英語でレッスンを受けたり、仕事をするなら、コミュニケーションの妨げにならない程度の会話力は必要です。

また、「1対1なら通じるが、大人数の中で通用するか」という問題もあります。 相手が一人なら、こちらが分かるまで色々な言い回しで言い直してくれるかも知れません。 こちらの言っていることが分からなければ何度も聞き直してくれるかも知れません。 しかし一旦グループになると、自分が聞けないうちに話が進んでしまったり、何か話そうと思案しているうちに、話題が変わってしまったりします。 グループや会議の中で聞けるか？ 通じるか？ 話の輪の中に入れるか？. . . と考えると、やはり「聞く力・話す力」は磨いておくべきです。

海外での講義や公開レッスン、オーケストラの練習で聞く力が大切なことは言うまでもありません。

●聞く／話す ～ 話題をつかむ／話の輪に入る

会話の輪の中に入るためには、まずそこで何がトピックになっているか、その人たちが今どんなことに関心が向いているのかを理解するのが、まず第一の課題です。 このためには、単語の一つ一つを知らなくても、会話全体の話題が分かるようにすることが肝要です。 話題さえ分かるようになれば、話の輪に入って行きやすくなります。

日本人は話したがらない、とよく言われます。 文法通り話そうとして苦労する人や、単語が思い付かなくて自分の考えを言えない、という人もいます。 しかし、実はそれ以前にまわりの話が聞けていないことが多いのです。 読むときに、単語の意味を一つ一つ知らないと読み進めないのと同じ症状がここにあります。 前節で、一言一句残さず書き取る、という訓練を紹介しましたが、あれは「耳の訓練」の話であって、会話の能力を上げるためには、今度は一言一句を聞くことよりも、その場の雰囲気から文脈と大意を聞き取る訓練、つまり本題を探し出す「頭の訓練」が必要です。

●最初の「ひとこと」で勝負 ～ 話す／書く 表現のコツ

まず心しておきたいのは、自分にとって英語が母国語ではないこと、得意ではないということです。 日本語なら、同じことを言うにしても、あっさり言う、丁寧《ていねい》に言う、慇懃無礼《いんぎんぶれい》に言う、回りくどく言う、などいろいろな言い方ができます。 しかし外国語で、そんな高度なことはできません。 まず伝えることが先決です。 長々としゃべればしゃべるほど、しどろもどろになったり、論点がボケたりします。

英語を話したり、書いたりするときには、最初の「ひとこと」が命です。 まず要点をいかに簡潔に冒頭で言ってのけるかにすべてが掛かってきます。 下手な英語で長々とやっても、聞く人・読む人の注意を引き留めておくことはできません。 逆に本題を最初に出すことで、あなたの主張や人物が理解され、話を聞いて貰えるようにもなります。

最も肝腎な単語は何か？ 名詞でも、動詞でも、その肝腎な単語を一番最初に言う、というスタイルが大変効果的です。 ある英会話のクラスでビデオがどうしてもかからず、外人教師が四苦八苦していたところ、一人の生徒が日本語で「テープは入ってるの？」と言っただけで、見事に通じました。 その場面で最も肝腎な単語ひとことだけでコミュニケーションが出来るということを痛感させるひとコマでした。

△　I want to have a glass of beer.
○　Beer, please!
　　「ビールを一杯下さい。」
×　Is it possible to buy 2 return tickets to London here?
○　London.　2 return tickets.　Can I buy them here?
　　「ロンドンまで往復2枚。 ここで買えますか？」

回りくどい言い回しは通じないものです。 以下の例は極端ですが、そもそも △や× のような凝った言い回しを、淀《よど》みなく、文法の間違いもせずに、書いたり話したりできる日本人がどれだけいるでしょうか？

△　It is considered that low humidity is not desirable for woodwind instruments.
○　Do not leave oboes and clarinets in too dry places.
　　「オーボエやクラリネットは、あまり乾燥した所に置いてはいけない。」

△　Instruction is available at the shop for those who are unfamiliar with the synthesizers.
○　If you do not know much about synthesizers, come to our shop, and we will teach you how to use it.
　　「シンセサイザー初心者の方には、当店で使用法の指導も致します。」

● “Please”を上手に使う

フル・センテンス(主語、動詞や目的語などが揃った完全な文)ではなくても、“please”を上手に使えば、スマートに意思疎通することができます。 名詞＋“please”のように一見ぶっきらぼうな形でも、ていねいな感じを出すことができます。

△ “I want to drink a glass of red wine.”
○ “Red wine, please.”
「赤ワインを下さい。」
△ “I do not like sugar in my coffee.”
○ “No sugar, please.”
「砂糖はいりません。」

ていねいに話そうとして Would you～ や Could you～ で始まる難しい文を使いたがる人もいますが、「普通の命令文＋“please”」だけでも十分ていねいな感じが出せます。

●書く ～ 文章のコツ

文章を書く場合に最も大切なことは、まず「読んで貰えるものにすること」です。 日本語でも人に読んで貰えるような文章はなかなか書けません。 外国語であればなおさらです。「石に刻みつけてでも伝えたいこと、それだけを書け」と言った人もいますが、そこまで行かなくても、要点を、より目立つように書くことが大切です。

ダラダラと長く書くよりも、段落を区切り、思考を整理して行きます。 段落には表題をつけてもいいでしょう。「第一に、第二に . . . 」と箇条書きを使ったり、表やグラフ、図を使うのも、他の国の人に比べて、日本人が得意な方法です。

文体・スタイルについては、一つ一つの文が長いと、読みにくくなってしまいます。 個々の文はぶっきら棒で短くても、意味の上で文と文との繋がりをつけることにより、文脈を形作ることができます。

△ 悪い例　When I was young, I always dreamed of becoming a professional singer who can sing so passionately that everybody cannot help wetting his cheeks with the tears when he listens to my song.

○ よい例　When I was young, I always dreamed of becoming a professinal singer.　I wanted to be able to fascinate the audience to tears.
「子供の頃、将来はプロの歌手になって、聴衆の涙を誘えるような歌を歌いたいといつも思っていました。」

●アメリカ人は長いものでも平気、でも日本人は. . .

アメリカでは小学校高学年になると、読ませる宿題が激増します。 科目は英語(アメリカ人にとっては国語)と社会科が中心で、何10ページも本や新聞を読ませた上で要約させたり、レポートを書かせたりします。 子どもが読むものですから高度な内容ではありませんが、とにかく量が多く、外国からの転校生など英語ができない子どもは、四苦八苦します。 高校や大学でも同じ傾向があり、とにかく読む量の多さがアメリカ教育の一つの特徴です。

そのせいか、アメリカ人は読書好きが多く、飛行機などでも厚いペーパーバックの本を読んでいる人をたくさん見かけます。 推理小説やSFが人気のようですが、量の多いことは少しも苦にならないようです。 書く方でも、アメリカ人の文書やレポートは長め長めになりがちです。

日本人がこれを真似《まね》る必要はありません。「簡にして要を得る」を目指しましょう。 不得意な英語で長々と書き、論点がボケてしまうよりは、短くても主張をハッキリ書く姿勢が大切です。ある日本人のノーベル賞科学者の博士論文はレポート用紙 1 枚だったという噂がありますが、内容があればそれほど短くてもいいのです。

●話す ～ 恥をかいて表現を身につける

日本人は話したがらない、表現したがらない、とよく言われます。 文法から外れて話すことに抵抗のある人もいるでしょう。 しかし延々と考えた挙句に日本人の口から出てきた英語が完璧な文法かというと、そうとも限りません。 会話は文法の正しさを見せるのが目的ではなく、内容を伝えるのが目的ですから、気にせず話すようにしましょう。 本番では自分の実力以上の力は容易に出せるものではありません。 一旦その場になったら、自分がいま話せる限りの実力で話せばいいのです。開き直ることが大切です。

本番の会話では持っている力の範囲で話し、普段の学習では新しい言い回しも練習します。普段訓練していないことが、急に本番で出来るということはまずないのですから、日常の語学の修練は続けておきたいものです。

●会話のコツ ～ 盗む

人との会話、それも一対一の会話は、英語の表現を盗む絶好の機会です。 相手がネイティブ・スピーカーなら、あなたよりも相手の方が量の上でたくさん話すでしょうから、相手の表現を盗み、ついでに自分でも使えるようにその場で練習して、ものにしてしまいましょう。

「学ぶ」とは「まねぶ」こと、と昔から言うように、語学では「マネ」だけでもずい分上達することができます。 ませた子どもが大人ことばを使うのを時折耳にします。 最初はチグハグかもしれませんが、その子はこうして次第に丁寧語や大人の言い回しを身につけて行きます。 外国語では大人も同じことをすればいいのです。

●会話 ～ 相づちを打つ・打たせる

これは会話のテクニックの話になりますが、相づちを打ったり打たせたりできるようになると、会話はずっとスムーズになります。

相づちの一番簡単なものは “Hm-hmm.” “Really?” といった種類の「合いの手」です。こうした合いの手を入れるだけでも話し手の乗りが違ってくるでしょう。“No kidding?”「ホント？」といった決まり文句も使えると便利です。

もう少し高度なのは、相手の話を受けて言う疑問文です。主語と代動詞(do, does, did, am, are, were, have, has, had など、文の内容を一言で代弁する動詞)で作ります。

“We saw the ‘Bridges of Madison County’ yesterday.” - “Did you?”
「昨日『マディソン郡の橋』見たよ。」 - 「ホント！」

“We have already seen ‘Salome’ produced by Harry Kupfer.”- “Have you? “
「もうハリー・クプファーの『サロメ』見たよ。」 - 「もう？」

疑問形でなく、肯定文で作ると「やったね！」「すごいね！」「やってしまったんだね。」のように祝福したり、共感を示したりすることができます。

“He missed the last train yesterday.” - “He did!”
「昨夜あいつ終電に乗り遅れたんだ。」 - 「やっちまったか!」

“We have just finished the audition.” - “You have!“
「今オーディションが済んだところなんだ。」 - 「そうか！」

相づちを打たせる方の技法としては、まず付加疑問文が挙げられます。文法的にはそれほど複雑ではありませんが、すんなり口に出せるようにはなかなかなりません。

文の中心の動詞を疑問形にて、文末に付ければ付加疑問文ができます。

I sing better in this posture, don’t I?
「私、この姿勢の方がいい声が出るでしょ？」
This is a wonderful piece of painting, isn’t it?
「この絵、本当にいいですよね？」

付加疑問文と似ていますが、否定形の疑問文も相手の返事を呼び出せる言い回しです。「～じゃないですか？」に相当します。

Haven’t you seen “Gernica” by Picasso?
「ピカソの『ゲルニカ』見たことあるでしょ？」
Didn’t we pass the Cathedral on the left?
「いま左に見えたのが大聖堂じゃない？」

7章-(3) 語《こ》彙《い》・ Vocabulary

[ヴォ**キャ**ビュラリー]

語《こ》彙《い》、知っている単語・使える単語の数は増やしたいものです。 前に述べた、知らない単語があっても文脈が分かるようにする訓練も大切ですが、より多くの単語を知っている方が有利であることは間違いありません。 しかし、ただ闇雲《やみくも》に単語集の“a”から順番に覚えていくような力ずくの訓練は、労力の割に身に付かないので、お勧めできません。

いくつか参考になるコツを列挙しますが、いずれの場合も単語だけで覚えるのではなく、例文や周辺の言い回しも丸ごと覚えることが大切です。 辞書を引くときにも訳語だけではなく、用例や関連語句、語源などまで見るクセを付けましょう。 関連語句が覚えられるだけでなく、単語と単語が頭の中で網の目のようにつながって、忘れにくくなります。 単語を単語だけで覚えるのは、数字の羅列を覚えるようなもので大変ですが、関連語句と結び付ければ、ずっと覚えやすくなります。

1. 単語の中の要素で覚える:

語幹(単語の核になる部分)や、接頭辞(単語の頭につく部分)、接尾辞(単語の末尾)に注目し、その共通性を覚えます。 特に語幹を中心に覚えると有効です。

語幹

-med-, -mid-「中央」
medium[**ミー**ディアム]「中くらいの」, middle[**ミ**ドル]「中央」,
media[**ミー**ディア]「媒体、メディア」

-art- 「芸、わざ」
art[**アー**ト]「芸術」, artificial[アーティ**フィッ**シャル]「人造の、人為の」,
artist[**アー**ティスト]「芸術家」, artisan[**アー**ティザン]「職人」

-cred- 「信用」
credit[ク**れ**ディット]「信用」,
incredible[インク**れ**ディブル]「信じられないような」

-scrib-, -scrip-「書く」
describe[ディスク**らイ**ブ]「描く」, manuscript[**マ**ニュスクりプト]「手稿」,
subscribe[サブスク**らイ**ブ]「定期購読する」,
subscription concert[サブスク**り**プション **コン**サート]「定期公演」

-duc- 「引く、導く」
conductor[コン**ダ**クター]「指揮者」, introduce[イントロ**デュー**ス]「紹介する」, education[エデュ**ケイ**ション]「教育」, produce[プロ**デュー**ス]「制作・製造する」

-creas- 「増える」
increase[インク**りー**ス]「増える」, decrease[ディク**りー**ス]「減る」,
crescendo(伊)[クれ**シェン**ドウ]「クレッシェンド」

接頭辞

re-　「再び」
revival[り**ヴァイ**ヴァル]「再生、再演」, repeat[り**ピー**ト]「繰り返す」,
refrain[りフ**れイ**ン]「繰り返す」, return[り**タぁー**ン]「戻る」

con-, com-「共に」「全く」
(共に) compose[コン**ポウ**ズ]「作曲する」, compassion[コン**パッ**ション]「同情」, construct[コンスト**ら**クト]「建設する」,
communication[コミューニ**ケイ**ション]「コミュニケーション」
(全く) condense[コン**デン**ス]「圧縮する」, confirm[コン**フぁー**ム]「確認する」

接尾辞

-ful　「～に満ちた」(形容詞を作る語尾)
beautiful[**ビュー**ティフル]「美しい」, wonderful[**ワン**ダフル]「驚くべき」,
cheerful[**チ**アフル]「元気な」, careful[**ケ**アフル]「注意深い」

-able, -ible「～できる、～に値する」(形容詞を作る語尾)
suitable[**スー**タブル]「ふさわしい」, audible[**オー**ディブル]「聞こえる」,
possible[**ポッ**スィブル]「可能な・ありうる」,
flexible[フ**レ**クスィブル]「柔軟な」

-ness　「～らしさ」(形容詞を作る語尾)
kindness[**カイン**ドネス]「親切」, illness[**イ**ルネス]「病気」
business[**ビ**ズネス]「仕事」

-fy　「～にする」(動詞を作る語尾)
(clear→) clarify[ク**ラ**りファイ]「明らかにする」,
(class→) classify[ク**ラ**スィファイ]「分類する」,
(simple→) simplify[**スィン**プリファイ]「単純にする」,
(pure→) purify[**ピュー**りファイ]「清める」

2. 派生語を覚える:

単語を調べるときに、その単語の派生語で、意味上も関連する動詞、形容詞、名詞などをあわせて覚えます。

image [**イ**ミッヂ] (名)「イメージ」
→ imagine [イ**マ**ッヂン] (動)「想像する」
→ imagination [イマッヂ**ネイ**ション] (名)「想像力」
→ imaginary [イ**マ**ッヂナりー] (形)「想像上の」

vary [**ヴェ**アりー] (動: 変動する)
→ variation [ヴァり**エイ**ション] (名)「変化、変動、変奏曲」
→ variety [ヴァ**らイ**エティ] (名)「多種、バラエティ、種類」
→ various [**ヴェ**アりアス] (形)「様々な」

create [クり**エイ**ト] (名)「創造する」
→ creation [クり**エイ**ション] (名)「創造」
→ creative [クり**エイ**ティヴ] (形)「創造的な」
→ creator [クり**エイ**ター] (名)「創造する人、芸術家」
→ creature [ク**りー**チャー] (名)「被造物＝神に創られたもの、生き物」

3．同意語・反意語に広げる：

単語を調べるとき、その単語の同意語、類義語、反意語などをあわせて覚えます。
よい辞書であれば、主要な類義語の説明が付いていますので、見る習慣をつけましょう。

get [**ゲッ**ト]「得る」(最も一般的な単語)
acquire[アク**ワイ**ア]「習得する」, obtain[オブ**テイ**ン]「手に入れる」,
gain[**ゲイ**ン]「(利益など)を得る」, earn[**あー**ン]「稼ぐ」,
win[**ウィ**ン]「勝ち取る」
⇔ (反意語) lose[**ルー**ズ]「失う」

talent [**タ**レント]「才能」(最も一般的な単語)
intuition[イントゥー**イッ**ション]「カン」, gift[**ギ**フト]「天賦の才」,
genius[**チー**ニアス]「天才、天才的な才能」

quiet[ク**ワイ**エット]「静かな」(最も一般的な単語)
calm[**カー**ム]「穏やかな」, silent[**サイ**レント]「音のない、無言の」,
still[ス**ティ**ル]「動きのない」, tranquil[ト**ラン**クウィル]「静謐《せいひつ》な、平和な」
⇔ (反意語) noisy[**ノイ**ズィー]「騒々しい」

4．単語集の丸暗記：

「辞書の丸暗記は勧められない」と前に書きましたが、基礎的な単語力に自信のない人には有効です。もし高校時代からずっと英語が不得意というなら、一度高校受験用(大学受験用ではなく)の単語集（200～300語程度のもの）を片っ端から覚えるという方法はどうでしょうか？ もしそれをほとんど知っているようなら、500～600語レベルのもので試してみましょう。1000語クラスの単語集が大体分かるようなら、その人にはこの種の訓練は不要です。と言うよりそれ以上は「丸暗記」では対応しきれません。単語の要素や派生語・同意語・反意語などを使った、より高度な訓練が必要な段階に来ているのです。

5. 単語に関する注意いろいろ

●外来語・カタカナ和製英語に注意

外来語として日本語になってはいても、もとの英語とカタカナ日本語とで意味の違うものがあります。 間違えないようにしましょう。

anticlimax [アンティ ク**ライ**マックス] or [アンタイ ク**ライ**マックス]
「しらけ」「期待外れの結末」
ball park [**ボー**ル パーク]「野球場」(「おおよそ、概算」の意味もあります。)
night game [**ナイ**ト ゲイム] 「ナイター、夜の試合」 "nighter"は和製英語です。
ball point pen [**ボー**ル ポイント **ペン**]
「ボールペン」
mechanical pencil [メ**カ**ニカル **ペン**スル]
「シャープペン」; "sharp pencil"ではありません。
stapler [ス**テイ**プラー] 「ホッチキス」; 日本では「ホッチキス」"Hodgekiss"という商標がほとんど普通名詞のように使われていますが、普通名詞は"stapler"です。(「針"staple"で止める器具」の意) (Hodgekiss は機関銃メーカーの社名)
steering wheel / wheel [**スティ**アりんぐ (ホ)ウィール / (ホ)**ウィー**ル]
「(車の)ハンドル」
naïve [ナ**イー**ヴ] 「素朴な、無知な、馬鹿な」の意。
「繊細な、敏感な」という意味はありません。
「繊細な、敏感な」の意味を出すときには、"sensitive"を使います。
delicate [**デ**リキット] 「(作品や商品などのものが)繊細な、華奢な」
人が細やかで、傷つきやすいことを形容するには、"delicate"よりも "sensitive"を使います。
television set [**テ**レヴィジョン **セッ**ト]
「テレビ」(家に置くテレビ受像機のこと)
"television"と言うと「テレビ放送」のことになります。
gauze [**ゴー**ズ] ガーゼ
rehearsal[り**ハー**サル](名)「合奏や合唱の練習 / 練習する」。「(本番前の)リハー
rehearse[り**ハー**ス](動) サル」だけではなく、一般に練習のこと。 "practice"はどちらかと言うと、一人の練習というニュアンスが強くなります。

●数えられない名詞

"a piece of paper", "a loaf of bread", "a glass of water" など、いわゆる物質名詞は数えられない名詞です。 この他に抽象的なもので "a piece of"を付けて数えるものも少なくありません。

×	○	
an information	a piece of information	「情報」
an advice	a piece of advice	「アドバイス」
a homework	a piece of homework	「宿題」

●「同音異義語」・「同綴り異音語」に注意

「同音異義語」

発音が同じでも、意味・スペルの違う単語がいくつかあります。

sweet	「甘い」	suite	「組曲」	どちらも発音は [ス**ウィー**ト]
see	「見る」	sea	「海」	どちらも発音は [**スィー**]
meet	「会う」	meat	「肉」	どちらも発音は [**ミー**ト]
key	「カギ」	quay	「波止場」	どちらも発音は [**キー**]

「同綴り異音語」

こちらの方が厄介です。 同じスペルなのに、発音も意味も違う単語だったり、あるいは同じ意味でも品詞が変わるだけで音が変わってしまうこともあります(動詞・名詞・形容詞など)。それぞれの箇所でどちらの単語なのかは、文脈で探るしかありません。 これは第6章-(6)「スペルと発音の関係がなくなった(昔はあった)」で述べた「大音韻推移」(191ページ)の結果、新しい音に変わった単語が多いこととも関係がありますが、理由はどうあれ外国人にとっては迷惑な話です。

bow	[**ボウ**]	「弓」	／	[**バウ**]	「お辞儀する」
tear	[**テ**ア]	「破る」	／	[**ティ**ア]	「涙」
minute	[**ミ**ニット]	「分、議事録」	／	[マイ**ニュー**ト]	「精細な」
lead	[**リー**ド]	「導く」	／	[**レッ**ド]	「鉛」
record	[**れ**コード]	「記録」(名)	／	[り**コー**ド]	「記録する」(動)

● "finger" は 4 本？

単語によっては、英語と日本語で詳しさや区別の仕方が違う場合があります。

"sister", "brother"は、"elder / younger"を付ければ「姉 / 妹」「兄 / 弟」の区分もできますが、"sister", "brother"だけなら、長幼の区別はありません。

また、指は指でも日本語の「親指」は英語では"thumb"であって、決して"finger"の一本ではありません。 "finger"にどんな形容詞を付けても「親指」になることはありません。

こうした区別や詳しさの違いは背景にある文化の違いです。 英語の方が詳しい場合と、日本語の方が細かく分かれている場合とがあります。

英語の方が詳しいもの

「指」: finger「手の指(人差し指～小指)」, thumb「親指」, toe「足の指」

「あし」: leg「脚(太股から足首まで)」, foot(feet)「足(足首から先)」

日本語の方が詳しいもの

rice [**らイ**ス]: 「稲」、「米」、「ご飯」

bowl [**ボウ**ル]: 「茶椀」、「丼」、「すり鉢」、「杯」、「サラダボール」、
(すり鉢状の)競技場や野外コンサート会場―"Hollywood Bowl"など―も"bowl")

7章-(4) 文法(?)のススメ

「文法」と聞くだけで拒否反応を示す人もいると思いますが、文法には2つの側面があることを知っていますか?

一つは、人が「ことば」をどう話し、どう書いているか、そこにどんな規則性があるのか、実態を観察して規則性を見出そうとする立場です。 これを**『記述文法』**と言っています。 実生活のことばの中の規則性を「記述して」まとめようとする立場なので、こう呼びます。

一方、どの国でも「ことばの正しい使い方」という考えがあります。 そしてこれを学校で教え、守らせようとする教育の立場を取ります。 この意味での文法を**『規範文法』**と呼びます。

ことばは生き物ですから、人がどう話し、どう書くか、その規則性も時々刻々と変わります。特に口語の変化にはめまぐるしいものがあります。 そこに生じる「規則性=文法」も変わって行きます。ところが、「教えよう」「守らせよう」とする側の**『規範文法』**は、もともとの性格からして保守的なもので、新しいことばの変化にはなかなか付いて行かない傾向があります。 流行語なども教えません。日本の中学・高校で教えるいわゆる英文法は**『規範文法』**の面を強調しすぎたきらいがあります。 学校特有のテストや受験といったものへの連想も手伝って「文法」と言うとどうしても敬遠されがちです。「文法」を習ったのに話せない、といった不満も聞こえます。

※ 日本で教えられている英文法が国際的でない、という批判もあります。 たとえば SVC、SVOC などのいわゆる5文型は、それなりにすぐれた分類法ですが、教育文法としては日本特有で、英語圏では使われていません。

本当は、外国語を学ぶために、ネイティブの人がどのような規則性をもって話したり書いたりしているか(つまり**『記述文法』**)を身につければ、聞いたり読んだりするガイドにもなり、話したり書くときの手本にもできるわけですから、**『記述文法』**を毛嫌いする理由はどこにもないはずです。 本や書類で難しいところに直面したとき、「文法」の助けで解決できる場面も多々あります。学校でのイヤなイメージを一度捨てて、「英文法=英語の規則性」という原点に立ちかえって文法を見直してみてはいかがでしょうか?

文法をおさらいするには、薄い文法書を通読することを著者は勧めています。 厚さで言えば5mm 以内の、ごく簡単にまとまったものがいいと思います。 最低限のルールを復習するためなので、学校で使い古した100ページ前後の文法の教科書でもいいでしょう。 ことばは生き物ですから、数学や物理のように論理的に記述しきれない面がたくさんあります。 全部をルール化することは所詮無理で、しかも例外がたくさん出てきます。 妙に詳しいところは英語屋に任せればいいとして、音楽家は最低限のルールさえ身につけていればよいのです。 その意味でなら、文法を覚えて損をすることはありません。

7章-(5) 文法・語法の注意点

体系的な文法は文法書に任せますが、ここでは日本人が間違えやすい文法・語法上の問題点で、著者がよく目にする・耳にするポイントについて触れて行きます。

●冠詞 “a”, “the” は母音の前では “an”, “the”[ði]・・・ 文字より音が優先

冠詞“a”, “the”[ðə ざ]は母音の前では “an”, “the”[ði ずィ]になるのが原則ですが(an umbrella, the orchestra)、これは次の単語の最初が母音の**文字**で始まるかどうか、ではなく、次の単語の最初の**音**が母音かどうかによります。 “y”, “w”など混乱しがちですが、“y” “w” は「半母音」といって子音扱いですから、“an”, “the”[ði]になることはありません。

①文字は子音字でも発音が母音なら “an”, “the”[ð i ずィ]

×	○	
a honest person	an honest person	[**オ**ネスト] 正直な
the[ðə] honor	the[ð i ずィ] honor	[**オ**ナー] 栄誉
a hour	an hour	[**アウ**ア] 1時間
the[ðə ざ] SOS	the[ð i ずィ] SOS	[**エ**ス **オウ** **エ**ス] SOS
a X-ray photo	an X-ray photo	[**イ**クス れイ] X線写真

②文字は母音字でも発音が子音なら “a”, “the” [ðə ざ]

×	○	
the[ði ずィ] usage	the[ðə ざ] usage	[**ユー**スィッヂ] 使用法
an Euro	a Euro	[**ユー**ろ] ユーロ(通貨)

usual, useful, Europe/European, euphonium などがこの子音扱いに該当します。

③半母音 “y” “w” は子音扱い ・・・“a”, “the” [ðə]

×	○
the[ði ずィ] window	the[ðə ざ] window
an yellow sofa	a yellow sofa

“the”は、ただの定冠詞の場合は[ðə]でも[ði]でも強調はしませんが、特に「まさにその」という強調した意味を持たせるときは、[ði：][ずぃー]と強く長く発音します。 文字の上では *the* とイタリック体(斜字体)や、the と下線をつけて書いてあればこの強調した意味と発音であることを示します。

●And, But は、文頭に使わない

日本人に非常に多いのは、文の冒頭に “and” や “but”を多用してしまう、という悪い癖です。 特に書く場合に目立ちます。

× On the last night of the tour, we had a reservation at the restaurant at 7 p.m. But we found they were performing the “Rheingold” that night. And we were free from the tour then. So, we decided to cancel the dinner and to go to the operahouse.

○ On the last night of the tour, we had a reservation at the restaurant at 7 p.m. However, we found they were performing the “Rheingold” that night and we were free from the tour then. Therefore, we decided to cancel the dinner and to go to the operahouse.

「ツアー最後の夜、レストランに夜7時に予約が入っていたが、その夜は『ラインの黄金』があることが分かった。 ツアーは自由行動時間だったので、夕食はキャンセルしてオペラハウスを取った。」

文を切らずに “,”(コンマ)＋“and/but”でつなぐのは単なる順接・逆接ですが、文頭で “and”や “but”を使うと、特別に強調した表現になります。 “And” ＝「そしてさらに」、「そしてなお」、「しかも」、“But” ＝「しかしながら」、「それなのに」。 意図的にこういう強い意味で使う場合は構わないのですが、それは1ページに 1-2箇所までが限度です。

普通の「そして」「しかし」程度の軽い意味で1ページに5ヶ所も6ヶ所も使うと、しつこいか稚拙な印象を与えてしまいます。 軽い意味の順接、逆接をするときには、文を切らずに “,”(コンマ)＋“and/but”を使うか、文を切るなら“therefore”(だから),“however”(しかしながら)など他の接続語も使って上手にまとめましょう。

●「～できませんでした」は “couldn't” ／「～できました」は “could” ？

否定形での “couldn't”は「できなかった」の意味です。

“I could not finish the homework by the deadline. “

「期限までに宿題ができませんでした。」

しかし肯定文での “could”は要注意です。「宿題は月曜までに終わらせることができました。」と言うつもりで

“I could finish all the homework by Monday.”

と言ったとします。 ところが肯定文での “could” は、実は仮定法の用法です。

「やろうと思えば宿題は月曜までに終わらせられただろう。(でもやらなかった)」

これでは言おうとしている意味とは違ってしまいます。 正しく「～できた」と言うためには、“was(were) able to” を使います。

I was able to finish all the homework by Monday.

「宿題は月曜までに終わらせることができました。」

●every, each は単数扱い

「すべての」という意味を表現したいときには “all”「すべての」を使うときと “each”,“every”「各々の」を使う場合がありますが、“each”、“every” を使うと単数扱いになります。

○ All the peoples of the world have their own cultures.
「世界のどの国民にもそれぞれ固有の文化があります。」(“all” は複数扱い)
× Every countries have their own constitutions.
○ Every country has its own constitution_.
「どの国にも自国の憲法があります。」(“every” は単数扱い)

○ All the pictures of the museum were removed before the reconstruction.
「改築に先立って、美術館の絵はすべて運び出されました。」(“all” は複数扱い)
× Each paintings were covered and numbered for identification.
○ Each painting_ was covered and numbered for identification.
「絵は一枚々被いを掛けられ、整理番号が付けられました。」(“each” は単数扱い)

●肯定文で much, many は使わない

「多い」「たくさん」と言うとき “much”, “many” を使いたくなりますが、実は“much”, “many” が使えるのは原則として否定文・疑問文の中です。 肯定文ではあまり使いません。 肯定文では “a lot of”, “lots of”, “plently of” などを使うのが安全です。

「今月はもうあまりお金が残っていません。」
○ We do not have much money left for the rest of the month.
「お金なら沢山持っています。」
△ We have much money now.
○ We have a lot of money. ／ We have plenty of money.

「今年はこの山小屋に、あまり登山者は来なかった。」
○ There were not many visitors to this cottage this year.
「この大聖堂には毎年沢山の旅行者が訪れる。」
△ Many tourists are visiting this cathedral every year.
○ A lot of tourists are visiting this cathedral every year.
○ A great number of tourists are visiting this cathedral every year.

●「頭痛が痛い」・・・ 重複の怪

日本語で「頭痛が痛い」というと、意味が重複しているのがすぐ分かります。ところが英語ではなかなかピンと来ないようで、日本人の英語では奇妙な重複をよく見かけます。正確を期すつもりだとは理解できますし、意図が伝わらないわけでもありませんが、「まだるっこしい」感じになりますから、注意しましょう。

重複に限らず、文章の中で適切な単語を選ぶのは、外国人であるわれわれには難しい問題ですが、辞書を引くときに用例・例文を詳しく見ればある程度正しい用法が分かります。英語に限らず外国語では陥りやすい問題点ですから、注意しましょう。

"expensive"

× The price of the book was expensive. 「その本の価格は値段が高かった。」

"expensive" とは「値段が高い」という意味ですから、"The price"「値段」が主語で始まる文には使いません。正しい英文は次のようになります。

○ The price of the book was high. 「その本の価格は高かった。」

とするか、もっと簡単に

◎ The book was expensive. 「その本は値段が高かった。」

と言ってしまえれば一層明解です。

"want to have"(?), "need to have"(?)

△ I want to have a bicycle. 「自転車を所有したいのです。」

"want to"は「～したい」の意味ですから、"have"を伴えば「所有したい」「欲しい」の意味になるような気がします。ところが "want＋名詞"だけでも「～が欲しい」となり、それだけで所有の欲求を意味します。"need"も同じです。

○ I want a bicycle. 「自転車が欲しいのです。」が正解です。

△ You need to have a metronorm. 「あなたはメトロノームを持つ必要があります。」

○ You need a metronorm. 「あなたにはメトロノームが必要です。」

"need"と言えば、「持つ」ことになるので、改めて "to have"を言う必要はありません。

●前置詞

前置詞の使い方は非常に難しく、努力してもなかなか正しく使えるようにはなりません。英語で手紙やレポートを書くと、どの前置詞を使うか、あらゆる場面で迷うはずです。しかし、どんなに悩んで苦労して書いても、どうせ間違いだらけになるのですから、神経質になるより、思うままにどんどん使ってどんどん間違って、それを直して貰う方が得です。難しい前置詞は沢山ありますが、ここでは例として、旅行やレッスン、仕事でよく混乱を起こす「時間の前置詞」を取り上げました。ほかの前置詞にも同じように難しいものが沢山あります。

①時間の前置詞の例(1):"by"『完了の期限』(「までに」)と "till / until"『延長・継続の終始点』(「まで」)

「水曜日までに申し込む」「来月までに課題をこなす」など『完了の期限』を表わす場合には前置詞 "by"を使います。この場合期限までのどの時点で行なってもいいことになります。

○ Apply for the scholarship by May 15.「奨学金の申込期限は5月15日です。」
○ Finish your homework by Wednesday.「宿題は水曜までに終わらせること。」

「朝まで起きていた」「来年まで続く」など『延長・継続の終始点』のときは、till / until です。

○ The rain continued till the next morning.「雨は翌朝まで続いた。」
○ We will be open until 8 pm today.「当店は本日よる8時まで営業しております。」

②時間の前置詞の例(2) "in"『時期』と "within"『許容される最長期間』

"in"は『時期』を示します。

○ Come back in two weeks for check-up.
「治療の経過を見ますから、2週間後にまた来て下さい。」
これは『時期』です。「2週間**以内**」ではなく「2週間**後**」に来なければなりません。

"within"は『範囲』のことを示し、時間で言えば『許容最長期間』の意味になります。

○ "How long does it take to repair the roof?"「屋根の修理にどれくらいかかる？」
"Within a week, sir."「１週間あればやりますよ。」
○ You have to be able to master this book of studies within a month to qualify for a degree.
「学位を取るなら、このエチュードを１ヶ月で終わらせるくらいの実力がないとね。」

※「伴奏の前置詞」"to"

「ピアノ伴奏で弾く」、「オルガンに合わせて歌う」などという伴奏の前置詞は "to"です。"with", "on" や "along"ではありません。

In older pieces Lisa sang to the lute.
「リサが古い作品を歌うときの伴奏はリュートだった。」

It is more fun to play any instrument to an accompaniment.
「楽器を弾くのも、伴奏があった方が面白い。」

●「It ～ that」の強調構文

“It is the dexterity that enables Phillip to play the scherzo so fast.
「フィリップがあんな速さでスケルツォを弾けるのは、指が回るからだ。」

↑
└The dexterity enables Phillip to play the scherzo so fast.
「指が回るのでフィリップはあんな速さでスケルツォを弾ける。」

文章に変化を付けるのに大変便利なのが強調構文です。 強調したい語・句・節を取り出して、“It is” と “that” の間に挟《はさ》み、文のそれ以外の部分を “that”の後に続ければ完成します(時制によっては “It was”, “It has been”のときもある)。

“It that”の強調構文は文の色々な箇所を強調することができます。 下の Cathy の例を見て下さい。 (強調する箇所が人のときは “that”のかわりに “who”を使うこともできます。)

Cathy is going to the concert with Ron today.
「キャシーは今日ロンとコンサートに行く。」

→ It is Cathy that(who) is going to the concert with Ron today.
今日ロンとコンサートに行くのはキャシーだ。

→ It is to the concert that Cathy is going with Ron today.
今日キャシーがロンと行くのはコンサートだ。

→ It is with Ron that Cathy is going to the concert today.
今日キャシーとコンサートに行くのはロンだ。

→ It is today that Cathy is going to the concert with Ron.
キャシーがロンとコンサートに行くのは今日だ。

“It ～ that”の強調構文は、疑問文でもよく現れます。

Was it really the weather that made Steve stay at home last night?
「スティーヴが昨夜出かけなかったのは、本当に天気が悪かったからですか？」

← これは肯定文の強調構文を疑問文にした形です。

It was really the weather that made Steve stay at home last night.
「スティーヴが昨夜出かけなかったのは、天気が悪かったからです。」

“It was not until～that～”「～になってやっと」と言う言い回しも “It ～ that”強調構文の応用です。(“that”のあとは過去完了形)

It was not until Friday that electricity had come back after the weekend’s storm.
「金曜日になってやっと週末の嵐の停電が直った。」

It was not until 18th century that general public had acquired any taste for fine art.
「18世紀になってはじめて、一般市民が美術の趣味を持ち始めた。」

“It ～ that”の強調構文は、まずは読んで分かるようにしたいものですが、簡単に強調文を作れ、一本調子でない変化のある文章を作れる手法ですから、自分でも使えるようにしておくと便利です。

●Yes と No

否定形の疑問文で聞かれたときの "Yes/No"は、なかなか正確に言えるようになりません。日本語でも否定疑問文の受け答えは難しいものです。英語では内容への合意／非合意、賛成／反対で "Yes/No"が決まるのではなく、後にもし文章を続けたときに "not" "no" "none", "nothing"など否定を表わす単語を含んだ否定文になるなら "No."、肯定文になるなら "Yes."です。

コツは、"Yes" "No"だけで終わらせずに、あとに文章を付けて話す習慣をつけることです。そうすれば、"Yes"なのに "not"が入ったり、"No"があるのに肯定文になったとき、いかにも奇妙な感じになり、相手も自分もすぐ間違いに気付くので、直すのに役立ちます。この習慣を付けることで受け答えの間違いをかなり減らすことができます。

"It's too cold here. Don't you think so?"「すごく寒いね。そう思わない？」
○ "No (, I do not think so)."　　× "Yes, I do not think so. (???)
「いやそうでもないよ。」
○ "Yes (, I think so, too)."　　× "No, I think so. (???)
「そうだね。僕も寒いと思うよ。」

"Didn't anybody call you last night?"「昨日の夜、誰からも電話来なかった？」
○ "No (, nobody called me)."　　× "Yes, nobody called me." (???)
「うん、誰もかけてこないよ。」
○ "Yes, Mary called me."　　× "No, Mary called me."(???)
「いいや、メアリーから掛かってきたよ。」

"Don't you mind if I smoke?"「タバコ吸ってもよろしいですか？」
＝(文字通りには)「タバコを吸ったら気にしますか？」
○ "No (, I do not mind)."　　× "Yes, I do not mind." (???)
「ええ、どうぞ。」＝(字義通りには)「いいえ、気にしません。」
○ "Yes (, I do mind)."　　× "No, I do mind." (???)
「困るんですが。」＝(字義通りには)「はい、気にします。」

"Yes/No"で規則通り答えずに、別の表現で逃げる方法もあります。その方が自然な場合もあります。"Sure", "Please"などを使うこともできます。

"It's too cold here. Don't you think so?"「すごく寒いね。そう思わない？」
"Not really."　「いや、それほどでも。」
"I'm freezing."　「凍えそうだよ。」

"Don't you mind if I smoke?"「タバコを吸ってもよろしいですか？」
"Please go ahead."　「どうぞ。」
"I am sorry I have strokes of asthma today."
「申し訳ない。今日は喘息の発作が出るから。」

7章-(6) 辞書について

中学・高校の英語で使った辞書は、収録語5～6万語クラスの辞書だったのではないでしょうか。 日常生活用としてはそれでも十分ですが、古い歌の歌詞を調べたり、現代のスラング(俗語)も引くとなると、このクラスの辞書ではお手上げです。 9～10万語クラスで、しかも用例の豊富なものをお勧めします。 厚さの割に語数だけ多いもの（外観は中辞典クラスなのに、収録語が20万語を超えているようなもの）は学習用には勧められません。 文法・語法の用例や、類語・関連語・語源などが手薄になりがちだからです。

英和大辞典であれば、収録語も多く内容も質が高いので、英語の専門書をよく読む人・英語の好きな人にはお勧めです。

英語の手紙やレポートを書く人には、和英辞典も必要です。「ローマ字見出し」のものでなく、引きやすい「ひらがな見出し」のものにしましょう。 “Thesaurus”（シソーラス、同義語・類義語辞典）という種類の辞書が手元にあると、使いたい単語を思い出せないとき類義語から調べて行けますから、英語の文章を書く機会の多い人には大変便利です。

以下代表的な辞書をリストしますが、これ以外にも出版されていますので、書店で中身を見て気に入ったものを選んで下さい。 収録語数だけでなく、説明の分かりやすさ、用例や関連語、見やすさなど、自分にとって使いやすいかどうかも考慮して選びましょう。
(著者が実際に使った上で、大多数の方に推薦できるものに☆印をつけておきました。)

＜ 中辞典 ＞

☆ 旺文社　英和中辞典（“Comprehensive”, 100,000 語）
☆ 小学館　英和中辞典（“Progressive”, 113,000 語）
・ 研究社　英和中辞典 第６版(90,000 語), 現代英和辞典(122,000 語)
・ 講談社　英和中辞典(140,000 語)
・ 岩波　　新英和辞典(90,000 語)
・ 大修館　ジーニアス英和辞典(92,000 語)
・ 三省堂　新グローバル英和辞典(93,000 語)
　　　　　カレッジクラウン英和辞典(100,000 語)

など

＜大辞典＞

☆ 研究社 英和大辞典 第５版
　　英語の百科事典とも言える良い辞書です。発音は音声学の記号を駆使した詳しい表記です。
☆ 岩波 英和大辞典
　　説明、用例等の質が高く、優れた辞書です。百科事典的ではありませんが、語学や文学の学習・研究に好適です。
・ 小学館ランダムハウス英和大辞典

など

＜ポケット辞典＞

この種の辞書はとにかくコンパクトなのが利点です。 本格的な読書には不向きですが、短期間の旅行で持ち歩くには大変便利です。

・ 三省堂　デイリーコンサイス英和･和英辞典
・ 研究社　新リトル英和･和英辞典
・ 旺文社　エポック英和･和英辞典
・ 講談社　ポケット･プログレッシブ英和･和英辞典
・ 三省堂　GEM「ジェム」英和･和英辞典
　　(たて 10.8cm×よこ 6.5cm×厚さ 2.2cm の超小型)

＜Thesaurus シソーラス＞（類義語辞典）

☆ Roget's Collegeate Thesaurus　　初心者にも引きやすい。
・ Roget's Ⅱ Thesaurus　　内容豊富で詳しい定番。
・ Webster's New World Thesaurus
・ Little Oxford Thesaurus
・ Oxford Quick Reference Dictionary and Thesaurus
　　英英辞典とシソーラスが合体しているので、
　　単語の意味と類義語が一度に調べられる。

など

参考文献・ディスコグラフィー

【参考文献】

《 英語に関して 》

「英語発達史」改訂版　中島文雄　岩波全書 143, 1979 年(改訂版)
“The Making of English”　Henry Bradley
London, 1955 / MacMillan & Co Ltd.
[日本語訳]　「英語発達小史」　岩波文庫 (絶版) ほか (現行版あり)
「英語の語源事典」英語の語彙の歴史と文化　大修館書店 1990 年
梅田 修　ISBN 4-469-0411202 C3582
「印欧語比較文法」　高津春繁　岩波全書 187, 1954 年
「音声学」服部四郎（カセットテープ付き）　岩波書店, 1984 年
「英語ニューハンドブック」第４版　研究社 1987 年
ISBN 4-327-46106-7 C0582
「シェイクスピアの英語」　大塚高信　研究社 1976 年
ISBN4-327-40054-8　C3082
「シェイクスピアの発音と文法」　荒竹出版 1980 年
荒木一雄・中尾祐治　ISBN4-87043-034-7　C1082
“Handbook for Writers” Second Edition
Celia Millward – Boston University
New York, 1980 Holt Rinehart Winston / 1983 CBS College Publishing
「日本人に共通する英語の間違い１２１」[改訂新版]　ジャパン・タイムズ 1991 年
James H. M. Webb　ISBN4-7890-0593-3　C0082
「日本語の中の 外来語ノート」（旺文社英和中辞典 別冊）
旺文社 1980 年
「強くなる英単語」語源から面白く覚えて忘れない
前田健三　有精堂, 1989 年
ISBN4-640-00192-4　C7082
※ 英単語を増やすための参考書は多数出ています。 これはその一例です。

「英詩概論」　齋藤 勇　研究社 1935 年(初版)
1982 年 (改訂増補版 第２刷)
3098-410109-1860
「韻律論」“Notes on Metre” 英語学ライブラリー(4)　研究社 1957 年
オットー・イェスペルセン著、清水 護 訳

《 楽語・楽典 》

Robert Lilienfeld : "Learning to Read music"
1976, 1968 Funk & Wagnalls Company / 1979 Barnes & Noble Books
ISBN0-06-463495-7

Helen Cooper: "The Basic Guide To How To Read Music"
1985 A Perigee Book, The Berkley Publishing Group, New York
ISBN0-399-51122-9

Oxford Concise Dictionary of MUSIC (4th Edition)
Michael Kennedy, Editor, and Joyce Bourne, Associate Editor
1996 Oxford University Press, Oxford, U.K.
ISBN0-19-280037-X

「標準音楽辞典」 音楽之友社, 1966 年

「音楽中辞典」 音楽之友社, 1979 年

「音楽英和辞典」 リットーミュージック, 1997 年
ISBN4-8456-0246-6 C3073

《 ディクション・音楽と英語・ことばと音楽 》

「わらべうた と ナーサリー・ライム」増補版 晩聲社, 1997 年
鷲津名都江 ISBN4-89188-270-0

「これでいいのか、にっぽんのうた」 文春新書 014, 1998 年
藍川由美 ISBN4-16-660014-1

「音楽の根源にあるもの」 平凡社ライブラリー57, 1994 年
小泉文夫 ISBN4-582-76057-0

「伴奏の芸術」 ドイツ・リートの魅力
ヘルムート・ドイチュ著、 鮫島有美子 訳 ムジカノーヴァ叢書 23
音楽之友社 1998 年
ISBN4-943945-49-X C1073

Madeleine Marshall Simon: "The Singer's Manual of English Diction"
1946, Shirmer
[日本語訳]「声楽家のための正しい英語表現」 熊木晟二 訳 音楽之友社 1984 年

「演奏者・鑑賞者のための『メサイア』ハンドブック」 (株)ショパン 1998 年
三ヶ尻 正 ISBN4-88364-091-4 C0073

《 関連分野の音楽史 》

John Caldwell : "The Oxford History of English Music" Volume I
– From the Beginning to c.1715
1991, Clarendon Press/Oxford University Press, Oxford
ISBN 0-19-816129-8

「合唱音楽の歴史」改訂版 皆川達夫 全音楽譜出版社 1965 年
ISBN4-11-870010-7 C3073

"Choral Music" Edited by Arthur Jacobs ※ 日本語訳あり
1963, Middlesex, England. Pelican Books ISBN 0 14 02.0533 0

「近代・現代 英国音楽入門」 山尾敦史 ON BOOKS 138 音楽之友社 1998 年
ISBN4-276-35138-3 C0273

≪ 楽譜・曲集・詩集 ≫

John Dowland, “The First Booke of Songs(1597)”
“The Second Booke of Songs(1600)”
“The Third Booke of Songs(1603)”
Edited by Edmund H. Fellowes / Revised by Thurston Dart
1969 他, London,　Stainer & Bell

「ルネッサンス合唱名曲選５　イギリス世俗曲集１」
皆川達夫・高野紀子 編　　全音楽譜出版社 1975 年
ISBN4-11-732131-5　C3073

“The Oxford Book of English Madrigals” Edited by Philip Ledger
1978 Oxford University Press, Oxford
ISBN0-19-343664-7

PURCELL, 40 Songs for Voice and Piano
Realization of the Figured Bass and editing by SERGIUS KAGEN
1959, New York, International Music Company, No. 1637

ヘンデル アリア選集　渡部惠一郎・三澤寿喜 編　　全音楽譜出版社
選集２ オラトリオ編(1994 年)　　ISBN4-11-713202-4　C3073
選集３ オラトリオ編２(1997 年)　　ISBN4-11-713203-2　C3073

「世界名歌集」(原詩つき)　　のばら社, 1966 年(増補３版)

「簡易伴奏による『こどもの英語の歌』」　　ドレミ楽譜出版社
松山祐士 編　　ISBN4-8108-7045-6　C0073

「世界国歌集」　山本 典子 編著　　共同音楽出版社, 1996 年
ISBN4-87390-745-4　C3073

「日本唱歌集」　堀内敬三 井上武士 編　　岩波文庫 6084-6086, 1958 年

「英語の歌」　児玉 久雄・友竹 正則 編著　　研究社 1964 年

「イギリスのうた」中村 敬　　研究社 1973 年
ISBN4-327-49004-0

「アメリカのうた」高山 宏之　　研究社 1976 年
1098-901033-1860

「英語のうた」　岩波ジュニア新書　１８５　　岩波書店 1991 年
河野 一郎　　ISBN 4-00-500185-8

「イギリス歌曲の研究」難波 利夫 著　　東京教学社 1977 年

「だれかが私の名を呼んでいる」黒人宗教音楽の社会史
ワイヤット・ウォーカー著　　新教出版社 1991 年
／ 梶原 寿 訳　　ISBN4-400-82378-4

「アメリカ・フォークソングの世界」民俗民芸双書６５
皆川 宗一　　岩崎美術社 1971 年

「わかりますか？ 英語の歌の英語」やさしくくわしく有名曲
土屋 唯之　　南雲堂フェニックス 1996 年
ISBN4-88896-144-1 C0082

※ 同著者に「英語の歌は生きている」「英語の歌をやさしくくわしく」など。
いずれもポップス・ロック系の曲を中心に歌詞を解説してある。

「ビートルズ詩集」岩谷 宏　　シンコー・ミュージック 1985 年
ISBN4-401-612127-5

「アメリカ名詩選」亀井 俊介・川本 皓嗣 編　　岩波文庫 赤 335-1, 1993 年
ISBN4-00-323351-4 C0198

【ディスコグラフィー】

英語の歌が入っている CD というと、それこそ無数にあります。 ここでは本書の文中や第4章「英語の歌 コレクション」で取り上げた作品を演奏したもので、著者の親しいものだけを示しました。

「流れよ わが涙／ダウランド:リュート歌曲集」

アンソニー・ルーリー(リュート)、エンマ・カークビー(ソプラノ)、
デイヴィッド・トーマス(バス)ほか
EDITION DE L'OISEAU-LYRE (433 574-2) POCL-2525
(日本発売元 ポリドール株式会社)

「パーセル ／ 嘆きの歌」

エンマ・カークビー(ソプラノ)、クリストファー・ホグウッド(オルガン・スピネット)、
アンソニー・ルーリー(リュート)ほか
EDITION DE L'OISEAU-LYRE, POCL-5213 (POCL-3192)
(日本発売元 ポリグラム株式会社)

「イギリスのマドリガルと古謡」 (LP)

アルフレッド・デラー指揮、デラー・コンソート
Harmonia Mundi France VIC-9502 (LP, 日本発売元 ビクター音楽産業(株))

ヘンデル:オラトリオ「アレクサンダーの饗宴」 (LP) "Alexander's Feast"

ニコラウス・アーノンクール指揮、管弦楽 ウィーン・コンツェントゥス・ムジクス
フェリシティ・パーマー(ソプラノ)ほか、合唱 ストックホルム・バッハ合唱団
TELDEC 6.48223 (輸入盤 LP)

ヘンデル:オラトリオ「快活な人、物思いに沈む人と穏健な人」(LP, CD)

"L'Allegro, Il Penseroso e il Moderato"
ジョン・エリオット・ガーディナー指揮、イギリス・バロック合奏団
ジェニファー・スミス(ソプラノ)ほか、モンテヴェルディ合唱団
Erato REL-8018-9 (日本版 LP： RVC 株式会社)
Erato 2292045377-2 (輸入版 CD)
ロバート・キング指揮
管弦楽 ザ・キングズ・コンソート／合唱 ザ・キングズ・コンソート合唱団
Hyperion CDA67283/4 (輸入版 CD)

ヘンデル:オラトリオ「エジプトのイスラエル人」(CD)

アンドリュー・パロット指揮、ナンシー・アージェンタ(ソプラノ)ほか
管弦楽・合唱 タヴァナー・クワイアー・アンド・プレーヤーズ
EMI CDS 7 54018 2(輸入盤)
ジョン・エリオット・ガーディナー指揮 (旧録音)
モンテヴェルディ合唱団＆オーケストラ
ERATO 2292-45399-2(輸入盤)

※ 「エジプトのイスラエル人」には、このほかに S.プレストン盤、ザ・シクスティーン盤、ガーディナー新録音等あり。

ヘンデル:オラトリオ「メサイア」(CD)

アンドリュー・パロット指揮、エンマ・カークビー(ソプラノ)ほか
管弦楽・合唱 タヴァナー・クワイアー・アンド・プレーヤーズ
EMI CDS 7 49801 2(輸入盤)

クリストファー・ホグウッド指揮、エンマ・カークビー(ソプラノ)ほか
管弦楽 エインシェント室内管弦楽団
合唱 オックスフォード・クライストチャーチ聖歌隊
EDITION DE L'OISEAU-LYRE (430 488-2) POCL-4166～7
(日本発売元 ポリドール株式会社)

堀 俊輔 指揮
澤畑 恵美(ソプラノ)、多田羅 迪夫(バス)ほか
合唱 オラトリオ東京

※「メサイア」は、ほかにも多数のCDが発売されています。

ヘンデル:オラトリオ「サムソン」(CD)

ニコラウス・アーノンクール指揮、管弦楽 ウィーン・コンツェントゥス・ムジクス
合唱 アーノルト・シェーンベルク合唱団
アンソニー・ロルフ・ジョンソン(「サムソン」テノール)ほか
TELDEC 9031-74871-2 (輸入盤)

ヘンデル:オラトリオ「ユダス・マカベウス」(CD)

ロバート・キング指揮
ジェイミー・マクドゥーガル(「ユダ」テノール)、エンマ・カークビー(ソプラノ)ほか
管弦楽 ザ・キングズ・コンソート/合唱 オックスフォード・ニューカレッジ聖歌隊
Hyperion CDA66641/2(輸入盤)

堀 俊輔 指揮
五郎部 俊朗(「ユダ」テノール)、青戸 知(「シモン」バス)ほか
合唱 オラトリオ東京

「黒人霊歌集」

バーバラ・ヘンドリックス(S)、ドミトリー・アレクセーエフ(Pf)
東芝 EMI TOCE-7095

「黒人霊歌集」

ロジェー・ワーグナー合唱団　　東芝 EMI TOCE-8969

「アメリカの歌」

ロジェー・ワーグナー合唱団　　東芝 EMI TOCE-8325/8326
※ フォスター、黒人霊歌、ほかアメリカの歌多数を収録

補章「ゴスペル」について

最近、「ゴスペル」が注目を集めています。 ぜひ取り上げて欲しいという周囲の皆さんの声にこたえ、本書でも補章を設けて説明することにしました。

ゴスペルとは

“Gospel”[**ゴ**スペル]とは大雑把な言い方をすると、「アメリカの一部プロテスタント教会で歌われる、ポピュラーなア・カペラ合唱」ということができるでしょう。 黒人霊歌やジャズなどの影響があり、打楽器や踊りなどの要素が入る独特のジャンルです。 合唱の「ゴスペル・コーラス」だけでなくソロの歌「ゴスペル・ソング」や四重唱「ゴスペル・クヮルテット」もあります。 また、黒人のゴスペルが多数派ですが、白人が歌う「ホワイト・ゴスペル」という分野もあります。

「ゴスペル」は、アメリカ黒人の新鮮な宗教感情を歌うレパートリーを多く生みましたが、それにとどまらず旧来の黒人霊歌やクリスマス・ソングなどポピュラーな曲をどんどん取込み、「ジャンル」としての「ゴスペル」から「様式」としての「ゴスペル・スタイル」も生み、今ではその両方の意味で使われるようになりました。

「ゴスペル」の特徴をいくつか挙げてみました。

1) 基本はア・カペラ(無伴奏)合唱だが、手拍子(Clap)や足拍子、打楽器が入るものもあり、さらにピアノや電子楽器が加わることもある。 手だけでなく体全体を使った所作や、踊りの要素も入る。
2) 黒人霊歌、ジャズの影響が大きく、またリズムや踊りには祖先の地であるアフリカの音楽や舞踊が反映している。
3) “Call and Response”「コール・アンド・レスポンス」(「呼びかけ　と　こたえ」)や、“Echo Melody”「エコー・メロディー」(ソリストと合唱がかわるがわる歌ってメロディーを作る)など、ソロと合唱の対比を生かした形式を取る。
4) アドリブ、インプロヴィゼイションの即興的要素が強い。
5) “Negro Spirituals”「ニグロ・スピリチュアルズ＝黒人霊歌」と比較すると、「スピリチュアルズ」が旧約聖書の題材が多いのに対し、「ゴスペル」は新約の題材やイエスに直接語りかける内容が多い。「スピリチュアルズ」が自然発生的な歌なのに対し、「ゴスペル」は意識的に作曲された曲を歌う。「ゴスペル」は讃美歌などの古い歌、新しい歌を自由に取込むオープンさもある。 またジャズの影響か、リズムの「ノリ」がよく、ポップな生気がある。

こうした自由で開放的なジャンルですが、これが今でも教会で歌われている宗教歌・祈りの歌であるところが、ゴスペルの特徴でもあり、精神的なバックボーンでもあります。

ジャズより新しい？ ～ ゴスペルの歴史

南北戦争(1861－1865)のときリンカーン大統領が奴隷解放宣言（1863年）を出したのを覚えていますか？ アフリカからアメリカに奴隷として連れて来られ、キリスト教徒となっていた黒人たちは、この奴隷解放のあと自分たちのコミュニティーを作り、まだ残る差別の中にありながら自分たちの教会も持つようになりました。 アメリカ南部のバプテスト教会、メソディスト教会、ホーリネス(神聖)教会では以前から讃美歌以外のポピュラーな宗教歌が歌われていて、"Evangelical (Song)"[エヴァン**チェ**リカル (**ソん**ぐ)]「福音の歌」と呼ばれていましたが、19世紀の終わり頃までに黒人の教会で、「ゴスペル・スタイル」の歌い方がまとまってきました。

「ゴスペル」という名前を定着させたのは、元ブルース歌手の Thomas A. Dorsey[**ドー**スィー](1899－1993)です。 Dorsey は1920年代から"Evangelical (Song)"の分野に移って「ゴスペル」と呼び始め、"Precious Lord, Take My Hand"「とうとい主よ、わたしの手を取って下さい」などの名曲を生み出し、新しいジャンルとして確立しました。

ジャズが生まれたのが、Dorsey 登場より少し前の1910年代で、初期には King Oliver キング・オリヴァーやLouis Armstrong ルイ・アームストロング(ニックネーム "Satchimo"「サッチモ」)、Duke Elington デューク・エリントンなどがジャズの世界を広げて行きました。 ジャズはダンスホールやクラブのもの、ゴスペルは教会のもの、と分野は違いますが、20世紀初頭のアメリカは黒人の魂の音楽が花開いた時代です。 ジャズの少し前にはブルースやラグタイムがあり、少し後にはソウルやブギウギなども生まれています。 黒人たちの並外れたリズム感や、魂の底から湧き出るような歌が、次々と新しい作品、新しい分野を生んで行きました。

※ "Gospel"の語源は"Good Spell"「よい知らせ」が詰まったもので、「福音」(イエスが罪のゆるしをもたらしたこと)を意味し、また新約聖書のうち「マタイ」「マルコ」「ルカ」「ヨハネ」の4つの「福音書」のことも指します。 "Evangelical Song"(「福音の歌」)と"Gospel"はほとんど同じ意味ですが、このジャンルにぴったりした語感の「ゴスペル」という名が定着しました。

その後、ゴスペル界には、Mahalia Jackson マヘリア・ジャクソン(1911－1972)という大物女性歌手はじめ、数々の歌手・グループが現われ大きく発展します。 人種差別の撤廃を求めたキング牧師(Martin Luther King, Jr.)の公民権運動とも結びつき、やがて全米で聞かれるようになりました。 教会からコンサート・ホールへも進出、レコードもヒットし、黒人だけの音楽から、誰が聞いても親しめるジャンルとして育ちます。

※ **「アフリカン・アメリカン」**…アメリカで黒人のことを「ニグロ」というと明らかに差別用語になりますが、「ブラック」も問題です。 そこで差別色をなくすには、祖先のふるさとの地名を取って「アフリカン・アメリカン」と呼びます。 黒人の中には、「肌の黒いこと」「黒人の血を継いでいること」を誇りとして、あえて自分を「ブラック」と呼ぶ人もいますから、長い目で「アフリカン・アメリカン」という用語が定着するかどうか、まだ定かでない気もします。

同じように中国人や日本人を「イェロー」と言うのも差別用語です。 「イェロー」には「臆病者」「卑怯者」という意味もあります。(映画「バック・トゥー・ザ・フューチャー」で、主人公のマーティが悪友に「チキン(臆病者)、イェロー」と挑発されるシーンを覚えている人も多いでしょう。） 差別用語でない黄色人種の呼び方は "Asian"[**エイ**ズィアン]「アジア人種」です。 ちなみにインディアンは "Native

American"[**ネイ**ティヴ ア**メ**リカン]、白人は"Cocasian"[**コケイ**ズィアン]「コーカサス人種」です。
さて「ゴスペル」は祖先の地アフリカにルーツを持つものですから、この用語の議論は別にして、「黒人霊歌」や「ジャズ」とともに堂々たる「アフリカン・アメリカン・ミュージック」の一員です。

アメリカで着実に人気を上げてきた「ゴスペル」ですが、1992年の映画"Sister Act"(日本名「天使にラブ・ソングを」)のヒット以来、日本でもファンが急増しました。(ゴスペルは本来メソディストなどプロテスタント教会のものなので、新教の教会が舞台ならあれほど新鮮な驚きはないのでしょうが、カトリックの女子修道院という設定にして、皆がびっくりする効果を活かしています。)1996年の映画 "The Preacher's Wife"「天使の贈り物」では、人気歌手 Whitney Houston ホィットニー・ヒューストンが登場しますが、彼女はゴスペル歌手を親に持ち、自身も以前ゴスペルを歌っていたと言います。 近年は日本でもゴスペルを専門に歌うグループができるなど、すっかり定着した感があります。

ゴスペルのレパートリー

古い歌でも新しい歌でも取込んで、どんどん変奏・アドリブできるのが「ゴスペル」の特徴ですが、いくつかの種類に分類することができます。

1) 古い伝統的な曲を「もと歌」にしたもの
「もと歌」は、イギリスの古い宗教歌だったり、讃美歌だったり、あるいはアメリカの古い宗教歌だったりします。
"Amazing Grace" スコットランド人 John Newton の歌をもとにアレンジ
"Hallelujah!" ヘンデルの「ハレルヤ・コーラス」をもとにアレンジ
"Joy to the World!"「もろびとこぞりて」をもとにアレンジ
"When The Saints Go Marching In"「聖者の行進」をもとにアレンジ
など

2) 黒人霊歌を「もと歌」にしたもの
元来黒人のものである黒人霊歌は、ゴスペル・スタイルにも実によく合います。
"Deep River"「深い川」(110ページ参照)
"Joshua fit(fought) de(the) battle of Jericho"「ジェリコの戦い」
"Nobody knows the trouble I've seen"「誰も私の悩みを知らない」
など

3) 新作のオリジナルもの
"Precious Lord, Take My Hands"「とうとい主よ、私の手を取って下さい」
Thomas A. Dorsey(前ページ参照、1932年発表)
"Search Me, Lord"「主よ、私を探し出して下さい」 同じく Th. A. Dorsey
"Oh Happy Day"「オー、ハッピー・デイ」 Edwin Hawkins(1969年)
など

◆ "Amazing Grace"「アメイズィング・グレイス（驚くべき神の恵み）」 ◆

[歌詞対訳]

Amazing grace, how sweet the sound
That saved a wretch like me.
I once was lost but now am found,
Was blind but now I see.

驚くべき神の恵み、
みじめな私を救ってくれた
この響きのなんと甘いことか。
かつて道を見失っていた私も、
今はもう迷わない、
かつて盲目だったけれど、今はもう見える。

'Twas grace that taught
my heart to fear
And grace my fears relieved.
How precious did that grace appear
The hour I first believed!

私の心に、畏れるべき方を畏れ、
ゆえなき怖れを取り去ってくれたのも
この神の恵み。
私が信じることを覚えたそのときから、
この恵みは私にとって、どれほどかけがえ
のないものとなったことだろう！

Amen, Oh Praise the Lord.

アーメン、おお、主をたたえよう。

[単語集]

amazing　[ア**メイ**ズィング]　「驚くべき」「すばらしい」
grace　[グ**れイ**ス]　「恵み」「恩寵(おんちょう)」
wretch　[**れ**ッチ]　「不幸な人、惨めな者」；「恥知らずの人」の意も。
'Twas grace that …
{文法}　'Twas は"It was"の古い省略形（５６ページ⑦参照）
構文は"It ～ that"の強調構文（２１３ページ参照）
How precious did that grace appear
The hour I first believed!
{文法}　How で始まる感嘆文。通常なら行末に appeared となるところを、"did … appear"と分けてある。2行前の"fear"と脚韻を踏ませるための措置。
The hour (when) I first believed. 関係副詞"when"を省略してある。
The hour　[**ずィ** アウァ]　「時間、とき」；hour は母音から始まるので[**ずィ**]の発音。
Amen　[**アー**メン]　「アーメン」；ゴスペル風に歌うなら、[**エイ**メン]の発音でも。

[解説]

奴隷船の船長だったスコットランド人の John Newton(1725～1807)が 1748 年に嵐に遭いながら一命を取りとめ、後に牧師となって作った讃美歌の旋律が原曲です。マヘリア・ジャクソンなどゴスペル歌手に取り上げられて有名になり、ゴスペル以外のスタイルでもよく歌われるようになりました。ほかのゴスペル同様、単語はやさしいものばかりですが、歌詞は含蓄があり上の訳以外にもさまざまな解釈ができます。歌詞は abab 形式のスタンダードな脚韻を踏んでいます。(49～53ページ；3章-(3)「韻律法」参照)

◆ “Hail Holy Queen!「ヘイル ホーリー クィーン！」◆

[歌詞対訳]

Hail Holy Queen enthroned above,	天上で王座につかれた聖母に幸《さち》あれ！
Oh Maria.	おお、マリア様。
Hail Mother of mercy and of love,	慈悲と愛の聖母に幸あれ！
Oh Maria.	おお、マリア様。
Triumph all ye Cherubim,	あなたがた天使ケルビムに勝利を。
Sing with us sweet Seraphim,	やさしい天使セラフィムは私たちと一緒に
Heaven and earth resound the hymn.	歌って下さい。天と地がその讃美歌の
Salve, salve,	エコーを響かせてくれるでしょう。
Salve Regina.	サルヴェ、サルヴェ、女王に幸あれ。
Our life of sweetness here below	私たち下界の者たちが幸せに暮らせるのも
Oh Maria.	おお、マリア様、あなたのおかげです。
Our hope in sorrow and in woe	悲しみのとき、苦しみのときもマリア様は
Oh Maria.	私たちの希望です。
Triumph all ye Cherubim,	あなたがた天使ケルビムに勝利を。
Sing with us sweet Seraphim,	やさしい天使セラフィムは
Heaven and earth resound the hymn.	私たちと一緒に歌って下さい。
(以下繰返し)	天と地が(以下繰返し)
Mater amater intermirata. (発音)[マーテる あマーテる インテるミらータ]	愛され、崇められる聖母様。
Sanctus, Sanctus Dominus. [サンクトゥス, サンクトゥス ドミヌス]	聖なるかな、聖なるかな、主なる神は。
Virgo respice Mater aspice. [ヴィるゴ れスピーチェ マーテる アスピーチェ]	聖なる乙女を、至高の聖母と崇めましょう。
Alleluia!	アレルヤ！
Salve Regina!	サルヴェ・レジーナ！

[単語集]

Hail!	[ヘイル]	「万歳、やあ、ようこそ」(間投詞)
woe	[ウォウ]	「悲哀、悲痛、災難、災い」
triumph	[トらイアンフ]	「勝利」
ye	[ィイー]	「あなたがた」(55ページ参照)
Cherubim	[チェらビム]	「ケルビム」
Seraphim	[セらフィム]	「セラピム」; 古来、「ケルビム」とともに最高位の天使。
hymn	[ヒム]	「賛歌」
Salve Regina	[サルヴェ れチーナ]	古い聖母賛歌の一つをラテン語のまま歌っている; ただし後半 **Mater amater** 以下は、この聖母賛歌「サルヴェ・レジーナ」とは別のもの。

[解説]

“Hail Holy Queen!”とはカトリックの聖母賛歌“Salve Regina”「サルヴェ・レジーナ」の題を英訳したもので、この英語の宗教歌を「もと歌」にしたゴスペルです。 この曲も脚韻を踏んでいて、abab ccc という形式です。 映画“Sister Act”「天使にラブ・ソングを」ではこの曲を修道女たちが歌いますが、最初は昔ながらの清新な讃美歌調で使い、途中から同じ旋律を生きのいいリズムとテンポで、アドリブや踊りもふんだんに歌わせてコントラストを付け、ドラマの見せ場を作っています。

アメリカ英語とイギリス英語

本書の英語の発音はイギリス英語を中心に扱ってきましたが、ゴスペルが出てきたのでアメリカ英語についても触れておきます。

イギリス英語に慣れている人がアメリカ英語に触れると「レロレロした」あるいは「大袈裟な」印象を受け、逆にアメリカ英語に慣れている人がイギリス英語を聞くと今度は「カクカク」あるいは「ボソボソ」した印象を受けるようです。

その違いは主に「アクセント」と「抑揚」、および「子音の処理」にあります。 イギリス英語は「高低アクセント」が優勢なのに対し、アメリカ英語は「強弱アクセント」が優勢で、「長短アクセント」も頻繁に使います。 フレーズを滑らかに一息で話すのもアメリカ英語の特徴で、リエゾンが多用されます。 子音について、イギリス英語では子音がよりハッキリと発音され、破裂音の気息音が強いなど、「カクカク」した印象を作る要素があり、アメリカ英語ではリエゾンしたフレーズを一気に話し、子音もその中に溶け込むような傾向があります。

“Today, I want to have a cup of tea after lunch.”「今日は、昼食のあと紅茶にしよう。」のイギリス英語とアメリカ英語での特徴を、模式的に書くと以下のようになります。

イギリス英語

Today, I want to have a cup of tea after lunch.

[トゥフ**デヘイ**, **アイ** ウォント トゥフー ハヴ ア **クホップ** オヴ **ティヒー** アフター **ルホン**チ]

イギリス英語では抑揚(音の高さ)が鋭角的に上下することを線で示しました。

子音が強いこと、[Λ]の音が[ウ]または[オ]に近いことも特徴です。

アメリカ英語

Today, I want to have a cup of tea after lunch.

[トゥ**デイ**, **アイ** ゥ**ワン**トゥー ハヴ ア **カハッ**パヴ **ティヒー** アフター **ラン**チ]

アメリカ英語では抑揚と強弱が大きなうねりの中で作られることを曲線で示しました。

子音も、アクセントのある位置以外では、イギリス英語ほど強くありません。

いわゆる黒人風の英語では、さらに子音が弱まり、フレーズを勢いよく一気に話します。 リエゾンも一層多用します。 “water”[ゥ**ワ**らー]、“Get out of here!”[ゲッッ**らウ**ろヴヒア]など[t][d]の音を[らりるれろ]風に言う、“want to”を“wanna”[**ウォ**ナ]とするなどは、黒人に限ったものではありませんが、よく出てくる言い回しと発音ですので覚えておきましょう。

黒人風英語

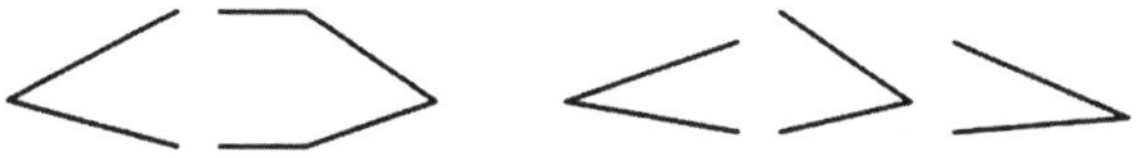

Today, I wanna have a cup o’tea after lunch.

[トゥ**デイ**, **アイ** ゥ**ワ**ナ ハヴ ア **カッ**パ **ティヒー** アフター **ラン**チ]

音の高低よりも強弱に特徴があることをクレシェンド、ディミヌエンドで表わしました。普通のアメリカ英語よりも、さらに「レロレロ」あるいは「ワウワウ」した、勢いのいい語り口です。

アメリカ映画では、白人と黒人の違いを明白に出したものも多数ありますから、実際に見て特徴を聞いて下さい。 前述の“Sister Act”「天使にラブ・ソングを」で言えば、主人公のデロリス(黒人)と女子修道院長(白人)の対比が分かりやすいでしょう。

「イギリス英語」「アメリカ英語」とまとめて言って来ましたが、どちらも地域差・社会階層差が大きく、「十把《じゅっぱ》ひとからげ」で述べるには少なからず躊躇があります。 イギリスの上層階級や知識階級は、いわゆる“Queen's English”を話しますが、大衆はずい分違う発音です。 大衆の多くは[エイ]の音を[アイ]と発音しますから、“take”は[**タイ**ク]、“station”は[ス**タイ**ション]になります。 アルファベットの“A”のことを[エイ]より[アイ æi]と言い、“I”のことは[アイ]と言いますから、紛らわしいことしきりです。 ミュージカル映画「マイ・フェア・レディ」はこうした社会階層によることばの差を正面から、しかも深刻にならずに取り上げた傑作です。

また方言による違いも相当あります。 著者はあるウェールズの街で道をたずねた際、“Right”「右」を[**れイ**ト]と言われ面喰ったことが鮮明に記憶に残っていますが、スコットランドやウェールズだけでなく、イングランドでも地方によって大きな違いがあります。 首都ロンドンの英語がクイーンズ・イングリッシュとは随分違うので驚く人も大勢いるのではないでしょうか。

アメリカでも、標準的な発音のほか、歴史の古い北東部ニュー・イングランド地方のイギリス英語に近い発音、くだけたカリフォルニア風、南部なまりなど特色のある発音もあります。

語彙もところどころ異なり、トラック(貨物用自動車)をアメリカでは truck[ト**らッ**ク]イギリスでは lorry[**ロー**りー]と呼び、“Subway”はアメリカでは「地下鉄」を、イギリスでは「地下道」を指します。 “Underground”は逆で、アメリカでは「地下道」を、イギリスでは「地下鉄」を示します。

このように英語には色々な地域差、階層差がありますが、著者からは3つのアドヴァイスをしておきましょう。

① 子音の強さ

いくらアメリカ英語の子音が弱いとは言っても、日本人の子音よりはハッキリしていますから、「アメリカもの」を歌うときでも日本人は子音を意識的に弱める必要は全くありません。 黒人ものを歌うときでも、です。

② まず英語として聞こえることが先決

アメリカ口語風や黒人風など、曲のタイプや役柄による違いを出したいのは山々ですが、英語が得意な人はともかく、そもそも英語の基礎の怪しい人が、気取って歌い分けるのはお勧めできません。(45ページ参照)

③ 曲のタイプや役柄による違いは上級編

しかし舞台に上る人が通り一遍の語り口、歌い方ではやはり芝居になりませんから、いざ自分に役が来たら、映画や録音を念入りに調べ、英語として通じる発音の上にこうした特徴を乗せる研究をしましょう。 ただしこれも自信がない場合には専門家の指導を受けることをお勧めします。(38ページ参照)

あとがき

音楽家・音大生向けの英語入門書を手がけるきっかけになったのは、ある音大受験生から「楽器を弾くのになぜ英語が必要なのか？」と聞かれたのがそもそものきっかけでした。 そのとき私は即座には明瞭な答えが出せませんでした。 とかく理屈っぽくなりがちの私は、本書第2章「音楽とことばの切っても切れない関係」のようなことを話しましたが、もとより受験を控えて英語どころではない彼女にとって、私の話はあまり印象に残らなかったようでした。 その後しばらく考えた挙句、英語を学んでもらうには、下手な理屈を並べるよりも、とにかく生きた英語に触れてもらうのが第一と考え、実践的・実用的な書物を書いてみようと思い立ったのです。

拙著「演奏者・鑑賞者のための『メサイア』ハンドブック」も、こうした実践面を中心に扱った物として好評を頂いておりますが、そこでのノウハウが「メサイア」だけにとどまらず、ほかの英語作品にも広がってくれればと願いながら、この書物を書きました。 音楽家、特に声楽の人にとって、英語は実に難しいもののようです。 「『メサイア』ハンドブック」は、私の属する合唱団「オラトリオ東京」(音楽監督： 堀 俊輔 先生)で「メサイア」を歌ったのが契機でしたが、今度はこの団体でヘンデルのオラトリオ「ユダス・マカベウス」を歌い、またしても英語作品を演奏する難しさを痛感しました。 この書物は「ユダス・マカベウス」の語学指導と二人三脚で進んだ、と言ってもいいでしょう。

英語は音楽の世界でも国際語です。 しかし、その一方でイギリスやアメリカ、オーストラリアなどそれぞれの地域ごとに発音も用語も言い回しも違います。 一般用語と楽語・専門用語の違いもあります。 本書を書くに当たっても一体何を基準にすればよいか、ずいぶん考えさせられました。 できる限り最大公約数を狙ったつもりですが、果たして普遍的なものになっているかどうか、不安もあります。 読者諸兄がご存知の別の用語・言い回し、さらにお気付きになった著者の誤謬など、ご教示・ご指摘願えれば幸いです。

最後になりますが、この冊子を出版するにあたって支援、激励して下さった方々に御礼申し上げます。 中でも、校正と内容の推敲にお力添え頂いた 笹野 瑞穂 様、表紙図案のカリグラフィー(飾り文字)を描いて下さった たかお ゆうこ 様、出版を快くお引き受け頂いた (株)ショパン編集長の内藤 克洋様、また編集の実務を担当して頂いた同じく(株)ショパンの本明《ほんみょう》淑子《よしこ》様に感謝の意を表したいと思います。 また、本文中の実例の引用を快く承諾して下さった、Boosey & Hawkes 社(英)および日本代理店の 日本ショット株式会社(楽譜序文)、EMI 社(英・CD 解説文)、読売新聞社(日・新聞記事)に心より御礼申し上げます。 また、この作業を暖かく見守ってくれただけでなく、構想や内容の検討、校正まで幅広く手伝ってくれた妻・久美子に最大の謝辞を送りたいと思います。 そのほか、紙面の都合上載せられませんでしたが、数多くの方々に励ましのことばを頂きました。 この場を借りて心より御礼申し上げます。

2000年3月
著　者

【著者紹介】

三ヶ尻 正（みかじり ただし）

～ 音楽学 ヘンデル研究・オラトリオ研究 ～

1962年生まれ。東京大学文学部英文科卒。英米文学のほか、英語学、英語史、ドイツ語、音声学、美学、音楽史などを学ぶ。ヘンデル研究・オラトリオ研究、声楽家の発音指導（英・独・羅）、字幕・対訳制作に従事。

オペラ・オラトリオの歴史に関する講演、オペラ台本の政治史的解釈に関する講演で好評を博す。発音指導ではテキストの解釈や韻律法に加え、音声学に基づいた科学的なアプローチに、字幕・対訳では原典のことばを大切にしたわかりやすい日本語訳に定評がある。

著書・訳書に『演奏者・鑑賞者のための「メサイア」ハンドブック』(1998年)、『音楽家の英語入門』(2000年)、『ミサ曲・ラテン語・教会音楽ハンドブック』(2001年)、『歌うドイツ語ハンドブック』(2003年、いずれも(株)ハンナ刊)、『ヘンデル　創造のダイナミズム』(共訳2009年、春秋社、日本ミュージック・ペンクラブ音楽賞受賞)、『オペラ事典』(共著2013年、東京堂出版)、『ヘンデルが駆け抜けた時代～政治・外交・音楽ビジネス』(2018年、春秋社)、『ヘンデル　オペラ対訳集　第1集』（共著2023年、㈱ハンナ）など、対訳ではヘンデル、バッハ、シューベルト、シューマン、ブラームス、マーラー、リヒャルト・シュトラウスなど多数。

4年余の米国滞在を経て、2024年現在、埼玉県さいたま市在住。

新国立劇場オペラ研修所講師、国立音楽大学大学院および大阪音楽大学大学院非常勤講師。日本音楽学会、日本ヘンデル協会、日本イタリア古楽協会会員。

連絡先：E-mail: tadashi.mikajiri@nifty.com
Fax: 048-839-7106
ホームページ： http://www.tadashi-mikajiri.com/
著者の活動・著作、蔵書や有用文献などを逐次紹介

レッスン・留学のために／歌唱のテクニック
音楽家の英語入門 改装版
聞く・話す・読む・書く・歌う

発行日　2012年9月19日　初版発行
　　　　2024年2月26日　第3版発行

著　者　三ヶ尻　正

発　行　株式会社ハンナ
〒153-0061 東京都目黒区中目黒3-6-4-2F
Tel.03-5721-5222　Fax.03-5721-6226

印刷所　モリモト印刷株式会社

本書は『音楽家の英語入門』(2000年7月1日初版発行・株式会社ショパン）を改装したものです。

演奏者・鑑賞者のための「メサイア」ハンドブック

発音・文法・解釈・日本語訳バージョン

三ヶ尻 正著　B5 判／132 ページ／本体 1,400 円＋税

メサイアの歌詞は、現在よりも古い時代の英語が使われているため、独習しにくい。そんなテキストを、英語に明るい著者が、合唱指導の経験を活かして、わかりやすく解説。対訳はもちろん、文法や発音など一曲ずつていねいに分析されているので、メサイア全体を理解できる。メサイアを聴くとき、歌うとき、必携の書。

レクィエム・ハンドブック

高橋正平著　B5 判／64 ページ／本体 1,000 円＋税

多くの場で演奏されることが多いレクイエム。レクイエムはキリスト教信仰のなかで、どのような時に歌われ、どのような内容が歌われているのか。レクイエムのバックグラウンドが見える一冊。歌詞の対訳つき。

ミサ曲・ラテン語・教会音楽ハンドブック

ミサとは・歴史・発音・名曲選

三ヶ尻 正著　B5 判／216 ページ／本体 1,800 円＋税

ラテン語のミサ曲に関する解説書。「ミサ曲」を歌う演奏家やアマチュアの方のため、理解が深まり、よりレベルの高い「ミサ曲」が歌えることを目標に、コンパクトにわかりやすくまとめました。

歌うドイツ語ハンドブック　**歌唱ドイツ語の発音と名曲選**

三ヶ尻 正著　B5 判／244 ページ／本体 1,900 円＋税

はじめてドイツ語を歌う人から声楽家まで、スペルの正しい読み方や発音の勘どころを初歩からていねいに解説。歌唱ドイツ語の伝統と現在、ドイツ語の紹介、36 曲の譜例と歌詞の詳しい解説つき。

歌うイタリア語ハンドブック　**歌唱イタリア語の発音と名曲選**

森田 学著　B5 判／256 ページ／本体 1,900 円＋税

実際の舞台上における発音の現状をふまえ、イタリア語の正しい発音を、図版つきで具体的かつ詳細に解説。また、単なるマニュアルにとどまらず、イタリア語の基礎文法・単語集、文学など、歌唱にまつわる事柄を幅広く網羅しており、これ一冊でイタリア文化に対する理解がいっそう深まる。初心者から上級者まで、イタリア語の歌に興味のあるすべての方におすすめの一冊。